CINE PENSADO
Estudios críticos sobre 36 películas estrenadas en 2017

CINE PENSADO
Estudios críticos sobre 36 películas estrenadas en 2017

FilaSiete. Libros de Cine. Nº 3
www.filasiete.com
libros@filasiete.com

©2018, Nipho Publicaciones & Comunicación S.L.U.
Avda. Blas Infante, 6. Edificio Urbis, planta 10, módulo A1. 41011 Sevilla

Con la colaboración de Fundación de Cultura Andaluza (FUNDECA)

Los derechos de las fotografías pertenecen a las productoras y distribuidoras
que aparecen reflejadas en las fichas de las películas analizadas.
La Editorial hace declaración expresa de respeto del copyright de
las imágenes y agradece su colaboración a las distintas entidades

Diseño y maquetación: Nipho Publicaciones & Comunicación

Diseño de portada: Ignacio Diez

ISBN: 978-84-946225-3-3
Depósito Legal: SE 1793-2018
Primera edición: octubre de 2018

Impreso en España - Printed in Spain

Cualquier forma de reproducción, distribución, comunicación pública o transformación de esta
obra solo puede ser realizada con la autorización de sus titulares, salvo excepción prevista por la ley.

Diríjase a CEDRO (Centro Español de Derechos Reprográficos) si necesita fotocopiar o escanear
algún fragmento de esta obra (www.conlicencia.com; 917 021 970 / 932 720 445)

Autores

ALBERTO FIJO CORTÉS editor

Coordinador de los tres libros de CINE PENSADO (2015, 2016 y 2017). Director de la revista "FilaSiete", que cumple 20 años de vida. Profesor de Historia del Cine, Narrativa Audiovisual y Apreciar la belleza en el Grado de Comunicación Audiovisual de Villanueva (Universidad Complutense). Doctor en Artes Audiovisuales. Su investigación fílmica se centra en el cine ontológico del que son exponentes señeros directores en activo como Terrence Malick, Eugène Green, Naomi Kawase, Hirokazu Koreeda y Christian Petzold.

ANA SÁNCHEZ DE LA NIETA

Periodista. Es subdirectora de la revista "FilaSiete". Coordina las secciones de cine de la agencia Aceprensa y de la revista "Telva".

ANDRÉS CÁRDENAS M.

Ha realizado estudios de periodismo, filosofía y teología en Ecuador, Chile e Italia. Colabora con varios medios de comunicación en Ecuador como "El Comercio", "La República" o "Revista Diners", además de "El Malpensante" en Colombia o "FronteraD" en España. Actualmente realiza estudios de doctorado centrados en el filósofo alemán Hans Georg Gadamer.

ANTONIO SÁNCHEZ-ESCALONILLA GARCÍA-RICO

Dirige el Máster Oficial en Guion Cinematográfico y Series de TV de la Universidad Rey Juan Carlos de Madrid. Profesor Titular de Guion Audiovisual, es también autor de "Estrategias de guion cinematográfico", "Fantasía de aventuras" y "Del guion a la pantalla. Lenguaje visual para guionistas y directores de cine", publicados en Ariel.

ARMANDO FUMAGALLI

Profesor de Semiótica e Historia del cine en la Università Cattolica del Sacro Cuore de Milán, donde dirige el Máster en International Screenwriting and Production. Desde 1999 es también consultor de desarrollo de guiones para la productora italiana Lux Vide, especializada en series y miniseries internacionales ("Guerra y paz", "Maria de Nazareth", "Anna Karenina", "Medici. Masters of Florence"...). Entre otras muchas publicaciones (como por ejemplo, "Creatividad al poder", Rialp, Madrid, 2014) edita una colección anual de reseñas de cine ("Scegliere un film", Milano, Ares, 2004 y ss.).

ARTURO A. SEGURA FERNÁNDEZ

Licenciado en Geografía e Historia (especialidad de Historia del Arte) por la Universidad de Murcia y Diplomado en Estudios Avanzados de Historia del Arte por la Universidad del País Vasco. Miembro de la redacción de la revista "Filmhistoria" y crítico de cine en "FilaSiete" y "esRadio Murcia". Ponente en cursos y ciclos para la formación del profesorado en lenguaje fílmico. Autor del libro "John Ford en Innisfree. La homérica historia de 'El hombre tranquilo' (1933-1952)" (T&B Editores, 2014 y 2017).

AUTORES

ARTURO SANCHO RODRÍGUEZ
Máster en Guion Cinematográfico y Nuevos Medios en el Transforming Arts Institute (TAI), ha colaborado como crítico de cine en "Minicritic.es" y en "FilaSiete", y es licenciado en Derecho y Notario.

BELÉN RAMÍREZ BARREDO
Licenciada en Economía, UCM. Doctora en Comunicación Audiovisual, Publicidad y Relaciones Públicas, UCM. Imparte las asignaturas de Diseño Gráfico en el Grado de Comunicación Audiovisual y de Ética y Deontología en el Grado de Publicidad en el Centro Universitario Villanueva. Compagina su tarea docente con el ejercicio profesional del Diseño Gráfico. Ha trabajado en diversas agencias de publicidad y comunicación.

CARLOS CHICLANA
Médico. Psiquiatra. Doctor en Medicina. Psicoterapeuta. Director Médico de la Consulta Dr. Carlos Chiclana (Madrid - Sevilla). Profesor Asociado de la Facultad de Medicina de la Universidad San Pablo CEU (Madrid). Colaborador de la revista de crítica de cine "FilaSiete". Co-fundador del foro de cine y psicología "Personajes y Personas".

CLAUDIO SÁNCHEZ DE LA NIETA
Subdirector de "FilaSiete" y director de las secciones de series de televisión de iCmedia y Aceprensa.

CRISTINA ABAD CADENAS
Combina el ejercicio de la comunicación institucional con la crítica cinematográfica y televisiva en la revista "FilaSiete". Es máster en Guion, Narrativa y Creatividad Audiovisual por la Universidad de Sevilla y licenciada en Periodismo por la Universidad de Navarra.

ENRIQUE FUSTER
Profesor de Teoría e historia del cine y de Guion audiovisual en la Pontificia Università della Santa Croce (Roma). Autor de "Verso Dio nel cinema" (2013) y "El cine de Graham Greene" (2008). Editor de "Identidad y reconocimiento en cine y televisión" (2017), "La figura del padre nella serialità televisiva" (2014) y "Repensar la ficción" (2011).

FEDERICO ALBA
Doctor en Comunicación Audiovisual, licenciado en Filología Inglesa y diplomado en Dirección Cinematográfica por la ECAM. Ha trabajado como guionista y director, y actualmente es profesor en la Universidad San Pablo-CEU. Ha publicado el libro "El cine fantástico de Spielberg. Padres ausentes, niños perdidos".

FERNANDO GIL-DELGADO MANRIQUE DE LARA
Historiador y filólogo. Crítico de cine en "FilaSiete" y Aceprensa. Es miembro del Círculo de Escritores Cinematográficos. Ha estudiado las relaciones entre cine y literatura. Prepara una monografía sobre Jacques Tourneur. Es autor de "Introducción a Shakespeare a través del cine" (2001. Madrid: Eiunsa) y coautor de una decena de libros sobre cine.

FERNANDO HERNÁNDEZ BARRAL
Doctor en Comunicación Audiovisual por la Universidad Complutense de Madrid y Licenciado en Comunicación Audiovisual por la misma universidad. Acreditado como Ayudante Doctor por la ANECA. Autor de numerosos cortometrajes, entre los que destacan "Fábrica de Silencio" (2001), presentado

en el Festival de Cine de Sitges, y "Sinfonía" (2000), rodado en Nueva York con financiación del Vicerrectorado de Alumnos de la Universidad Complutense de Madrid. Es profesor de las asignaturas Realización Audiovisual, La Cultura de la Imagen y Teoría del Texto Audiovisual, en el Grado en Comunicación Audiovisual del Centro Universitario Villanueva.

IGNACIO SAAVEDRA

Músico. Licenciado en Ciencias de la Información. Profesor de Teoría de la Comunicación. Doctor en Comunicación Audiovisual por la Universidad CEU San Pablo con la tesis "La expresión del sentimiento de nostalgia en la música que Nino Rota compuso para el cine de Federico Fellini". Jefe de la sección "Más música" en "FilaSiete".

JORGE MILÁN FITERA

Profesor de Comunicación Audiovisual y de Documental y Vídeo Institucional, en la Pontificia Universidad de la Santa Cruz (Roma). Autor del libro "Religión en Televisión" (2009). Director, coautor y editor del vídeo institucional "Aprender Roma para comunicar la Iglesia" (2006).

JOSÉ GABRIEL LORENZO

Doctor en Artes Audiovisuales por la Universidad Rey Juan Carlos y profesor de Guion y Narrativa cinematográfica en el Centro Universitario Villanueva y de Guion, Historia del cine y Análisis fílmico en la Escuela Superior de Arte Dramático de Castilla y León. También imparte docencia en el Máster de Guion Cinematográfico y Series de TV de la Universidad Rey Juan Carlos. Tiene publicado por la Comunidad de Madrid el guion "El día del fin del mundo", con el que obtuvo una beca para el desarrollo de guiones de largometraje.

JOSÉ MARÍA CONTRERAS ESPUNY

Doctor en Estudios Literarios y Máster en Guion y Creatividad Audiovisual. Trabaja como profesor en la Escuela Universitaria de Osuna, de la Universidad de Sevilla. Es autor de libros como "Crónicas coreanas".

JOSÉ M. GARCÍA PELEGRÍN

Nacido en Madrid (1958). Doctor en Filosofía y Letras, Universidad de Colonia. Varias publicaciones sobre cine (p.ej."Der Himmel über Hollywood. Was große Filme über den Menschen sagen", ed. española "El cielo sobre Hollywood") y sobre temas históricos ("La Rosa Blanca. Los estudiantes que se alzaron contra Hitler", "La Iglesia y el nazismo"). Crítico de cine del periódico "Die Tagespost". Miembro de la Asociación de Críticos Cinematográficos de Alemania. Vive y trabaja en Berlín.

JUAN ANTONIO MORENO RODRÍGUEZ

Periodista y escritor. Ha publicado tres libros sobre el cortometraje español: "Cine en corto" (2009), "Miradas en corto" (2013) y "El cortometraje en España" (2017). Es Jefe de la sección "En Corto" de FilaSiete y colabora en el "Boletín digital de actividades de cine y audiovisual" de la Comunidad de Madrid.

JUAN CARLOS CARRILLO CAL Y MAYOR

Licenciado en Filología Hispánica y en Comunicación Audiovisual por la Universidad de Navarra. Desde 2016 es director de la Licenciatura en Comunicación de la Universidad Panamericana (Ciudad de México), donde ha impartido asignaturas de Cine, Narrativa Audiovisual y Comunicación Escrita. Actualmente cursa el Doctorado en Comunicación en la Universidad de los Andes (Santiago, Chile). Crítico de cine en el blog "palomitascaramelizadas.com".

JUAN LUIS SÁNCHEZ GONZÁLEZ

Crítico e informador cinematográfico en "Decine21.com", donde también escribe el blog "Zona Friki". Ha ejercido su labor en diversos medios, como la agencia EFE, el desaparecido diario "Ya" y las revistas "Cinerama", "Época" y "Estrenos". Es autor del libro "Audrey Hepburn: Icono de la gran pantalla" y coautor de "Cineforum 2000", "Breve encuentro", "Peter Jackson: de Mal gusto a El hobbit", "Tim Burton y sus mundos de fantasía", "De Perdidos a Star Wars: J.J. Abrams, un hombre y sus sueños", "Lucha de gigantes. Godzilla, Gamera, Mothra y otros monstruos enormes de Japón", "James Cameron, el rey del mundo", "Miau, Miau, Miau, gatos de cine" y "Alienciclopedia. Los extraterrestres más memorables del cine".

JUAN ORELLANA GUTIÉRREZ DE TERÁN

Doctor en Humanidades y licenciado en Filosofía. Profesor de Narrativa Audiovisual en la Universidad CEU San Pablo. Crítico de cine en prensa, radio y televisión. Director del Departamento de Cine de la Conferencia Episcopal Española y Presidente de Signis-España.

JUAN PABLO SERRA

Licenciado en Filosofía por la Universidad Complutense de Madrid (2003) y DEA por la Universidad de Navarra (2007). Es profesor de Humanidades en distintos grados de la Universidad Francisco de Vitoria, así como de Metodología de la investigación en posgrado. Sus áreas de interés tienen que ver con la filosofía política y el análisis de la cultura popular. Colaborador de "Democresía: revista de actualidad, cultura y pensamiento".

JUAN PEDRO DELGADO

Licenciado en Ciencias de la Información por la Universidad de Sevilla. Editor de "FilaSiete", revista y portal de crítica de cine y TV. Novelista, autor de los libros juveniles "Halcón Negro", "El último pirata", "Banderas negras" y "Mosquetero del Rey".

LAURA GARCÍA POUSA

Doctora en Historia del cine por la Universidad Autónoma de Madrid. Formó parte del equipo de guion de "Cuéntame cómo pasó" durante nueve temporadas y fue guionista de programas como "Un país para comérselo". Escribió y dirigió el cortometraje "Un país extraño" (2018). Premio The Abbas Kiarostami Film Seminar y nominada al Goya al mejor cortometraje por "Meine Liebe" (2011), escrito, dirigido y producido junto a Ricardo Steinberg. Fue profesora de la Facultad de Bellas Artes de Aranjuez (CES Felipe Segundo Universidad Complutense de Madrid) y jefa de estudios del Grado en Comunicación Audiovisual de la Universitat Internacional de Catalunya. Es directora de la Diplomatura en Cinematografía y Nuevos Medios, y profesora en Grados de la Escuela TAI en Madrid.

MARÍA CABALLERO WANGÜEMERT

Catedrática de Literatura Hispanoamericana en la Universidad de Sevilla, donde alterna docencia e investigación centrada en la narrativa (novela histórica, memorias, literatura femenina), la teoría literaria y el cine. Directora de la Cátedra de Cine de la FEC, ha coordinado "Mujeres de cine: 360 grados alrededor de la cámara", Madrid: Biblioteca Nueva, 2011. Y ha dirigido en su universidad durante 20 años una asignatura/seminario sobre mujer y cine bajo el título "Femenino plural".

MARÍA DEL RINCÓN YOHN

Doctora en Comunicación Audiovisual por la Universidad de Navarra. Tras años rodeada de artículos y referencias bibliográficas sobre la representación cinematográfica de la memoria, se decidió a abrir una web donde escribe sobre cultura: "www.cult-roots.com".

MARIAM VIZCAÍNO VILLANUEVA

Profesora de Arte y Moda en el Diploma de Comunicación y Gestión de Moda en el Centro Universitario Villanueva. Profesora de Movimientos artísticos contemporáneos. Doctora en Historia del Arte por la Universidad Complutense. Dirige la sección Estilismo y Cine en la revista "FilaSiete".

MARÍA NOGUERA

Profesora de Historia del cine y Crítica cinematográfica en la Facultad de Comunicación de la Universidad de Navarra, donde dirige el Máster en Guion Audiovisual. Por un lado, sus publicaciones científicas se centran en el estudio y análisis de la historia y la tradición fílmica europeas. Por otro, dedica su investigación al estudio de la cinematografía lusa, en especial a la obra del realizador portugués Manoel de Oliveira.

MIGUEL OLID SUERO

Doctor en Comunicación Audiovisual en la especialidad de Historia del Cine. Es autor de varios libros sobre cine español y latinoamericano. Escribe desde hace treinta años en prensa ("ABC", "El País", "Cinemanía" y "La Razón", entre otros). Ha dado numerosas conferencias sobre cine en universidades del Reino Unido, Holanda, Irlanda, Filipinas, Estados Unidos y Canadá.

PABLO ALZOLA

Profesor de Estética y Teoría de las Artes en la Universidad Rey Juan Carlos (URJC) de Madrid, donde también realiza una tesis doctoral sobre "La imagen poética del hogar en el cine de Terrence Malick". Es graduado en Comunicación Audiovisual y en Filosofía por la Universidad de Navarra y ha cursado el Máster en Estudios Narrativos de Artes Visuales (MENAV) por la URJC. Colabora como crítico literario para la revista "Aceprensa" y para la web de literatura "Capítulo IV".

PILAR YÉBENES

Profesora Titular de Animación en la Universidad Europea. Miembro de la Academia de las Artes y las Ciencias Cinematográficas. Su último libro: "100 años de animación española, arte y tecnología"

SANTIAGO CUBILLO

Graduado en Comunicación Audiovisual por el Centro Universitario Villanueva. Tras un breve paso por Filmayer Producciones como guionista y en "Velvet Collection" como auxiliar en dirección, se ha centrado en la escritura de guiones originales.

SOFÍA LÓPEZ HERNÁNDEZ

Subdirectora de la revista "FilaSiete". Profesora de Historia del Cine Español y de Estética Musical en el Centro Universitario Villanueva, en el que dirige el Grado de Comunicación. Doctora en Ciencias de la Información por la Universidad Complutense con la tesis "Las composiciones cinematográficas de Augusto Algueró: análisis musical y estilo compositivo".

TERESA CALVO

Licenciada en Comunicación Audiovisual por la Universidad Cardenal Herrera - CEU de Valencia, Máster en Comunicación Institucional por la Università della Santa Croce en Roma y Máster en Dirección de Proyectos de Cultura por La Fábrica de Madrid. Ha sido profesora de Análisis audiovisual, Historia del cine y Sistemas de interpretación en diversas escuelas de cine. Dirige el cineforum del AMPA de los colegios Senara y Los Olmos.

Presentación

Se reúnen en este libro estudios de 36 películas estrenadas en los cines españoles en el año 2017. Todas son obras valiosas en fondo y forma. Todas están disponibles en plataformas digitales o a la venta en DVD o Blu-Ray. Es un hecho muy importante en un libro como éste, que quiere pensar con amena profundidad el buen cine reciente.

Los autores somos críticos de cine, profesionales del audiovisual y/o profesores de universidad que enseñamos, directa o indirectamente, lenguaje cinematográfico y narrativa audiovisual. Damos clase en grado o posgrado de 15 universidades. Escribimos y hablamos de cine en diarios, revistas, radios, televisiones y portales de internet en España, México, Alemania e Italia. Muchos son los libros sobre cine que hemos publicado.

Cristina Abad, Ana Sánchez de la Nieta, Claudio Sánchez, Fernando Gil-Delgado, María Caballero, Carlos Chiclana, Fernando Hernández Barral, José María Contreras, Juan Orellana, Belén Ramírez, Miguel Olid, Juan Antonio Moreno y Artu Segura forman parte de la redacción de la revista FILA SIETE, que cumple 20 años de vida. Tengo la suerte de dirigirla desde su nacimiento. Nuestro editor, Juan Pedro Delgado, periodista y exitoso novelista, firma el estudio de la excelente *Paddington 2*.

Después de la buena recepción de los libros similares que publicamos en 2016 y 2017, queremos que la tercera entrega de *Cine Pensado* siga siendo útil para profesores, estudiantes y buenos aficionados al cine que quieran profundizar en una muestra significativa.

Los análisis prestan atención al lenguaje cinematográfico y a las estrategias narrativas empleadas en las obras analizadas. En las numerosas y animadas sesiones con motivo de la aparición de *Cine Pensado* que hemos hecho en Roma, Madrid, Innsbruck, Pamplona, Burgos, Toledo, Sevilla, Cádiz, Alcázar de San Juan, Badajoz, Gerona... (que repetiremos, Deo volente) comprobamos que el libro, acompañado de secuencias de las películas en cuestión comentadas por algunos de los autores, funciona muy bien como instigador de conversaciones dentro y fuera de las aulas o sedes de instituciones culturales.

Agradezco a los autores su entusiasmo y dedicación. A Juan Pedro Delgado, su trabajo como editor. José Tomás Asencio ha cuidado la maquetación y el diseño con su esmero habitual.

La ayuda de FUNDACION DE CULTURA ANDALUZA (FUNDECA) para hacer el libro nos llena de orgullo: las expediciones cartográficas siempre necesitan instituciones que las apoyan, convencidas de que esa labor es importante. Los mapas son una gran ayuda para navegar con libertad y llegar donde nos interesa. En 2019 ya les anuncio que habrá en el libro películas no estrenadas en España, pero sí en otros países o directamente en plataformas. ¿Cómo dejar fuera de un anuario una película sublime como *Esperando a los bárbaros*, de Eugène Green, o ese *western* impresionante titulado *Hostiles*, en el que resuena la imprescindible *Centauros del Desierto*?

Porque somos libres, abordamos las maravillosas *La La Land*, *Manchester frente al mar*, *Silencio* y *Coco*, como no podía ser de otra manera para un amante desprejuiciado del buen cine: no tienen que pedir perdón por ser producciones americanas o de Hollywood. Igualmente, no dudamos ni un instante en mostrar admiración por grandes películas de Koreeda, Kaurismäki, Yamada, Kawase, Kogonada, Allen, Villeneuve, Wadja, De Witt, Nolan, los Dardenne...

Como verán, son nada menos que siete (ocho en realidad) los directores españoles (Arratibel, Arregi & Garañón, Coixet, Méndez Esparza, Salmerón, Simón y Vigalondo) presentes en este libro. Es una alegría confesarles que en absoluto están para llegar a una cuota. Están porque se lo merecen.

Gracias y disfruten.

Alberto Fijo

La La Land (Damien Chazelle)
ALBERTO FIJO

Pero, ¿qué os pasa con esta película? La he visto, está bien, pero tampoco es para tanto... Estáis revolucionados". Fue un comentario frecuente de lectores de *FilaSiete*, la revista de cine que dirijo, al saber (por una conversación fortuita o por un comentario en las redes sociales) lo mucho que en la redacción nos había interesado *La La Land*. Al leer lo que escribimos sobre ella, comprendieron que había motivos para ese interés. También para señalarla como una obra muy valiosa, una de las grandes películas de los últimos años.

Como bien sabe cualquier amante del buen cine, la apreciación de la belleza de una obra de arte tiene muchos parámetros que trascienden lo que coloquialmente llamamos el gusto.

Sobre gustos, colores (o no)

Nunca olvidaré a aquella mujer sabia y culta. Fue al salir de ver una película maravillosa (*Después de la boda*, BIER, 2005) que yo había seleccionado para un ciclo y sobre la que dialogué con un centenar de aficionados al buen cine. Su marido, contento con el desarrollo del coloquio, largo y cordial, con opiniones dispares, me comentó: "Al final, el cine es cuestión de gustos. Y para gustos, colores".

Su esposa repuso bajito, dulce pero firme: "No, perdona; para gustos: formación, cultura, experiencia, escuchar al que sabe y ha estudiado a fondo esa materia. Porque el gusto se educa. Si el que sabe tiene buenas entendederas y explicaderas será capaz de distinguir, comparar, contextualizar. Porque el gusto se educa, vaya si se educa. De lo contrario, si pensamos que todas las opiniones valen lo mismo, nos cargamos la historia del arte. En las películas buenas, como ante una obra maestra de la pintura, el que mira tiene que trabajar, es decir, que contemplar: hay que poner esfuerzo. La película que hemos visto es una montaña rusa emocional. Cuando nos repongamos, mañana o pasado, nos daremos más cuenta de lo buenísima que es. Y de la razón que tiene Alberto al decirnos lo fácil que era que la directora y el guionista perdiesen el tono en una historia de un dramatismo tan arrollador y con una subtrama (la boda en la que se ajustan cuentas) tan manida…".

Fue un momento inolvidable. Porque siempre llevo puesto este pensamiento de uno de mis maestros, Joseph Joubert (1754-1824):

> No basta el gusto para apreciar bien las obras de arte; es necesario el juicio, y un juicio ejercitado.

Repensar *La La Land*

Al volver a considerar *La La Land* me reafirmo en lo que intuí al salir del pase de prensa. Chazelle y su equipo habían logrado hacer un cine infrecuente desde la década de los 70: un melodrama amoroso en toda regla, clásico y moderno, con esa fuerza que contiene la evocación nostálgica cuando se emplea de la manera adecuada, sin empalagos ni cursilería. Hasta ahí, la película es ya interesante, incluso muy interesante a la vista de lo que se produce en los estudios norteamericanos desde 2000.

Pero es que, además, es un melodrama escrito y realizado de tal manera, que puede decirse que va mucho más allá de la emulación de películas precedentes: en lo que a *high concept*, conflictos, trama principal y viaje de personajes se refiere, *La La Land* tiene una originalidad llamativa. Ya habrán percibido que no he llamado musical a *La La Land*. No todavía, porque hay que distinguir muchas cosas antes de ubicar la película en un género, que con el *western*, ha dado al cine algunas de las películas de hermosura más refinada, más esencial.

CINE PENSADO / La La Land

No es lo mismo escribir una crítica de una gran película condicionado por la proximidad del estreno en salas, que hacer un estudio sobre ella para publicarlo en un libro como *Cine Pensado*, que reúne ensayos sobre las películas más destacadas del año.

La desafortunada pifia en la entrega del Oscar a mejor película y la concesión del galardón a *Moonlight*, en detrimento de *La La Land*, fue glosada por muchos de una manera rotunda: al cabo de unos meses, nadie se acordaría de *Moonlight*, una cinta muy endeble. No es casual que, cuando propusimos a los más de treinta autores de este libro que eligiesen tres películas sobre las que les gustaría escribir, ninguno señalase *Moonlight*.

Una olvidada manera de hacer cine

Quizás porque sigues escuchando que *La La Land* "está bien, pero no es para tanto", además de mis consideraciones sobre la película, me ha parecido oportuno incluir las valiosas aportaciones de Mariam Vizcaíno (sobre el vestuario) y de Sofía López (sobre la música). En su momento, sus textos se publicaron en *FilaSiete*, porque les pedí que pensaran la película desde su especialidad.

Para construir mi acercamiento crítico a esta película que tuvo su estreno mundial el 31 de agosto de 2016 en el Festival de Venecia, he organizado los materiales cuyo uso percibo en su arquitectura narrativa. Perdón, sé que suena un poco cursi. No se asusten. Así quedará todo más claro. O, al menos, eso pretendo.

Organizados por parejas de baile, los materiales son los siguientes: arte-vida, sueño-realidad, modernidad-tradición, música-lágrimas, baile-ciudad, color-emociones, Jacques Demy-Fred & Ginger, cinemascope-localizaciones, vestuario-diseño, pacto de lectura-posmodernidad, festivales-encuentros promocionales.

Me parece que lo que hacen Damien Chazelle (director y guionista) y Justin Hurwitz (compositor) en el tercer largometraje que firman es perfectamente coherente con una concepción del relato cinematográfico reconocible en sus trabajos anteriores (*Guy and Madeleine on a Park Bench* [2009] y *Whiplash* [2014]). Más allá de su coherencia, es un trabajo brillante que revive el melodrama romántico con una energía muy llamativa.

También *First Man* (2018), su cuarta película que ha inaugurado nuevamente el Festival de Venecia en agosto de 2018, participa de la idea generadora subyacente, que por el momento es siempre la misma: la pasión del soñador.

Pasión y entusiasmo

Cuando Fernando Hdez. Barral vió en Cannes *Whiplash*, se apresuró a contarme que la película desprendía una pasión muy llamativa. Sus palabras fueron: "es como si el tipo estuviera inventando el cine".

Y es que la pasión de Chazelle es muy importante. Es un tipo tenaz: el guion de *Whiplash* no fue adquirido por ningún productor en su momento. Se convirtió en uno de los más destacados de la célebre lista anual de los buenos guiones no adquiridos (la llamada *Black List* incluye títulos como *Pequeña Miss Sunshine* (DAYTON Y FARIS, 2006), *Juno* (REITMAN, 2007), *500 días juntos* (WEBB, 2009), *El discurso del rey* (HOOPPER, 2010), *Argo* (AFFLECK, 2012) o *Foxcatcher* (MILLER, 2014).

Para convencer a los productores, Chazelle y Hurwitz no se dieron por vencidos y rodaron un mediometraje homónimo (muy similar al largometraje posterior). Esa versión comprimida de *Whiplash* se proyectó en Sundance y gustó mucho. Y el largo se hizo posible, triunfando en los Globos de Oro y en los Oscar, con premios al actor de reparto, el montaje y las mezclas de sonido.

Tras el éxito de la película y las pegatinas de los premios de la Academia, Chazelle tuvo libertad para rodar *La La Land* en 60 localizaciones de la ciudad de Los Angeles, con planos-secuencia para lograr algo de la emoción que tenían las coreografías sublimes de sus admirados Fred Astaire y Ginger Rogers, consciente de que las diseñadas por Mandy Moore son (porque argumentalmente deben serlo) un eco muy débil de los majestuosos musicales de la RKO. Hasta un centenar de bailarines se reúnen a la manera de *West Side Story* (WISE y ROBBINS, 1961) y, tras numerosos ensayos, ruedan la secuencia de apertura en un tramo cortado de uno de los nudos de acceso a la caótica Ciudad de las Estrellas.

Ese *An Another Day of Sun*, con los conductores atrapados en el cotidiano atasco de entrada a la ciudad, marca el tono a la historia de Mia y Sebastian, ella a bordo de un Toyota Prius híbrido verde agriado en el que ensaya el diálogo para una audición; él al volante de un Buick Riviera burdeos descapotable, fabricado en los primeros años 80 (por tanto, Sebastian tiene un coche que ha cumplido 25 años). Sebastian pone y repone un fragmento de una pieza pianística de jazz en un radiocasette. Mia digital, Sebastian analógico.

La La Land estaba escrita en 2006. El dato es muy relevante: había que esperar y Chazelle supo hacerlo. Fueron diez años en los que ganó en experiencia como realizador y fue capaz de hacer casting hasta llegar a Emma Stone y Ryan Gosling prescindiendo de Miles Teller y Emma Watson, que eran los protagonistas inicialmente preferidos.

Una larga década de espera (más larga en un artista apasionado, recurrente como todos los artistas apasionados) explica que la película costase 30 millones de dólares y se rodase en 45 días de agosto y septiembre de 2015.

Poco dinero y poco tiempo para una película así, con un tratamiento del mito, de la épica y de la poética fílmica que bebe con avidez de la retórica de Jacques Demy en la asombrosa *Los paraguas de Cherburgo* (1964), ganadora de la Palma de Oro en Cannes, un monumento a la reiteración, porque la música de Legrand lo es, como lo es la música de Hurwitz en *La La Land*. Demy coreografía una película íntegramente cantada en la que todos los movimientos son pasos de baile, aunque bailes convencionales no encontremos ninguno.

Recuerden ese cruce de calle adoquinada de Geneviève desde la tienda de paraguas hasta los brazos de Guy, que llega del taller oliendo a gasolina. Y simétricamente, dos secuencias inolvidables de Emma Stone en *La La Land*: la carrera de Mia huyendo del restaurante, al encuentro de Sebastian que la espera en un cine, y el giro sobre sí misma -el revoloteo de una mujer enamorada- cuando camina por una calle del estudio, pintada de blanco y añil.

La estrategia de Chazelle y sus productores sería similar a la que siguieron con *Whiplash*: presentar la película en festivales y hablar de ella como cine de autor. Lo hicieron sin petulancia, pero ese modo de proceder fue muy acertado porque muchos se acercaron a la película guiados por lo que Chazelle y su equipo dijeron en la rueda y las entrevistas de Venecia. Lo que repitieron en entrevistas y encuentros en los que merece la pena estudiar el atuendo de Stone y Gosling: debería pasar a la historia de la promoción del cine. Basta que se den una vuelta por Pinterest.

Dos estudiantes de Harvard y un pensador francés

Nacidos ambos en enero de 1985, Chazelle y Hurwitz fueron compañeros de estudios en Harvard. Ambos comparten un gran interés por la música. La música vertebra los viajes de héroe que cuentan, porque para ellos el cine funciona en clave de la, *La La Land*.

Desde esa perspectiva musical es muy interesante considerar el montaje de *La La Land* que, aunque inspirado en las estrategias que usó Demy en *Los paraguas de Cherburgo*, es muy original. Quizás convenga recordar que en arte, lo que no es imitación es copia. La decisión de capitular estacionalmente y disponer secuencias que funcionan con unos códigos musicales, en función de los cuales se determinan los cromáticos (luz y color) que tienen las localizaciones y el vestuario, es muy acertada.

La inspiración en películas como *Cantando bajo la lluvia* (DONEN y KELLY,1952), *En alas de la danza* (STEVENS, 1936), *Sombrero de copa* (SANDRICH, 1935) y *Melodías de Broadway* (MINNELLI, 1953) permite a Chazelle manejar la emoción como generadora de elocuencia. Joubert lo expresó de forma inigualable:

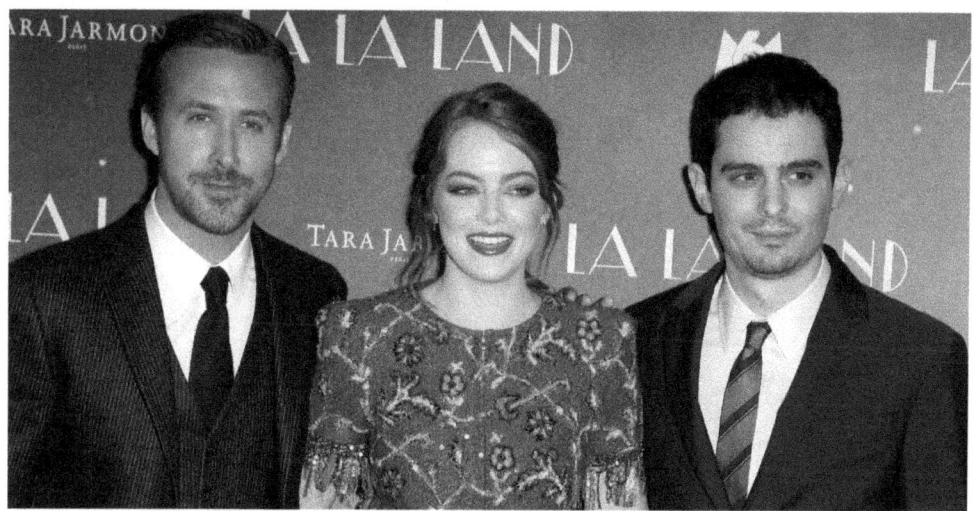

La elocuencia debe venir de la emoción, pues toda emoción la da naturalmente.

Y es que lo que arrebata en *La La Land*, lo que embelesa a muchos (o a pocos, a mí me es igual) es un logro que Joseph Joubert definió con una precisión estremecedora:

> Si no hay arrebato, si no hay hechizo, o, mejor, si no hay cierto embelesamiento, no es posible hablar de genio.

Chazelle (su genio, bien; pero también su trabajo esforzado) ha entendido, siguiendo con Joubert, que la misión sublime de la danza es permitir imaginar almas por medio de los cuerpos. Lo entendieron perfectamente Demy, Minnelli, Donen y Sandrich. Son cineastas que comparten con Chazelle otro de los axiomas formulados por Joubert:

> El motivo no existe siempre para ser alcanzado, sino para servir de punto de mira.

En *La La Land* el punto de mira está tan claro que permite a Chazelle plantear ese final verdaderamente prodigioso, construido con una audacia que sabe que habrá un buen número de espectadores que no mantendrán el pacto de lectura y se irritarán.

Sabe Chazelle que "el final de una obra debe recordar siempre al principio", y fiel al canon del que fuera Inspector General de la Universidad en la Francia napoleónica termina su película con una audacia verdaderamente notable.

En eso tan feo (tan odioso) llamado posmodernidad, en un mundo de banalidad, ruido y prisas, Chazelle se confía al cinemascope que ensancha la película a los pocos minutos de su comienzo.

De acuerdo con el director de fotografía Linus Sandgren, se emplea negativo (Kodak Vision3 500T 5219/7219, 250D 5207) y se usan cámaras de Super 8, 16, 35 y 65 mm que se montan frecuentemente en una *crane* equipada con un cabezal remoto que porta la cámara y permite manejarla a varios metros de distancia de lo que se rueda. Es una clara muestra de cómo conjuga Chazelle la modernidad (incluyendo las tecnologías más avanzadas) con la tradición. Es significativo que en varias secuencias las luces sean LED: Sandgren lo propuso, Chazelle dudó pero le dejó hacer y quedó muy satisfecho con el resultado (DILLON, 2017).

Cuando toca rodar bailes o seguir a los personajes por la calle se opta por el plano secuencia, logrando resultados muy similares a los que se conseguían con las grúas en los años 30-40 y 50. Quiere Chazelle que la ciudad, una ciudad en la que el arte siempre ha convivido con la maquinaria de una industria que crea productos para soñar despiertos, se transforme y parezca lo que no es, porque es verdad que el personaje crea el espacio.

La La Land recupera, reinventa una manera de hacer cine, de contar historias. Para lograrlo, Chazelle y Sandgren trabajaron diez semanas en preproducción, para lograr la identidad visual de la película, haciendo muchas pruebas en las localizaciones en las que rodaban con sus iPhones y veían los resultados en iPad. De esa forma, en los 42 días de rodaje de fotografía principal, las ideas estaban muy claras y las imágenes tenían el marco urbano que David Wasco había diseñado (Wasco es el diseñador de producción de muchas películas de Tarantino, empezando por *Pulp Fiction* (1994), y de otras como *Los Tenenbaums* (ANDERSON, 2001) y *Collateral* (MANN, 2004).

El trabajo del montador Tom Cross es sensacional, especialmente por la dificultad que supone armonizar secuencias rodadas con diversos negativos y con cámaras y lentes muy diversas (ACADEMY CONVERSATIONS, 2016).

La forma en que la música y el estilismo impulsaron el gran musical norteamericano y la reformulación magistral que de él hicieron Jacques Demy y Michel Legrand, ambos enamorados del jazz, la estudian a continuación dos expertas.

LA LA LAND (2016)
País: EE.UU.
Dirección y Guion: Damien Chazelle
Fotografía: Linus Sandgren
Montaje: Tom Cross
Música: Justin Hurwitz
Diseño de producción: David Wasco
Vestuario: Mary Zophres
Intérpretes: Ryan Gosling, Emma Stone, J.K. Simmons, Rosemarie De Witt, John Legend, Finn Wittrock, Sonoya Mizuno, Jessica Rothe
127 minutos
Distribuidora DVD: Universal
Estreno en España: 13.1.2017

Filmografía de Damien Chazelle como director

- First Man (El primer hombre) (*First Man*, 2018).
- La ciudad de las estrellas (La La Land) (*La La Land*, 2016).
- Whiplash (2014).
- Guy and Madeleine on a Park Bench (2009).

FUENTES

- ACADEMY CONVERSATIONS: LA LA LAND (2016). Encuentro organizado por Academy of Motion Picture Arts and Sciences en The Samuel Goldwyn Theater con el director y guionista Damien Chazelle, el compositor Justin Hurwitz, el montador Tom Cross y los actores Emma Stone y Ryan Gosling. 10 de diciembre. Disponible en <https://www.youtube.com/watch?v=_RXSQG_n_UA>

- DILLON, Mark (2017). *La La Land: City of Stars*. American Cinematographer. 27 febrero. Disponible en <https://ascmag.com/articles/la-la-land-city-of-stars>

- VENICE PRESS CONFERENCE. LA LA LAND (2016). Rueda de prensa en el Festival de Venecia con el director y guionista, la actriz protagonista y tres productores. 31 de agosto. Disponible en <https://www.youtube.com/watch?v=A51-BOC6DBo>

La música de La La Land: A rat-tat-tat on my heart

SOFÍA LÓPEZ

La tercera película del joven realizador Damien Chazelle ha triunfado allá por donde va debido a sus muchos logros artísticos. *La La Land* es el excelente resultado de un minucioso trabajo en equipo. El director dirige una orquesta que desborda pasión por el cine y la música, en las diversas relaciones entre ambas artes.

Se podrían elogiar las variadas facetas de la película, tantas como departamentos posee una producción cinematográfica. Basta comprobar la multitud de premios que ha recibido hasta llegar a los Oscar.

Aquí, toca ceñirse a la música, ganadora de dos Oscar, a la banda sonora y a la canción, *City of Stars*. Chazelle estudió Artes Visuales, pero la música le ha acompañado toda su vida, desde que en el instituto estudió batería. Este amor fue *in crescendo*. Solo una persona que aúna estas dos pasiones, hace tres películas con un corazón-motor musical que carbura con tanta potencia y entusiasmo.

El realizador tenía muy claro lo que quería en *La La Land*: un melodrama romántico con trazas de musical, "como los que me cautivaban de niño; pero puesto al día, moderno". Para ello, se rodeó de un grupo de colaboradores que ha resultado muy eficaz: los productores, los letristas, el productor ejecutivo musical, la coreógrafa... y, sobre todo,

el compositor Justin Hurwitz, con quien trabaja por tercera vez consecutiva.

Clasicismo y modernidad van de la mano. Las coreografías de Mandy Moore aprovechan la escasa pericia de Ryan Gosling y Emma Stone, para que sus pasos de baile y su manera de cantar tengan el encanto de la credibilidad, ella es actriz, él pianista. Por tanto, es muy razonable que no sean Fred Astaire y Ginger Rogers, ambos bailarines excepcionales y, en el caso de Astaire, un excelente cantante. Quizás esa pasión, el entusiamo que transmite la película, se deba a que los protagonistas han aprendido a bailar, y en el caso de Gosling a tocar el piano de forma que no se le han doblado manos en ninguna escena al teclado.

Otro día de sol

La apertura *An another day of sun* desborda originalidad y potencia. El atasco habitual en los accesos de LA se convierte en un billar donde cada conductor se transforma en una bola de color que se lanza al tapete para ir formado figuras, grupos, relaciones. Del sonido de cada vehículo se pasa a una melodía compartida que une progresivamente a los soñadores: primero una chica, luego un chico, luego el coro, creciendo, creyendo… se abre la persiana del camión, la percusión y el viento metal, afianzan el entusiasmo, vuelve la voz delgada de la chica y el coro estalla de gozo: es otro día de sol.

Suenan los cláxones, hay que cerrar el sueño, volver al punto de partida, despertar, cada cual a su coche, pero afrontando un nuevo día con la energía de un sueño reparador: es el coche de caballos de *The Band Wagon*, la grandiosa película de Minnelli, que

aguarda a Tony Hunter y Gabrielle Gerard que han encontrado el amor bailando en la oscuridad de Central Park. Tony y Gaby se alejan, ya llevan las manos entrelazadas. Chazelle no copia, se inspira: su secuencia de apertura termina rotunda, de un portazo solidario, desbordante de entusiasmo y afán de aventura: créditos de la película a todo lo ancho, cinemascope, *La La Land*.

Amor estacional

A partir de ahí, la historia de Mia y Sebastian avanza musicalmente con código estacional y no solo porque aparezcan los rótulos: es que vemos caer las hojas, sentimos el frío, llegan las flores y de pronto el calor. *Someone in the Crowd*, *A Lovely Night*, *Herman Habit*, *City of Stars*, *Planetarium*, *Summer Montage*, *City Stars*, *Engagement Party*, *Audition* y *Epilogue*. Es admirable cómo maneja Hurwitz los estribillos, los elementos de repetición, vitales en una película diseñada para que salgas del cine tarareando y deseando volver a ver la película o, al menos, revivivirla escuchando la historia en Spotify.

Y, como no podía ser de otra manera, *La La Land* habla del jazz, una de las pasiones musicales de Chazelle, que se convierte en jazz fusión muy al estilo de la música del clarinestista Benny Goodman. Sebastian es un caballero andante, cabalga contra los molinos con sus zapatos bicolores, el jazz no puede morir, Samba & Tapas no puede prevalecer. El piano es su instrumento y desde esa pureza le acompañan los violines, las trompetas y los saxos. El ejército sigue al caballero. Muy inteligente emocionalmente, la trama musicalizada de Chazelle y Hurwitz, una estupenda secuencia que funciona como un punto de giro cautivador: Sebastian descubre la magia del jazz a Mia, que entenderá de esa manera que Seb es un soñador como ella y que su local (su sueño) no puede llamarse Chicken & Jazz...

Cada estación del viaje cuenta con su propio *leitmotiv*. Hay una voz femenina y otra masculina, en las confidencias suenan las cuerdas graves y las agudas. Se cuentan sus sueños y los obstinatos crecen en espiral sin que se pierda la identidad de dos solitarios desengañados, viejos prematuros que se han redescubierto jóvenes, bailando sobre las estrellas.

Repeticiones y compendio

El *leitmotiv* funciona como eslabón: predispone y enlaza, creando simetrías: ella le cuenta a él su sueño; él la anima a escribir sus propias historias (de fondo, notas intimistas, interpretadas por cuerdas graves de guitarra). Cuando sea él quien le confiese a ella su quimera, al piano y los tonos agudos de guitarra le sigue su voz pausada y rota, cansada, que va tomando confianza junto al mar. La confianza que la mirada de Mia le ha dado. Se lucha mejor acompañado. Y la expresión musical de ese sentimiento es muy hábil.

Se comparten sueños y soñando nace el amor. El amor se hace con recuerdos, en forma de acordes. Los acordes que empujan a Mia a dejar el bar y dirigirse corriendo al encuentro de Seb, el mismo Seb y los mismos acordes que habían emocionado a Mia cuando entra en el bar en el que Seb toca antes de ser despedido y salir enojado ignorando a Mia. Es una estrategia que Benigni y Piovani usaron maravillosamente en *La vida es bella*.

El arriesgado epílogo compendia en sí todos los temas musicales que han aparecido. Comienza con el tema del amor, tocando él en su club de jazz. Y después del desarrollo de esta preciosa fantasía, donde participaron 30 bailarines con los protagonistas, en su gran último momento juntos, se vuelve al realismo del club, donde una mujer de negro acude a un entierro, donde un pianista toca para ella en un funeral donde se entierra el amor que fue contando cómo pudo haber sido, un amor que ya no será, o al menos no será de esa manera.

Un gesto de comprensión cómplice anuda la valentía de una película que sabe que las historias de amor más sublimes con frecuencia son trágicas. "City Stars are you shining just for me?".

Códigos de color: el alma clara y oscura de La La Land

MARIAM VIZCAÍNO

Sin un buen vestuario, *La La Land*, una fábula contemporánea que intenta ser un homenaje a la era dorada de Hollywood, se habría trastabillado. Mary Zophres, la diseñadora de cabecera de los Coen, ha sido la responsable de ese elemento nuclear en la gramática de un musical clásico. El director de la película, un entusiasta y comunicativo Damien Chazelle, quería que el lenguaje visual funcionara como un reloj, así que reunió a Zophres, la coreógrafa, el director del set y el de producción para repasar juntos, página por página, el guion y decidir qué papel jugaría el color en cada escena.

El reto era crear para *La La Land* un estilo que fusionara el pasado con el presente. Una atmósfera nostálgica envolviendo unas vidas que pudiesen ser las nuestras. Después de ver un montaje que Chazelle preparó con fragmentos de sus películas de referencia, Zophres tenía claro que el vestuario debería contar con los colores saturados y alegres de los filmes de Demy, las hechuras fluidas de las películas de Minnelli y la contemporaneidad con la que Luhrmann viste sus musicales.

El personaje de Mia

Para construir el personaje de Mia, Zophres se inspiró en ese aire inocente y un poco esquivo de Catherine Deneuve en *Los paraguas de Cherburgo* (DEMY, 1964), y en la atemporalidad clásica de Ingrid Bergman en *Casablanca* (CURTIZ, 1942). El póster gigante de la actriz sueca en la habitación de la protagonista es un guiño a esa inspiración, y quizá también un aviso sobre el final hacia el que navega la historia.

La evolución del personaje se hace también visible en los vestidos que empiezan siendo construidos con bloques cromáticos y un movimiento muy fluido en la falda. Representan la ilusión recién estrenada de quien se enamora y empieza a flotar y a perder pie. Cuando los logros profesionales logran materializarse, y el amor pasa a un segundo plano, aparecen las hechuras lápiz pegadas al cuerpo, más sofisticadas y severas, y los colores se apagan. La actuación de Mia en el teatro, con una camisa blanca y un traje negro de raya diplomática, es el punto de inflexión de ese cambio.

Para conseguir un estilo clásico que rememorase a las actrices del pasado, Zophres trabajó con siluetas de líneas puras y muy definidas. Aprovechando la complexión de Emma Stone, resaltó sus hombros con el llamado cuello halter que difundió Madeleine Vionnet en los años 20 y que hizo fortuna en Hollywood gracias a Adrian, el diseñador que vistió a las dos estrellas más incombustibles de la MGM: Joan Crawford y Greta Garbo.

El primer vestido con que vemos a Mia es de un favorecedor azul cobalto que contrasta, sin que consigan ningunearlo, con los colores parchís con que se visten sus alocadas compañeras de piso haciendo gala de un mamarrachismo sublime. Es un diseño del joven Jason Wu, muy parecido a uno que llevó Deneuve, también con los hombros de tul, y que Zophres encontró casualmente en Saks, una tienda de la Quinta Avenida.

Emma Stone estaba tan favorecida con el vestido amarillo de Versace, que había llevado en la ceremonia de los Oscar de 2014, que Zophres convenció a Chazelle para incorporar ese color en una de las mejores escenas de la película, quizá por ser la que más recuerda a la maravillosa *Cantando bajo la lluvia* (DONEN, 1952).

Mia lleva un vestido amarillo cadmio, muy sencillo, con un leve estampado de flores inspirado en Matisse, perfecto para el tono divertido y ligero de esa parte de la historia. El contraste del amarillo con el cielo de Los Angeles al anochecer es de alto voltaje y recuerda al que consigue Van Gogh en su *Terraza del café de noche en Arlés* (1888).

De todos los vestidos, es el blanco del final el que más recuerda al cine de los años dorados y es también el preferido de Zophres. Representa el colofón de la película y, quizá por eso, es el que más tela lleva en la falda. Bailando en el aire y con las estrellas de fondo, la diseñadora quería conseguir que la actriz sintiese que volaba. Esos breves instantes son los que posiblemente mejor evocan a Fred Astaire y Ginger Rogers bailando juntos *En alas de la danza* (STEVENS, 1936).

El personaje de Sebastian

Si los vestidos son el distintivo de Mia, el de Sebastian son los zapatos. Zophres eligió para él unos Stacy Adams que estuvieron muy de moda en el mundo del jazz; pero como vio que Gosling no podía bailar bien con ellos, se los cambió por unos preciosos zapatos brogue de dos tonos. Son iguales que los que Mia se pone cuando baila claqué por primera vez con Sebastian, un momento mágico, en el que ese baile al unísono, con los mismos zapatos bicolores, explica sin palabras que están destinados a entenderse.

Zophres tenía claro que Sebastian, que era un nostálgico sin remedio, no podía ir con vaqueros y camisetas por la vida, así que decidió fusionar en su aspecto el estilo impecable del pianista de jazz Bill Evans, siempre trajeado, el porte más desenfadado del actor y también pianista Hogy Carmichael, y el aire algo agreste y levemente descuidado de James Dean.

La ropa de Sebastian -unas camisas, dos pares de pantalones y unos cuantos bla-

zers-, se hizo toda a medida. Solo las corbatas, estrechas y con un pequeño bordado en la pala, se alquilaron y hubo que devolverlas al acabar el rodaje. Como a Gosling le habían gustado tanto, Zophres tuvo un detalle muy bonito: comprarle por eBay un montón de corbatas parecidas y mandárselas a casa.

Aunque su estilo sea bastante formal, no por ello faltan detalles muy modernos. Por ejemplo, las chaquetas, generalmente no van a juego con los pantalones, que son estrechos y de cintura baja, como se llevan ahora. En otro orden de cosas, y en función de las demandas del filme, se hicieron algo más cortos de lo normal para que se vieran bien los zapatos y para su confección se eligió una lana, mezclada con un poco de elastano, para que no estallaran en medio de una toma.

Una soterrada disonancia

Al acabar la película, todos esos colores que han bailado delante de la cámara se resisten a abandonarnos. Colores sólidos, sin matizar, que se deslizan sin el menor asomo de duda, al ritmo de la música. Por debajo de ellos, una soterrada disonancia: la indecisión de unos personajes que no saben si perseguir sus sueños o jugárselo todo por un amor de ley que hubiese querido llegar para quedarse.

Se nos desvela así, casi sin querer, la fractura visual del filme: el exterior chispea con festiva nitidez, pero el interior se balancea en una triste bruma que se deshace. *La La Land*, como un astronauta que ha perdido contacto con la nave nodriza, se aleja de

esos musicales sin grietas del viejo Hollywood en los que podíamos tenerlo todo: soñar, amar alegremente y cantar bajo la lluvia. La elección de Chazelle no ha dado en la diana, pero siempre hay espectadores que al salir del cine no se resisten a recoser la fractura para poder seguir bailando: amar se puede siempre.

Blade Runner 2049 (Denis Villeneuve)
BELÉN RAMÍREZ

"Nunca segundas partes fueron buenas", sentenciaba el Bachiller Sansón Carrasco (*El Quijote II* 4). En el ámbito cinematográfico pienso que, a veces, esta afirmación procede del intento por comparar más que por analizar. Si bien es cierto que las secuelas hacen referencia a la original, no son transcripción de la misma. Carecen del factor sorpresa de la primera, sumando su recuerdo e impacto positivo; sin embargo, en ocasiones, este componente es más una carga que un valor. *Blade Runner 2049* partía "con el enemigo de la expectativa imposible" (Cea, 2017). Su predecesora, dirigida por Ridley Scott en 1982, incluida desde 1993 en el Archivo Nacional de Películas de la Biblioteca del Congreso de EE.UU. con categoría de tesoro nacional por su influencia en la cultura estadounidense, "fue un hito en el desarrollo del cine de ciencia-ficción, tanto por la estética visual futurista que inaugura como por el componente metafísico de la historia" (Marzal y Rubio, 2002, p.9).

Blade Runner 2049 constituye un tributo a su predecesora. Las comparaciones entre ambas surgen con naturalidad, por derecho propio. En palabras de Villeneuve: "*Blade Runner 2049* es una carta de amor a *Blade Runner*, y sé que todos los artistas que han trabajado en esta película han estado profundamente inspirados por su universo y por la visión de Ridley Scott. Incluso la gente que no conozca ese universo descubrirá que, mientras esta es una película de ciencia ficción, por encima de todo, es un cautivador drama sobre la humanidad".

Las siguientes líneas incoan el análisis de *Blade Runner 2049*, una película "suficientemente interesante para ser juzgada sin comparaciones: es una cinta de ciencia ficción memorable, visualmente impresionante y profunda, que evita caer en la nostalgia desmedida para escribir su propio discurso" (Mullor, 2017); funciona narrativa y formalmente por sí misma. Es, como enuncia Harrison Ford, "una experiencia visual y emotiva fascinante".

Blade Runner vs *Blade Runner 2049*

"En muchos aspectos, *Blade Runner* no es más que el desarrollo de características de nuestra sociedad actual: la población interracial de las grandes urbes, los cambios climáticos y la pesada atmósfera urbana (consecuencias de la contaminación), el crecimiento desordenado de los edificios, las jergas interlingüísticas (...), la omnipresencia de la publicidad, etc." (Marzal y Rubio, 2002, p.10).

Blade Runner 2049 recupera el tono y temática de la original treinta años después. En 2049, los replicantes, seres humanos creados a partir de bioingeniería, coexisten integrados en la sociedad; la vida vinculada a esta disciplina se convirtió en necesaria para asegurar la supervivencia de la humanidad. K, un modelo más reciente creado para obedecer, trabaja como *blade runner* para el Departamento de Policía de Los Angeles (LAPD), cazando y "retirando" modelos clandestinos más viejos. La investigación sobre un grupo de libertad replicante conduce a K a una granja donde encuentra una caja enterrada. En su interior reposan los huesos de una replicante femenina que murió como consecuencia de las complicaciones de una cesárea de urgencia. Un hallazgo inquietante, ya que su reproducción se consideraba inviable y pondría en peligro el equilibrio y convivencia social. Como indica la teniente Joshi: "El mundo gira en torno a un muro que separa clases. Di que no existe ese muro y habrá una guerra. O una masacre".

En el núcleo de la historia late la misma pregunta que su predecesora lanzaba tres décadas antes: ¿qué nos define como seres humanos? *Blade Runner 2049* retoma los acontecimientos, si bien, como indica Villeneuve, "aun sin haber visto la primera película, no hay dificultad en entender la historia. Por la forma en la que se presenta y está escrita, la trama te absorbe y te mantiene entretenido sin que necesariamente sepas lo que ocurrió antes (...) El mundo de *Blade Runner 2049* es una extensión de *Blade Runner*, no una extensión de la realidad" (Hernández, 2017).

El tributo a la cinta original aletea ya en el primer fotograma. "Desde su inicio, *Blade Runner* se propone como un discurso donde la mirada desempeña un papel trascendental. Ese enorme ojo en primer plano de la primera secuencia de la película es su mejor metonimia" (Marzal y Rubio, 2002, p.40). Así comienza *Blade Runner 2049*; tras el prólogo que emplaza al espectador en los sucesos acaecidos entre ambos metrajes, se muestra el plano detalle de un ojo, vinculando ambas entregas en dos direcciones: la secuencia inicial y el papel trascendental que desempeñan los ojos en los replicantes. Simultáneamente evoca el célebre monólogo de Roy Batty: "Yo he visto cosas que vosotros no creeríais". Se abre así la puerta al particular mundo futurista de 2049.

Roger Deakins es el encargado de representar este mundo apocalíptico treinta años después. Con una estética que prolonga la creada por Cronenweth para la original, dota a la cinta actual de continuas referencias a su predecesora, imprimiendo al tiempo un estilo propio. La megalópolis mantiene gran parte de los elementos de la ciudad de Los Angeles diseñada por Scott. La influencia oriental y los brillos de neón, que recuerdan los de *Skyfall* (MENDES, 2012), centellean en un mundo sombrío, climáticamente adverso, dominado por la tecnología, donde habita una humanidad mestiza, embrutecida y desalmada, que subsiste junto a "pellejudos" en metrópolis residuales. Los anuncios que ocupaban las fachadas del filme original han evolucionado hacia seductores hologramas en 3D, con cierto grado de inteligencia, que interactúan con los viandantes. Un universo fascinante y asombroso, terrorífico y desasosegante; una realidad estigmatizada por las diferencias sociales, donde los replicantes son mano de obra esclava, "más humanos que los humanos".

Analizando *Blade Runner 2049*

Blade Runner 2049 es una historia de ciencia ficción, con estética y temática propias del *Ciberpunk*: un futuro distópico con alta tecnología y bajo nivel de vida. Con fuerte influencia del filme *Neo-Noir*, del que se distancia a medida que avanza el metraje, y una construcción formal cercana al expresionismo, desprende la misma atmósfera de soledad y decadencia futurista que su predecesora, en un clímax donde las diferencias económicas y sociales se han agudizado. Fiel a las reglas del género, se aleja, sin embargo, del empleo de estridentes efectos especiales, optando por usarlos de modo comedido e inteligente. La película ha sido galardonada con numerosos premios, destacando en las categorías de mejor fotografía y mejores efectos visuales, donde ha recibido dos premios Oscar, dos BAFTA, los correspondientes Satellite Awards, y el premio a mejor fotografía otorgado por la Critics Choice Awards.

Blade Runner 2049 se caracteriza por una ambientación futurista única, "con escenas monocromáticas y de iluminación muy potentes" (Aranda, 2017), que aportan a la película un estilo soberbio. Con un diseño de producción espléndido y una puesta en escena dotada de elevado valor artístico, el rodaje tuvo lugar en Hungría; la producción se desarrolló en seis decorados y en el plató exterior de Origo Studios en Budapest, en tres decorados de Korda Studios en Etyek y en otras localizaciones por todo el país (Hernández, 2017).

La cámara cinematográfica puede expresar aquello que los personajes no dicen con la palabra. *Blade Runner 2049* está llena de ideas. Muchas se transmiten a través del diálogo, pero otras, como apunta De Fez (2017), se expresan en imágenes inolvidables. Las películas primero muestran, luego cuentan; la acción muda suministra la información esencial, mientras que la información verbal añade una segunda dimensión (Mackendrick, 2013, p.43). En *Blade Runner 2049*, fotografía y palabra se compenetran, aunando, de modo cohesionado y coherente, narrativa, conceptos y estilo audiovisual. Las imágenes se transforman en ideas por sí mismas, y los diálogos en motivo de reflexión.

La historia repite la fórmula de 1982, sustentada en un rico guion. Ante la pregunta sobre el mayor desafío de trabajar en esta película, Gosling responde: "Capturar todo lo que estaba en el guion. Había muchísimo (…) Era un mundo increíblemente grande, con nuevos conceptos, viejas temáticas que evolucionan y nuevos personajes; dinámicas muy emotivas y complicadas entre los personajes. (…) Había mucho y nosotros intentábamos capturarlo todo".

Las imágenes son puro arte conceptual: las tomas aéreas del paisaje agrícola desnaturalizado nos hablan de un mundo oscuro, contaminado, artificial; las cuerdas que mantienen sujeto al árbol muestra la ausencia de raíces, de origen, frente a la búsqueda permanente "de un atisbo de verdad": el reflejo de K sobre el cristal que custodia a Stelline, su oculta verdad.

Los planos aéreos nos transportan de un escenario a otro, sobrevolando un universo dantesco. Desde un plano cenital oteamos el muro de hormigón que protege la ciudad de Los Angeles contra el acoso del océano; planeamos a través de edificios que recuerdan las construcciones arquitectónicas brutalistas, estilo concebido para representar el

Apartamento de trabajadores según la Bauhaus, de Walter Gropius (1928-30). Interior de la vivienda de K. *Blade Runner 2049* (2017).

mundo moderno, igualitario y utópico. Esta corriente se asoció a las ideologías de utopías sociales y su auge coincidió con el establecimiento de la mayoría de las repúblicas comunistas del este de Europa (Cicerone, 2010). Emerge del movimiento Moderno, estrechamente relacionado con la filosofía positivista de Comte (1798-1857), que conduce a la negación de la individualidad en aras a la Humanidad abstracta. Incidió innegablemente en el pensamiento que caracteriza las obras de los arquitectos modernos, como la vivienda mínima, de la que el apartamento de K es buen ejemplo.

La atmósfera de la ciudad abandonada de Las Vegas evoca la gran tormenta de arena que cubrió Sidney en 2009. El color naranja intenso de la nube de polvo y la bajada de temperaturas llevaron a comparar la situación con un invierno nuclear, fenómeno climático surgido en el contexto de la guerra fría. Predecía, fruto del uso indiscriminado de bombas, un enfriamiento global, derivado del humo estratosférico. Las consecuencias serían un colapso de la agricultura y la amenaza de hambrunas para la mayoría de la humanidad, sucesos que explican el presente en 2049.

El color posee el poder de comunicar una amplia gama de emociones, codificar informaciones diversas y establecer una conexión inmediata con el observador. En *Blade Runner 2049* se utiliza magistralmente: sus gamas cromáticas se alejan de la excentricidad, transmitiendo cierta sensación de calma. La climatología adversa deviene en un amplio

Ejemplos de arquitectura brutalista. **Superior izquierda: Edificio Torres Blancas, Madrid; Superior derecha: Biblioteca Nacional de Argentina; Inferior izquierda: bloque de viviendas, Budapest; Inferior derecha: Complejo Cultural Teresa Carreño de Caracas, Venezuela; Derecha: fotogramas** *Blade Runner 2049* **(2017); Superior: edificio de viviendas donde habita K; Centro: plano aéreo de la ciudad y detalle azotea edificio LAPD; Inferior: Centro de investigación de la Dra. Stellini.**

espectro de grises; los espacios interiores se equipan con tonos neutros. El amarillo es el referente de momentos importantes; psicológicamente opuesto al gris, su empleo rebasa el plano estético, revistiendo connotaciones de carácter religioso simbolizando, en la tediosa existencia de los replicantes, la luz del milagro. Una puerta a la esperanza que se refuerza con el empleo del verde en escenas relacionadas con esta temática: la sala de ADN o la presentación de Stelline.

Palabra e imagen condensan numerosas cuestiones relativas a la naturaleza humana. Veamos algunos ejemplos. K aterriza en la granja de Morton; un plano general nos muestra el entorno. K desciende del spinner y la cámara cambia de objetivo, revelando, en un plano subjetivo, la mirada de K sobre ese escenario. Poco después escuchamos:

S - ¿Es usted policía?
K - ¿Es usted Supper Morton, ciudadano NK68514?

Imágenes superiores: vista de la ciudad de Sidney, 1 de septiembre de 2009.
Imágenes centro e inferior: fotogramas de *Blade Runner 2049* (2017).

S - Soy granjero.

Once palabras definen su identidad: K, un *blade runner*. Morton, un replicante con autoconciencia de ser algo más que un producto fabricado para un fin.

Otro caso: el hallazgo que cuestiona la imposibilidad de reproducción en los replicantes turba a K; el impacto que tiene en él la orden de destruir al niño se refleja en su semblante; la agudeza de la cámara capta su desasosiego. Esta impresión se completa en el diálogo con la teniente Joshi:

J - Elimínalo todo.
K- ¿Incluso al niño?
J- Todo rastro. ¿Tienes algo más que decir?
K - Nunca he retirado nada que haya nacido.
J - ¿Qué diferencia hay?

Fotogramas de *Blade Runner 2049* (2017).

    K - Los que nacen tienen alma, creo.
    J - ¿Acaso te niegas?
    K - No sabía que tuviera esa opción.
    J - Así me gusta. Eh, a ti no te ha ido nada mal sin...
    K - ¿Sin qué señora?
    J - Sin alma.

Los personajes se presentan de forma sugerente. Se muestra una imagen auditiva que te obliga a generar tu propia imagen visual. De este modo, espolea imaginación y curiosidad y eleva la tensión emotiva de la escena. El desenlace puede ser sorprendente para el espectador. Así, cuando K llega a su apartamento entabla conversación con Joi; el público no ve al personaje, pero escuchando sus palabras percibe un tipo de mujer que posiblemente se aleja de lo que descubres a continuación: un producto holográfico en 3D, inteligente, que interactúa como si fuese un humano.

Otra muestra de ese tipo de desvelamiento es la secuencia que introduce a Luv. Va precedida de las palabras de un trabajador de Wallace Corporation a K: "No hay mucho de entonces, y lo que hay es... agua turbia"; un fundido, y la cámara muestra un plano detalle de una mano de mujer sirviendo una infusión, mientras dice: "Yo no malgastaría

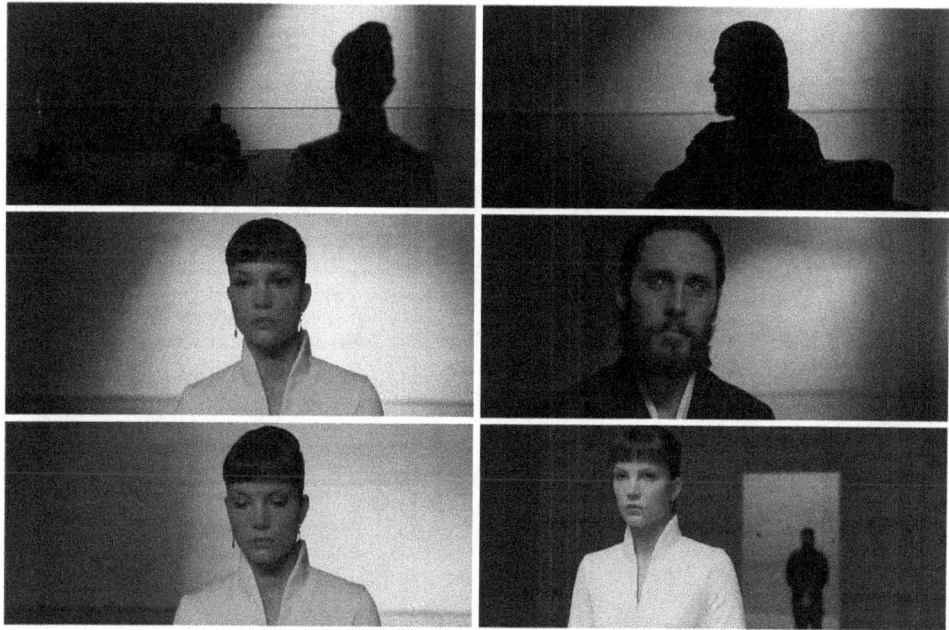

Fotogramas de *Blade Runner 2049* (2017).

el dinero en dotarlos de inteligencia, apego o atractivo". Al final de la secuencia vemos su rostro. La presentación del personaje rebasa el físico para aportarnos sustanciosos detalles.

Un tercer momento disruptivo: el personaje interpretado por Jared Leto se encuentra en una sala en penumbra que permite distinguir la silueta pero no el rostro; al escuchar sus palabras, vemos el impacto que producen en el semblante de Luv; a través del ángel más perfecto construimos una imagen mental de Wallace, reafirmada, o no, al ver su rostro.

Un breve apunte sobre la confección del vestuario, realizada por Renée April, en piel sintética y plástico. El color y corte de las prendas potencian la identidad de los personajes. Formal y sobrio para la teniente Joshi. Atractivo y femenino para Joi. Sencillo y natural para Stelline; elegante y duro para Luv.

Nominada a los premios Bafta 2017 Mejor BSO cine, las aportaciones de los compositores Hans Zimmer y Benjamin Wallfisch se combinan o fusionan con los efectos sonoros de la electrónica e instrumentos virtuales, recreando ambientes "con unidad de criterio estilístico sólido pero sin discurso alguno, salvo en las referencias holográficas a Vangelis: la música nada explica ni matiza, simplemente aporta tonos, colores, énfasis y atmósferas, que son las propias de los entornos mostrados (el futuro, la megalópolis, etc.) y también sirven para remarcar con la no música (la no construida, la del orden lógico, la melódica...) que no hay rastro de Humanidad en el Los Angeles de 2049, que cualquier atisbo de calor, de ternura, de afecto... solo se plasma y se encuentra con las músicas pre-existentes que sobreviven del pasado..." (Marqués, 2017).

Terminemos con palabras de Gosling. "La ciencia-ficción es una manera útil de proyectar los peores escenarios del futuro, y tanto Ridley como Denis nos consiguen transportar a ese mundo y hacerlo tangible". Ahora bien, sin caer en el pesimismo. Porque existen los milagros. "¿Creías que eras tú? Oh, claro, claro. Todos lo hemos deseado. Por eso creemos".

BLADE RUNNER 2049 (2017)
País: **EE.UU.**
Dirección: **Denis Villeneuve**
Guion: **Hampton Fancher, Michael Green**
Fotografía: **Roger Deakins**
Montaje: **Joe Walker**
Música: **Hans Zimmer, Benjamin Wallfisch**
Diseño de producción: **Dennis Gassner**
Vestuario: **Renée April**
Intérpretes: **Ryan Gosling, Harrison Ford, Ana de Armas, Jared Leto, Sylvia Hoeks, Robin Wright, Mackenzie Davis, Carla Juri, Lennie James**
163 minutos
Distribuidora DVD: **Warner**
Estreno en España: **6.10.2017**

Filmografía de Denis Villeneuve como director

- *Blade Runner 2049* (2017).
- *La llegada* (*Arrival*, 2016).
- *Sicario* (2015).
- *Enemy* (2013).
- *Prisioneros* (*Prisoners*, 2013).
- *Incendios* (*Incendies*, 2010).
- *Politécnico* (*Polytechnique*, 2009).
- *Maelström* (2000).
- *Un 32 de agosto en la Tierra* (*Un 32 août sur terre*, 1998).

FUENTES

- ARANDA, D. (2017). *Una digna continuación*. Hobby Consolas. Recuperado el 10 de junio de 2018 de <https://www.hobbyconsolas.com/reviews/critica-blade-runner-2049-ryan-gosling-harrison-ford-167958>

- CASALS, C. (2017). *¿Qué es un invierno nuclear?*. Meteorología en red. Recuperado el 24 de junio de <https://www.meteorologiaenred.com/>

- CARO, A. (2017). Pedro Vallín. *Blade Runner 2019-2049: memento del hombre blanco sobre fondo negro*. Elpalomitron.com. Recuperado el 20 de junio de 2018 de <http://elpalomitron.com/blade-runner-2019-2049-memento-del-hombre-blanco-sobre-fondo-negro/>

- CEA, M. (2017). *Mucha lluvia y povas lágrimas. Blade Runner 2049*. El espectador imaginario. Recuperado el 7 de junio de 2018 de <http://www.elespectadorimaginario.com/blade-runner-2049/>

- CICERONE L. (2010). *Entendiendo Europa del Este: la arquitectura brutalista*. Xixerone. Recuperado el 22 de junio de 2018 de <https://xixerone.com/2010/12/entendiendo-europa-del-este-la-arquitectura-brutalista.html>

- DE FEZ, D. (2017). *Para fans de Blade Runner y de las imágenes que son ideas en sí mismas*. Fotogramas. Recuperado el 7 de junio de 2018 de <http://www.fotogramas.es/Peliculas/Blade-Runner-2049>

- EFE (2017). *Harrison Ford: "Emocionar a la gente significa absolutamente todo para mi"*. Agencia EFE. Recuperado el 5 de junio de 2018 de <https://www.efe.com/efe/espana/entrevistas/harrison-ford-emocionar-a-la-gente-significa-absolutamente-todo-para-mi/10012-3397548>

- EFE (2009). *Una nube de polvo naranja invade Sidney*. El País. Recuperado el 27 de junio de <https://elpais.com/internacional/2009/09/23/actualidad/1253656804_850215.html>

- ESCALANTE, J. (2017). *Blade Runner 2049: casi humanos*. RPP noticias. Recuperado el 25 de mayo de 2018 de <http://rpp.pe/blog/el-critico/critica-por-que-blade-runner-2049-es-de-las-mejores-peliculas-del-ano-noticia-1083285>

- FilaSiete (2017). *Curiosidades de Blade Runner 2049, estreno 6 de octubre*. FilaSiete. Recuperado el 30 de mayo de 2018 de <https://filasiete.com/noticias/actualidad-del-cine/curiosidades-blade-runner-2049-estreno-6-octubre/>

- HERNÁNDEZ, E. (2017). *Blade Runner 2049, de Denis Villeneuve*. Efe Eme.com. Recuperado el 6 de junio de 2018 de <http://www.efeeme.com/blade-runner-2049-de-denis-villeneuve/>

- MACKENDRICK, A. (2013). *On Film-making*. Jaguar: Madrid.

- MARQUÉS, I. (2017). *Blade Runner 2049*. Mundo BSO. Recuperado el 25 de junio de 2018 de <http://www.mundobso.com/bso/blade-runner-2049>

- MARZAL, J.J. y RUBIO, S. (2002). *Guía para ver y analizar Blade Runner*. Octaedro: Barcelona.

- MULLOR, M. (2017). *¿Qué ha pasado con Blade Runner 2049?*. Fotogramas. Recuperado el 12 de junio de 2018 de <http://www.fotogramas.es/Cinefilia/estreno-Blade-Runner-2049-taquilla>

- NORAGUEDA, C. (2017). *Blade Runner 2049. Las cosas que nos hacen felices*. Recuperado el 2 de junio de 2018 de <https://www.lascosasquenoshacenfelices.com/critica-de-blade-runner-2049-la-encrucijada-de-denis-villeneuve/>

- RAJAS M., GÉRTRUDIX M., ÁLVAREZ S. (2013). *Análisis de secuencias 2. Técnicas de realización*. Madrid: Icono14

- SÁNCHEZ, F. (2018). *La fotografía en el cine: Blude Runner 2049*. Xataka. Recuperado el 20 de mayo de 2018 de <https://www.xatakafoto.com/actualidad/la-fotografia-en-el-cine-blade-runner-2049>

- VIALÁS, L. (2017). *Ryan Gosling: "Blade Runner 2049 es muy diferente a muchas películas en las que intentas sacar algo de la nada"*. Sensacine.com. Recuperado el 19 de mayo de 2018 de <http://www.sensacine.com/noticias/cine/noticia-18560081/>

- Wikipedia (2018). *Arquitectura brutalista*. Recuperado el 25 de junio de 2018 de <https://es.wikipedia.org/w/index.php?title=Arquitectura_brutalista&oldid=105361120>

Coco (Lee Unkrich, Adrian Molina)
PILAR YÉBENES

*A César Lajud y Lucho Otero, que me han llevado a vivir
experiencias únicas en el México mágico del Día de Muertos*

Morir es estar en todas partes en secreto
Jaime Sabines

Coco es la historia de Miguel, un niño que tiene una pasión: la música. Una película que nos lleva a México para vivir una fiesta única, la del Día de Muertos. Nuestro aspirante a músico emprenderá un viaje de puro héroe -al estilo de Joseph Campbell- a la tierra de los muertos y antepasados. Allí encontrará al ingenioso Héctor -con voz de Gael García Bernal- que dará respuestas a sus incomprensiones sobre sus relaciones familiares. Dos líneas discurren paralelas y analizan, por un lado, la meta que quiere alcanzar Miguel y por el otro, lo que supone la importancia de la familia.

Pixar sorprendió al anunciar México como lugar donde se situaría la historia de su nueva película. Un país de contrastes y de mestizaje, donde la música, el color y el folklore se manifiestan de forma contundente. *Coco*, que no se sustrae a determinados clichés, contaba a priori con un hándicap que podía llevar a hacerla caer en estereotipos. Sin embargo, los supera por su buen esqueleto de estructura narrativa y además respetando la herencia cultural de México. Esta vez nos sitúa fuera de la Norteamérica habitual de sus escenarios e incluso de ambientes donde no es determinante el país, como ocurre en la mayor parte de sus éxitos que se han revalorizado en circuitos de carreras (*Cars*, 2006), océanos antropomorfos (*Buscando a Nemo*, 2003) en la mente de Riley y en cinco de sus emociones (*Del revés*, 2015) o en Metroville, ciudad inspirada en las calles cercanas a la sede de Pixar en Emeryville, California (*Los Increíbles*, 2004).

El tema del Día de Muertos[1] no se había tratado en la animación más que en una ocasión por parte de Blue Sky y 20th Century Fox Animation, en 2014, cuando estrenaron *El libro de la vida* (Jorge R. Gutiérrez), pero ni la calidad narrativa ni procesal pueden conllevar una comparativa de ambos trabajos. Es la fiesta de México donde se hacen ofrendas ilustradas con las fotografías de los difuntos, colocando las comidas y bebidas favoritas de sus seres queridos, así como calaveritas de dulce, juguetes para niños y las flores de Cempasuchil. Así recuerdan los mexicanos las almas de los niños y de los adultos con la música siempre presente, con infinidad de grupos musicales que interpretan las canciones preferidas de los difuntos.

Casi veinticinco años después de producir *Toy Story* (John Lasseter, 1995), el primer largometraje animado completo en 3D de la historia del cine, Pixar nos regala esta joya del director Lee Unkrich, una película que supone un antes y un después en la filmografía de la compañía, por su argumento, por su esplendor técnico y por ser uno de los más portentosos diseños de producción de la historia del cine. *Coco* es un filme de casi dos horas de refinado estilo visual, con un cromatismo mágico que haría temblar y vibrar al mismísimo Visconti.

La cinta gira en torno a la aceptación de la muerte. Nos concilia con una idea de la muerte, redimiéndola. Una propuesta de filme que recoge una serie de valores como la familia, el amor, la perseverancia y la pasión por la música. Una conformidad de la vida y la muerte, sujeta fuertemente al poderío de la música. El tema se aviene a una narración muy localista (con la proyección de un concepto global para otras culturas), precisa -y preciosa- como es la fiesta donde los mexicanos aceptan subirse al vagón de la muerte el mismo día que nacen. Momento en el que la sátira se burla de la muerte y donde México se viste de Catrina[2], elegante y recia, y se dibuja un concepto de la muerte menos drástico que el nuestro.

---

[1] *"La Leyenda de la Nahuala", de Ricardo Arnaiz (2007), también es un largometraje que trata el tema del Día de Muertos, pero no en su totalidad.*

[2] *La Catrina es la Calavera Garbancera creada por José Guadalupe Posada y llamada popularmente así por el muralista Diego Rivera.*

Es interesante descubrir a un Pixar que desde la soberbia *Inside Out* (Pete Docter, 2015) no había abordado el tema de la familia de manera tan madura y generando cierta controversia al mismo tiempo. Y lo hace con una sólida base de ficción y con una profundidad antropológica que goza de la genialidad de Unkrich. Evidentemente, *Coco* es mucho más que los entramados de las relaciones familiares y la resolución de los traumas del pasado. *Coco* nos da una lección de cómo convivir con la muerte sin dramatización.

La familia Rivera, zapateros artesanos

¿Hasta dónde nos reta la familia, nos deja ser libres y ser nosotros mismos? Un concepto que algunos creen falso y otros necesario o inevitable. Existe el sentido conservador y tradicional del manifiesto que reza en las filas de Pixar sobre la postura de la familia, como elemento educacional, y en *Coco* el veredicto se deja en manos de los muertos, en el viaje de Miguel al otro mundo. Serán ellos quienes respalden al joven *outsider* en los caminos de su elección en la vida, interconectando las decisiones y sus pasos en la pasarela de la madurez y el regreso a casa de los vivos, con un corazón más grande y un nuevo destino. Regresa también con un concepto diferente de la vida y de las relaciones familiares.

Las familias, como la protagonista Rivera, clan de zapateros artesanos desde 1921, no siempre pueden presumir del popular dicho: de tal palo tal astilla. O al menos es lo que nos hacen creer Unkrich y Molina -co-director de *Coco*- hasta el tercer acto, sabiendo hábilmente mantener la incertidumbre en el final, hasta que deciden revelarnos el verdadero revés de la trama.

A Miguel no le reconocen desde pequeño su potencial y su amor por la música y la guitarra, talento cercenado por Abuelita -la hija de Coco- que no deja que la música se oiga en su casa. Su lema y mensaje: "Sin música", ya que tiene la firme convicción de que es el motivo por el que su madre Coco y su tatarabuela Imelda -la madre de Coco- fueron infelices. De la Cruz es el ídolo del niño que incide en la misma frase: "Vivir el momento". Tres palabras que aportan la energía y la fuerza a Miguel para llegar al mundo de sus difuntos y poder así mantener sus sueños vivos.

¿Cómo desligarse de los brazos a veces opresivos de la familia, manteniendo viva la veneración por el pasado, por nuestros muertos? *Coco* responde a la pregunta con la misma fórmula mágica que mantiene su Compañía históricamente convertida en la máxima expresión del cine de animación 3D (no dejemos de citar a la productora Laika y las suyas: *Kubo and the two strings*, 2016, o *Corpse Bridge*, 2005): contando una buena historia. Una historia de la humanidad con pasado -la muerte y el respeto a su recuerdo-, presente -la ambición de un sueño, la vida- y futuro -seguir siendo feliz-. El alegato de *Coco* va más allá de la relación familiar y de pretender alcanzar una meta personal: es la propia exaltación de la vida.

Coco deja una huella indeleble en la historia de la animación. Esta vez el ideal de belleza para la película proviene del pasado, de ese tiempo que muchas culturas tenemos un tanto dejado, abandonado en un momento como el actual donde prima la inmediatez. En nuestra sociedad no prestamos atención a nuestro pasado convirtiendo a la muerte en un tabú, algo inexistente en *Coco*. Si ya la muerte, que ha sido tema cardinal en la novela mexicana contemporánea, depara una inquietud abrumadora, dibujarla y hacerla llegar a un *target* universal y familiar como ha pretendido Pixar en *Coco* no ha sido cosa del azar. No todos lloramos la muerte con las mismas inquietudes, libertades o emociones. En la cultura mexicana existe una prolongación de la vida en la muerte donde siempre habita sintonía entre vivos y muertos. En la cultura cristiana entendemos que la liberación del dolor tiene sosiego en la oración, o como rezaba Sabines en *La muerte del mayor Sabines* (1986): ... «debemos defender el derecho a sentir dolor por la muerte». De una manera u otra cada sociedad, cada cultura, cada individuo abordamos la muerte atendiendo a sus diferentes y variados misterios, pero comúnmente inquietante para todos.

Lee Unkrich hace una película que resulta inmortal porque pasado y presente estarán siempre de moda. Y el grado de humanidad es tan manifiesto que dibuja una secuencia única. Miguel ha regresado del mundo de los muertos, y encerrado en una habitación con Mamá Coco, ésta le dice quién es su padre, Héctor, y le pide encarecidamente que no se olvide de él porque desaparecerá para siempre. Momento en el que la longeva Coco habla por primera vez al espectador sobre su familia y lo que significa para ella el recuerdo de su padre. Además, cuando el resto del clan Rivera abre la puerta de la habitación, se vive un momento sublime. Coco llama a su hija por su nombre, Elena, reconociéndola, cuando en ningún momento sabe bien quiénes son (recordemos que, al principio de la película, Mamá Coco llama a Miguel por el nombre de Julio). Existe tanta cercanía, tanta grandeza y serenidad en la secuencia, que una vez más nos damos cuenta del triunfo del dibujo animado, fortaleciéndose frente a cualquier prejuicio que se tenga todavía erróneo de que el cine de animación está solo dirigido al público infantil.

El espectador no se cansa de deleitarse con otras muchas secuencias del filme. Visionado tras visionado caemos rendidos por la *Belle Epoque* de los muertos ilustres, de los

Mamá Coco y su tataranieto Miguel en la casa de los Rivera.

artistas famosos que trazan para ambientar la pasarela y el puente que les lleva a la Tierra de los Muertos. La galería de intelectuales folcloristas nacionales que integran *Coco* se visualizan en un inolvidable diseño de personajes y matices, de colores que circulan desde el surrealismo de Frida Kalo, a la Revolución de Zapata, la comicidad de Cantinflas, las peripecias de El Santo -la máscara más plateada del cine-, la internacional María Félix o los mariachis como parte del desfile solemne de un viaje auténtico del héroe Miguel.

Son muchísimos los planos magistrales que se hacen para *Coco*, de los cuales debemos destacar los que se hacen en el mausoleo donde descansan los restos y la guitarra del cantante de Santa Cecilia, Ernesto De la Cruz. En este personaje reconocemos al ídolo de México, Pedro Infante.

Una secuencia que indica el punto de giro en la historia para adentrarnos en el mundo de los no vivos. El padre y Abuelita obligan a Miguel a que continúe el negocio y la tradición familiar de los artesanos de zapatos, pasando de aprendiz de limpiabotas a aprendiz de zapatero. Inmediatamente llega el detonante, provocado por el perro Dante -personaje extraordinario basado en Dante Alighieri, escritor de *La Divina Comedia*, que narra su viaje por el infierno, y que en la época prehispánica eran los perros de raza mexicana Xoloitzcuintle, los que ayudaban a sus muertos a cruzar al otro mundo- que lleva a Miguel a iniciar ese viaje del héroe al que ya nos hemos referido.

El santuario familiar, donde la familia rinde culto a sus difuntos, queda destrozada por la torpeza del animal. Se caen calaveras de dulce de azúcar y demás ofrendas junto con la foto de los padres de Mamá Coco -su tatarabuela-. En ella, la cabeza del papá de Mamá Coco aparece recortada y en el reverso de la foto la imagen de una guitarra, la misma que Miguel cree que perteneció a De la Cruz. Así pues, le lleva a la delirante idea de que el artista al que venera y su tatarabuelo eran la misma persona. Mamá Coco, que muestra los achaques de la edad, que no reconoce a su familia, da a entender que De la Cruz es su padre.

Píxels de desafíos y colores

Construir la escenografía de muertos para *target* infantil -o familiar, como lo define Pixar- no es fácil, ya que los esqueletos no deben resultar terroríficos, ni las tumbas ni los panteones, aterradores. Al estar en manos de Lee Unkrick, alquimista y artesano que ya nos dejó la perfección con tintes *fordianos* y *chaplinescos* en *Toy Story 3* (2010), la película se convierte en un auténtico ejercicio de dirección donde convergen una composición de golpes de humor, de sensaciones y vivezas reales y diarias que son los patrones del éxito en estado puro de la compañía que dirige John Lasseter. *Coco* es esplendor extático: movimiento, color y música.

No son demasiadas las ocasiones en las que el público más experto queda electrizado por la animación. Es impresionante disfrutar de todos los desafíos tecnológicos de *Coco*. Los animadores no se olvidan de hacer tributo a otras técnicas animadas clásicas como los recortables. El filme empieza con una secuencia maravillosa de esta técnica artesana propia de la Europa Oriental, para contarnos la vida de una familia. Planos que nos hacen viajar siglos atrás y acordarnos del entusiasmo y la extravagancia de una pandilla de solitarios pioneros, entre los que se encontraba la gran Lotte Reineger. Tampoco se olvidan del homenaje al más puro estilo *cartoon*, a la exageración y al *slapstick* en las apariciones de Dante, el perro loco convertido en alebrije. Alebrijes mitológicos e imaginarios, hechos de retazos de varios animales, de colores venecianos -rojos y verdes- infinitos, alegres y variados que hacen de sus vuelos por el aire un estudio de anatomía animal absolutamente mágico. O solo ver los intensos tonos dorados y púrpuras del puente, hace que nos rindamos ante tal espectáculo de prodigio técnico, alimentando película tras película la fé en alcanzar el más alto progreso 3D que un día soñó el mismísimo Ed Catmull.

Imagino que el sentido vitalista que debe albergar en la cabeza de Unkrich debe ser la causa de habernos regalado esta obra maestra que es *Coco*. Una película que al menos

nos lleva a reflexionar, como en su día se preguntara Pedro Páramo: «Dónde acaba la vida y dónde comienza la muerte». (RULFO, 1955: 86).

COCO (2017)
País: **EE.UU.**
Dirección: **Lee Unkrich, Adrian Molina (co-director)**
Guion: **A. Molina, Matthew Aldrich**
Fotografía: **Matt Aspbury, Danielle Feinberg**
Montaje: **Steve Bloom, L. Unkrich**
Música: **Michael Giacchino**
Diseño de producción: **Harley Jessup**
Dirección de arte: **Tim Evatt**
Voces originales: **Anthony Gonzalez, Gael García Bernal, Benjamin Bratt, Alanna Ubach, Edward James Olmos, Jaime Camil, Luis Valdez**
108 minutos
Distribuidora DVD: **Disney**
Estreno en España: **1.12.2017**

Filmografía de Lee Unkrich como director

- *Coco* (Coco, 2017).
- *Dante's Lunch: A Short Tail* -cortometraje- (2017).
- *Toy Story 3* (2010).
- *Toy Story 3: The Video Game* -videojuego- (2010).
- *Toy Story 2* (1999).
- *Bichos: Una Aventura en miniatura* (*Bag Life*, 1998).
- *Toy Story* (1995).
- *Separated by Murder* -TV Movie- (1994).
- *Medias de seda* -serie TV- (1993, 1994).

Miguel y Mamá Imelda en su primer encuentro.

FUENTES

- FUENTES, Carlos (2016). *El espejo enterrado. Reflexiones sobre España y América*. Barcelona: Desarrollo. Contemporánea.

- GARCÍA GIL, José Manuel (2015). *Antología del cuento mexicano reciente*. Sevilla: Colección Calembé. Algaida.

- RULFO, Juan (2002). *Pedro Páramo*. Madrid: Cátedra.

- UNKRICH, Lee (2017). *Coco*. EE.UU.: Disney. Pixar.

Colossal (Nacho Vigalondo)
ARTURO SANCHO RODRÍGUEZ

Bajo la premisa de que todos albergamos un monstruo en nuestro interior, Nacho Vigalondo plantea, en este su cuarto largometraje, una propuesta ambiciosa, una temática variada y poliédrica, introduciéndolos en un guion serpenteante que se inicia con una comedia cosmopolita y desenfadada, para continuar con un drama ambientado en un pueblo del Medio Oeste, haciendo un guiño a los *kaiju monster movies* en un escenario paralelo situado a miles de kilómetros y, en medio de todo ello, ahondando en el nuevo concepto de heroína y en el papel de la mujer en el siglo XXI. Por ende, tal cúmulo de elementos conduce inexorablemente a que el análisis del filme del cineasta cántabro no pueda ni deba ser unitario ni examinado bajo un único prisma.

Bestias demasiado humanas. Perspectivas rotas

La cinta de Vigalondo propone un viaje, real y metafórico, de su protagonista Gloria, quien tras la ruptura con su novio en Nueva York retorna a su pueblo natal donde se reencuentra con Oscar, amigo de la infancia, y descubre que hay un misterioso monstruo que siembra el terror en las calles de Seúl, en virtud de una conexión telequinética con ella misma, y como consecuencia de sus escarceos con el alcohol y un trauma infantil. El guion de *Colossal*, como la protagonista del filme, tuvo su propia peripecia y recorrido inesperado. Tras la petición de una copia por parte de CAA, la agencia angelina, Vigalondo reescribió la anterior versión que se llamaba *Santander* y transcurría en España, para reintroducir varios escenarios por los que se moverá su protagonista. De esta manera, Gloria inicia un inintencionado viaje interior con inesperadas repercusiones reales en la ciudad de Seúl, por lo que en su versión final la historia de Vigalondo oscila entre dos mundos, dos ejes, mostrándonos su singular puesta en escena, ayudado por una brillante dirección de fotografía. Y para visualizar y visibilizar el singular ligamen y conexión del monstruo con Gloria, Vigalondo se sirve de referencias del género de ciencia ficción, en particular de *King Kong* (Dehnam, 1933; Jackson, 2005), humanizando a la bestia, en tono casi caricaturesco, y haciendo más cercano al animal que involuntariamente Gloria ha creado. "Ella es el monstruo", dice Oscar refiriéndose a Gloria, señalándonos que ese monstruo está más próximo de lo que creemos, enfrente de nosotros, incluso a veces como en Gloria dentro de nosotros mismos.

Aspiración pues, la de introducir un monstruo en el relato cinematográfico, que es argumental, pero también estética: se podría decir, anudando conceptos, siguiendo el camino iniciado por la crítica Violeta Kovacsics haciendo referencia al análisis de Carles Roche al mencionar la ruptura estética de figura y fondo que produce la bestia, que creemos que esta colisión estética tiene una nueva interpretación por Vigalondo. De esta forma, el movimiento y dirección de la figura del monstruo, que como una prestidigitadora impremeditada realiza Gloria, sobre el fondo de Seúl, supone una nueva distorsión de la perspectiva, puesto que, a diferencia del gigante Kong que se desplazaba por la isla de Manhattan bajo los mandatos de su bestial corazón, son los movimientos de Gloria los que hacen perder el norte (y el fondo) a la monstruosa figura, añadiendo un nuevo ritmo y dimensión a la figura del monstruo, y redefiniendo de esta manera la tradicional ruptura de figura y fondo que se producía en los *kaiju monster movies*.

El gesto y la imagen

En la apuesta visual de *Colossal* cobra especial importancia el gesto y la imagen, en su concepto de imagen-símbolo. Sobre la mirada de Vigalondo en el monstruo es pertinente traer a colación dos figuras sobresalientes con grandes similitudes. Por una parte, el inconsciente colectivo del psicólogo Carl Jung, quien entendía que las imágenes eran capaces de reflejar con mayor exactitud lo que quería decir con palabras, y para quien esas imágenes van impresas en el propio alma, se asocian con el concepto de arquetipo, y ligan lo mundano con la fantasía. Pero más certeramente, y por otro lado, para el historiador Aby Walburg, desde una perspectiva artística y global, las imágenes exteriorizan formas culturales arquetípicas, y tienen una inesperada conexión con los mitos, incluso con las imágenes oníricas de los niños, y con algunos delirios con rasgos patológicos.

Bajo este hilo conductor, el personaje de Gloria, y su alter ego monstruoso, trascienden y van más allá de un simple trauma infantil potenciado por la adicción al alcohol, para situarse en un nuevo conjunto de imágenes alimentadas con referencias culturales, artísticas y psicoanalíticas, si bien en el filme no existe un nexo más nítido que nos permitiera unir esta amalgama de elementos, lo que por otro lado habría posibilitado entender que esa bestia, en cierto modo, quizás representa un ámbito irracional en el que convergen traumas individuales y también colectivos de toda una sociedad.

Cuestión de género(s)

La apuesta reivindicativa, de género, de Vigalondo, es tan legítima como cualquier otra. Es más, la Academia de Hollywood ha premiado en las últimas ediciones de los Oscar a este tipo de filmes. La visión transgresora de Vigalondo pivota sobre una mujer, Gloria, que intenta abrirse paso a través de sus demonios interiores, a la postre monstruos reales y destructivos. Nuestra heroína moderna está desnortada, y no sabe cómo reconciliarse con el mundo, consigo misma, ni con el otro género. "No soportas tener una vida tan pequeña...", dice Gloria, a Oscar, revelando su hastío por hombres mediocres. Vigalondo se suma así a la llamada tercera ola de feminismo, introducida en su día por Rebeca Walker, con su artículo *Becoming the Third Wave* ("I am not a post-feminism feminist. I am the third-wave", señalaba), a la que no le han faltado críticas, como la de la filósofa Christina Hoff Sommers, para quien esta tercera ola, apártandose de la igualdad de derechos que legítimamente perseguía la primera, solo se fija en la figura del hombre como el antagonista enfermo que solo puede y debe ser curado, culpable del patriarcado que oprime a las mujeres.

Fobias estas que en *Colossal* se canalizan en la lucha de género, cuyas imprevisibles secuelas bullen en el interior de Gloria, y se dirigen por otra parte hacia distintos ámbitos. Y así, la bestia que metafórica y literalmente nace en Gloria, no solo representa su batalla de género y su aspiración de maduración personal, sino que además, muy probablemente, la posición de Estados Unidos en el mapa económico y geopolítico mundial. Cuestiones todas ellas que, sin embargo, quedan desdibujadas cuando, en tono de humor, se relativizan (¿acaso no era esto lo que pretendía Vigalondo?) en este relato cinematográfico que supera con creces un aparente filme de entretenimiento ligado al cine independiente.

Cuestión de género. Y también de géneros. Vigalondo siempre pretende ir un paso más allá en cada línea del guion y cada golpe de claqueta, y en *Colossal* ha querido dar una vuelta de tuerca a la comedia romántica, aderezándola con tintes dramáticos, y destellos de ciencia ficción. Y es quizás en este punto donde paradójicamente flaquea la notable obra del realizador cántabro. Porque su reseñable intento por hibridar y mestizar géneros (ciencia ficción, drama, comedia, o si se quiere comedia romántica con elementos dramáticos y de ciencia ficción) y temas (culturales, psicológicos, sentimentales, políticos), y hacerlos confluir en menos de dos horas es tarea ardua, y el ambicioso guion de Vigalondo no acaba de progresar, pareciendo naufragar por momentos en este laberinto de temas y reivindicaciones personales y socioculturales, haciendo difuminar y oscurecer el subtexto, el *theme*, y el escenario de fondo.

Independencia y cine independiente

La preocupación por temas de calado social fue una de las notas definitorias del cine independiente americano, a partir de la segunda mitad del siglo pasado, amén de la necesidad de desmarcarse del *establishment*, tanto político, iniciado con la caza de brujas, como audiovisual, en la medida en que se apartaban de las exigencias de los grandes estudios de Hollywood. Desde Cassavettes, con *Shadows* (1959), pasando por Altman, Kramer, y más recientemente, los hermanos Coen, Lee y Soderberg, y, allende el Atlántico, von Trier, con su movimiento Dogma95, siguiendo la estela del célebre ensayo *Une certaine tendance du cinéma français* (1954), de François Truffaut, reivindican todos ellos la autonomía autoral, la no sujeción a los cánones preestablecidos, y la austeridad tanto formal como narrativa.

Vigalondo sigue esta vía, introduciendo su incuestionable sello propio, ya iniciado en su primer largometraje, *Los cronocrímenes*, y ahora, con *Colossal*, mantiene su desafío a la ortodoxia marcada por la industria del cine, para pasar a ser una figura muy a tener en cuenta en el cine español, a pesar de que la cinta de Vigalondo ha tenido una acogida dispar. Aclamada en algún Festival, y con buena recepción inicial por el público en varios países europeos y americanos, en España pasó de puntillas por los premios más importantes (Goya), desembocando en la plataforma Movistar. Con un presupuesto no menor (quince millones de dólares), la cinta de Vigalondo se aleja del punto 4, pero se

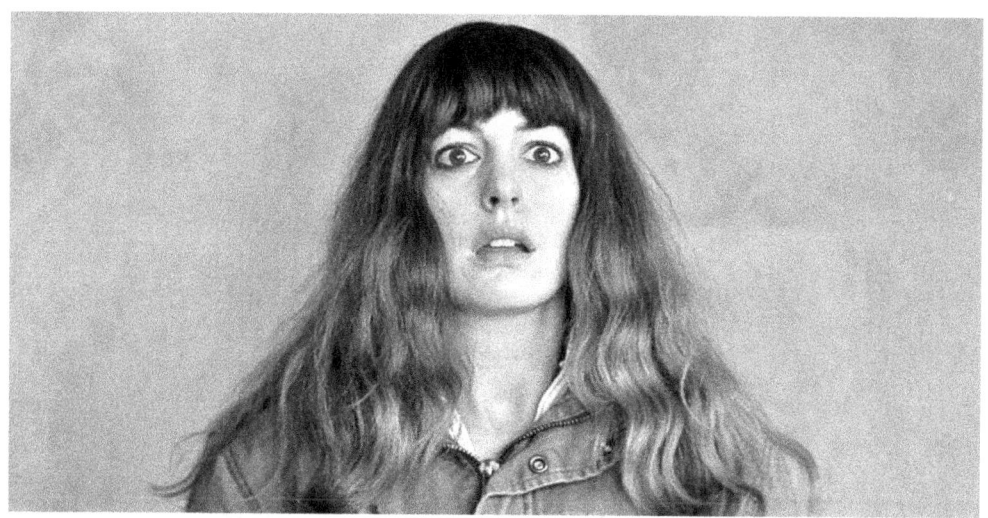

La mirada de Gloria, encarnada por una contundente Anne Hathaway.

identifica con el punto 1 del manifiesto que el New American Cinema Group preconizó en 1960: "el cine es una expresión personal". No hay que olvidar que, como señalaba Yannis Tzioumakis, citando al crítico Emmanuel Levy, en la actualidad hay dos concepciones claramente diferenciadas de cine independiente: la basada en producciones financiadas al margen de Hollywood, y en segundo lugar, las que tienen como factor determinante la innovación, la novedad y la visión personal, esto es, las que inciden en el factor estético, corriente esta última a la que Nacho Vigalondo se adhiere firmemente.

Jason Sudeikis es Oscar, alejándose de sus tradicionales papeles de comedia.

COLOSSAL (2016)
País: **Canadá, Estados Unidos, España, Corea del Sur**
Dirección y Guion: **Nacho Vigalondo**
Fotografía: **Eric Kress**
Montaje: **Luke Doolan, Ben Baudhuin**
Música: **Bear McCreary**
Diseño de producción: **Susan Chan**
Vestuario: **Antoinette Messam**
Intérpretes: **Anne Hathaway, Jason Sudeikis, Dan Stevens, Austin Stowell, Tim Blake Nelson**
109 minutos
Distribuidora DVD: **Versus**
Estreno en España: **30.6.2017**

Filmografía de Nacho Vigalondo como director

- *Colossal* (2016).
- *Open Windows* (2014).
- *Extraterrestre* (*Extraterrestrial*, 2011).
- *Los cronocrímenes* (2007).

FUENTES

- ÁLVAREZ RIOSALIDO, SERGIO (2017). *Una imagen surge de lo profundo. Carl Gustav Jung y Aby Warburg, un estudio comparativo*. Universidad de Barcelona. Recuperado de <http://www.academia.edu/34760138/Una_imagen_surge_de_lo_profundo._Carl_Gustav_Jung_y_Aby_Warburg_un_estudio_comparativo>

- HOFF SOMMERS, Christina (1994). *Who stole the feminism? How women have betrayed women*. Nueva York: Simon and Schuster.

- JACKSON, Peter (Director) (2005). *King Kong* [Película]. Nueva Zelanda, Estados Unidos, Alemania: Universal Pictures, WingNut Films, Big Primate Pictures, MFPV Film.

- KOVACSICS, Violeta (2017). Crítica de *Colossal*. Sensacine. Recuperado de <http://www.sensacine.com/peliculas/pelicula-231880/sensacine/>

- MORATO, Roberto (2017). Crítica de *Colossal*. Imágenes. Junio 2017. p. 76-77.

- NAYMAN, Adam (2017). Crítica de *Colossal*. Sight and Sound. Junio 2017. p. 60.

- PÉREZ CASTAÑOS, Alberto (2017). "Cuando estoy escribiendo descuido las redes y el email y se me pone aspecto de homeless". Entrevista a Nacho Vigalondo. Bloguionistas. 30/06/17 Recuperada de <https://bloguionistas.wordpress.com/tag/colossal/>

- ROCHE SUÁREZ, Carles (2015). *La sombra del coloso. Figura y fondo en el género de monstruos gigantes*. Tesis doctoral. Barcelona: Universitat Pompeu Fabra. Recuperado de <http://www.tdx.cat/bitstream/handle/10803/385362/tcrI.pdf?sequence=1&isAllowed=y>

- SALGADO, Diego (2017). Crítica de *Colossal*. Cine para leer. Enero-Junio 2017. p 232-233.

- TZIOUMAKIS, Yannis (2006). *American independent cinema. An introduction*. Edimburgo: Edinburgh University Press.

Columbus (Kogonada)
CLAUDIO SÁNCHEZ DE LA NIETA

El séptimo arte necesita la aparición de cineastas superdotados con cierta periodicidad. Cuando las inercias van instalándose en algún ámbito de creación artística, surgen renovadores que aparecen con un lenguaje diferente. Tienen todas las lecciones aprendidas de sus antecesores, pero prefieren explorar nuevos territorios. El ejemplo más claro es el de Orson Welles. Ya era un genio de la radio y el teatro cuando en 1941, con 24 años, realiza *Ciudadano Kane*, una película que cambiará el cine para siempre.

Los cineastas que ruedan películas extraordinarias en sus comienzos siguen estando muy presentes en la actualidad. En España tenemos varios casos muy recientes: Rodrigo Sorogoyen (*Stockholm*), Carla Simón (*Verano 1993*), David Arratibel (*Converso*) o Pablo Berger (*Blancanieves*). Y Hollywood acaba de alumbrar uno de los directores que marcará el cine del siglo XXI: Damian Chazelle, 33 años: *Whiplash*, *La La Land*.

Kogonada ha llegado al cine después de dedicar varios años a analizar e interpretar el séptimo arte desde la enseñanza universitaria y la videocreación. En su página web (kogonada.com, no tiene pérdida) ha instalado un museo gratuito impagable. Este cineasta nacido en Corea del Sur y emigrado a Estados Unidos se ha especializado en

Kogonada ha llegado al cine tras varios años interpretando el séptimo arte desde la videocreación.

montajes breves sobre creadores tan dispares como Terrence Malick, Quentin Tarantino, Robert Bresson, Yasujirō Ozu o Wes Anderson.

Hay uno de estas ediciones que me parece muy representativa. Se titula *¿Qué es el neorrealismo?* (2013). El director surcoreano elige como muestra una de las películas menos reconocibles de Vittorio De Sica: *Estación Termini* (1953), un encargo personal del invasivo productor norteamericano David O. Selznick para la mayor gloria de Jennifer Jones, su mujer en aquellos momentos. Esta primera y última aproximación del director italiano a Hollywood fue una de sus peores experiencias que terminó de la peor manera posible. Después de pelear durante meses por rodar la película que él pretendía, tuvo que ver cómo Selznick mutilaba su creación quitándole media hora del metraje original. Kogonada compara las dos versiones de la película para mostrar cómo el neorrealismo daba más importancia a los pequeños detalles de la gente anónima que al ritmo y claridad de la película. Una manera muy original de explicar el neorrealismo sin recurrir a títulos emblemáticos como *Ladrón de bicicletas* o *Roma, citta aperta*, comparando esta escuela con el estilo del cine clásico de Hollywood.

"Cuida de tu madre"

En el sensacional proceso reducido con el que comienza *La fuerza del cariño* (James L. Brooks, 1983), un personaje secundario dice a la pequeña huérfana: "Cuida de tu madre". Toda la película tratará sobre cómo Emma (Debra Winger) tendrá que cuidar y soportar las excentricidades hiperafectivas de Aurora, su madre (Shirley McLaine). Este perfil de adultos inmaduros que absorben la vida de sus hijos es muy recurrente en el cine y las series actuales. Un reflejo lógico de una época en la que se han desvirtuado los conceptos de familia, autoridad y filiación. Solo hace falta asomarse a la filmografía de Jason Reitman para entender la importancia de esas carencias: *Juno* (2007), *Up in the air* (2009), *Hombres, mujeres y niños* (2014).

Jin (John Cho) y Casey (Haley Lu Richardson) viven atados a la sombra de sus padres. Ella es joven y culta y su madre trabaja en el servicio de limpieza de una gran empresa. Él es un profesional de prestigio que lleva años sin ver a su padre, un arquitecto de fama mundial que acaba de entrar en un estado de coma.

Kogonada logra un equilibrio complejísimo entre forma y fondo al desarrollar esta amistad con diálogos breves y planos bellísimos de una arquitectura que también habla y define a sus personajes. "Saber mirar es saber amar", decía uno de los personajes fundamentales de *Canción de cuna* (José Luis Garci, 1994), y eso es lo que pretende el luminoso personaje de Casey. En sus paseos con Jin le muestra la cara desconocida de su distante padre: la personalidad y expresión de su obra artística. Lo que fácilmente podía caer en una relación simple y banal de un adulto y una adolescente es una amistad madura y complementaria. Casey también tiene que curar una herida, pero ella no tiene que volver al padre sino que deja a su madre para empezar los estudios de arquitectura. Jin deberá quedarse a cuidar de su padre y Casey tendrá que buscar su vida lejos de Columbus. Pero no es una decisión fácil.

Columbus (Indiana)

Jin y Casey coinciden en una ciudad considerada como una joya de la arquitectura moderna. En sus fachadas y en su innovadora decoración de interiores hay una belleza al que es complicado no sentirse interpelado. En una época en la que el arte moderno suele ser criticado como excesivamente hermético y distante, la ciudad de Columbus genera en el público el asombro universal que provocan obras inmortales como la cúpula de Brunelleschi en Florencia o el *Cristo* de Velázquez. Kogonada participó de este entusiasmo y decidió localizar en este lugar emblemático una historia sobre la filiación y la soledad, la modernidad y el clasicismo.

Por supuesto, para cualquier arquitecto de vocación la película es obligatoria. Esta ciudad, con 70 edificios calificados como "dignos de atención", ha sido clasificada como la sexta más innovadora en diseño y arquitectura según el Instituto Americano de Diseño, solo superada por Chicago, Nueva York, Washington, San Francisco y Boston.

Los arquitectos más citados y mostrados en la película son los finlandeses Eiliel y Eero Saarinen (padre e hijo), que siguieron la estela marcada por genios como Mies Van de Rohe, Frank Lloyd Wright o Richard Neutra. Además de proponer un diseño novedoso, "con alma", para edificios habitualmente abandonados por la creatividad como bibliotecas, bancos o la redacción de un periódico, los Saarinen revolucionaron la decoración de interiores junto con otros diseñadores como Dan Kiley, Alexander Girard o Deborah Berke. La mayoría de estos artistas llegaron a Columbus en los años 50 bajo el patrocinio de magnates millonarios como J. Irwin Miller, que decidieron convertir la ciudad en un verdadero museo.

Hay una escena de la película muy representativa. Jin y Casey están frente al Hospital de salud mental que James Stewart Polshek levantó en 1972 hablando sobre la capacidad sanadora de la arquitectura. En un momento, Jin dice: "Polshek creía que tenía el poder de restaurar y veía el arquitecto como el responsable. Todos los detalles del edificio son conscientes de esa responsabilidad, más aún al referirse a una estructura para mejorar la salud mental". Según Kogonada: "De alguna forma, *Columbus* es la historia de la arquitectura moderna: su promesa, su culminación. En realidad mi película consiste en hacer preguntas que se plantean en el siglo XXI de una manera especial. ¿Importa el arte? ¿La arquitectura? ¿El cine?".

Creo que el director da una pista importante sobre la respuesta a estas preguntas. En una de las visitas guiadas de Casey, duda sobre el año en que murió Eiliel Saarinen. Jin decide salir de dudas acudiendo al móvil y ella le pide que no haga eso. "Teléfono inteligente, humano tonto". Con esta divertida respuesta Kogonada está hablando de muchas carencias del mundo actual: pausa, memoria, abstracción, esfuerzo... Contemplación. "Así que nunca utilizas el móvil", le dice Jin. "Sí, para hacer llamadas".

En pocas palabras

Si hay algo en lo que este cineasta es un superdotado es en la capacidad de contar con un solo plano o un diálogo brevísimo. La presentación de personajes en este sentido es modélica. María, la madre de Casey, está interpretada por una experta en este tipo de personajes perdidos en medio del mundo: Michelle Forbes (la mujer de Gabriel Byrne

Para cualquier arquitecto de vocación, la película es obligatoria.

de la serie *En terapia* y la madre de Rosie Larsen en *The Killing*). En la primera escena que aparece en la película está fuera de casa, fumando, mientras su hija hace la cena. Después ve la televisión tumbada en el sillón y su hija permanece al lado, sentada. Kogonada no solo ha definido a dos personajes, sino a toda una generación de adultos poseídos por el espíritu de *Peter Pan* que dependen totalmente de sus hijos. Luego escuchamos un diálogo que detalla con más precisión a esta peculiar familia de dos.

    María: Con este plato podrías usar un poco más de condimento.

    Casey: ¿Lo crees de verdad?

    María: Um, tal vez.

    Casey: Traté de lograr un poco más sutil.

    María: Ni siquiera sé que significa lo que dices.

    Casey: Ya sabes, menos obvio.

    María: ¿Por qué?

    Casey: Porque a veces puedes saborear la mejor comida y que te quede el mejor gusto después.

    María: (Se ríe) ¡Estás loca! (Y vuelve a tumbarse).

El tono de la escena es amable, no caricaturesco. Hay cariño y humor por los personajes, pero queda perfectamente reflejado el abismo entre madre e hija. La sensibilidad, madurez y generosidad de Casey y la inmadurez tosca de María. Poco después, Casey dirá que su madre ha sufrido mucho en la vida. "Era adicta a la metanfetamina. Pero fue solo porque un tipo de mierda la engañó. Los tipos son su verdadera adicción. Los tipos de mierda".

Hay un personaje secundario que también aprovecha esos diálogos con varias lecturas posibles: Gabriel, un amigo de Casey y compañero de trabajo de biblioteca. Lo interpreta Rory Culkin, uno de los hermanos más conocidos de Macaulay al que hemos podido ver en películas magníficas como *Señales* (2002) o *Puedes contar conmigo* (2000). Su explicación en la biblioteca sobre las diferencias de atención en la literatura y los videojuegos es sugerente. "No es un problema de atención, sino de interés. Hablar sobre la atención es también un modo de distracción. La verdadera pregunta es ¿qué nos interesa? ¿Estamos perdiendo interés en las cosas? Palabras en unas páginas, por ejemplo. ¿Qué pasa con la vida cotidiana? ¿Estamos perdiendo interés en el día a día de nuestra vida?". No resulta extraño que esta conversación suene con un fondo de ritmo de discoteca redundante. Está hablando de una percepción actual muy común del mundo civilizado. La dificultad para asombrarse, buscar algo realmente novedoso en un mundo que lo tiene todo tan accesible.

El marco de Ozu y la mirada de Haley

Kogonada debe su nombre artístico a Kōgo Noda, guionista habitual del maestro japonés Yasujirō Ozu (*Cuentos de Tokio*, *Primavera tardía*, *Las hermanas Munekata*). En *Columbus* queda clara la influencia de estas películas en el vitalismo y delicadeza de los personajes, el cuidado de los encuadres, el detallismo de los diálogos, la duración precisa de cada plano. Hay pocos largometrajes tan mimados, tan gozosos de ver y escuchar. La pausa de los grandes cineastas es maravillosa porque tienen mucho que contar al espectador. Y Kogonada habla del arte, del amor que requiere decir verdades dolorosas a la cara, de que las raíces no se pueden arrancar sin que haya consecuencias.

Es verdad que este cineasta cuenta con un instrumento inesperado: una actriz joven de Phoenix, Arizona. Con 21 años ya destacó en la última película de Shyamalan (*Múltiple*, 2016) pero aquí se convierte en uno de los mayores descubrimientos que ha dado el cine norteamericano reciente. En su interpretación todo parece sencillo y luminoso. En su personaje hay madurez pero no prepotencia, ternura y vulnerabilidad combinada con un carácter fuerte y decidido. Gracias a ella la película se sostiene en un equilibrio complejísimo entre la belleza formal de la película y una historia que se apoya plenamente en ella.

COLUMBUS (2017)
País: **EE.UU.**
Dirección, Guion y Montaje: **Kogonada**
Fotografía: **Elisha Christian**
Música: **Hammock**
Diseño de producción: **Diane Rice**
Vestuario: **Emily Moran**
Intérpretes: **John Cho, Haley Lu Richardson, Parkey Posey, Rory Culkin, Erin Allegretti, Jim Dougherty, Michelle Forbes**
100 minutos
Distribuidora DVD: **Cameo**
Estreno en España: **22.12.2017**

Filmografía de Kogonada como director

- *Columbus* (2017).

FUENTES

• BUDER, Emily. *Interview with Kogonada* <nofilmschool.com/2017/08/kogonada-columbus-interview-review>

• CRESPO, Irene. *Columbus, la película y la ciudad para los amantes de la Arquitectura* <www.revistaad.es/arquitectura/articulos/columbus-oda-arquitectura/19893>

• KOGONADA. Videocreaciones. *¿Qué es el neorrealismo?* (2013), *Way of Ozu* (2016) <kogonada.com>

• WARREN, Matt. *Interview Video Essayist Kogonada makes his "Columbus" feature debut* <www.filmindependent.org/blog/interview-video-essayist-kogonada-makes-columbus-feature-debut>

Converso (David Arratibel)
JORGE MILÁN

Segunda película del director navarro David Arratibel (Burlada, 1974), quien en 2013 presentó *Oírse*, documental sobre los acúfenos o tinnitus, una alteración del sistema nervioso que hace que se perciban sonidos o pitidos inexistentes dentro del cerebro; un problema bastante interesante, que él mismo padece y por eso decidió investigar desde distintas perspectivas: psicológica, médica, sociológica, etc.

Ahora aborda también un tema que le afecta personalmente: el de la conversión religiosa de su familia (madre, dos hermanas y un cuñado), sucedida hace unos diez años pero durante un breve periodo de tiempo. Pasaron todos del agnosticismo práctico a una fe llena de entusiasmo externo, que al principio no le producía ningún interés, pero que poco a poco derivó en sensación de rechazo absoluto, al sentirse excluido, incluso de algún modo traicionado. Decidió romper esa dinámica de aislamiento y averiguar cómo se había producido semejante transformación en ellos, invitándoles a contarlo, uno a uno, delante de la cámara. Se sitúa adrede a una cierta distancia, intelectual y religiosa, pero se percibe con nitidez un tierno respeto al otro ser querido, una actitud sincera y abierta al misterio. El resultado final es de difícil clasificación, pero sin duda presenta un potencial altamente artístico y comunicativo, manteniendo una aparente sencillez formal, gracias a la autenticidad de los personajes y al montaje inteligente, aderezado con recursos narrativos que funcionan a la perfección.

Ya su opera prima (*Oírse*) fue seleccionada en numerosos festivales y recibió algunos premios menores. Pero con esta segunda, a pesar de su temática abiertamente religiosa y de su breve duración -para el estreno en cines se exige un mínimo de 70 minutos-, Arratibel ha obtenido un éxito sorprendente: 4-5 semanas en cartelera en más de 20 salas, recaudación total de 88.000 euros en taquilla (casi el doble de lo que logró la segunda película documental del año, *Chavela*, de producción norteamericana, con Almodóvar de por medio), con unos 15.000 espectadores; Premio del Público en el Festival Internacional de Documentales Punto de Vista de Navarra (2017), Biznaga de Plata al mejor director en la Sección de Documentales del Festival de Málaga (2017); proyecciones en el extranjero: México, Ecuador, Argentina... (VILLANUEVA, 2017; CORVALÁN, 2018).

La película tuvo efectos positivos inmediatos también a nivel personal y familiar, pues venía a resolver una situación tensa, que por otra parte está bastante generalizada en la sociedad, por falta de diálogo y comprensión mutua:

> Yo estaba completamente bloqueado, porque era incapaz de hablar con mi familia de su conversión. Las pocas veces que hablábamos de ello acababa en bronca. Siempre. Acabamos por no hablarlo, como tantas cosas en tantas familias. Todas las familias tienen conversaciones pendientes (ENGEL, 2017).

Y así se entiende el juego de palabras del título, que está puesto en singular muy a propósito, porque no se refiere a un grupo de conversos, ni a que el director también se ha convertido, sino que refleja la actitud de Arratibel, que decide conjugar el verbo conversar en primera persona del singular, como manifestación de una actitud individual de búsqueda, de aceptación:

> Hay un punto de inflexión que me han hecho notar los críticos, y es un giro de eje cuando mi hermana me dice: "esta película me ha valido mucho porque por una vez pudimos hablar tú y yo", ahí me doy cuenta de que la película se gira y me interroga a mí (CORVALÁN, 2018).

En efecto, una de las virtudes del montaje es que deja percibir el arco de transformación del director -como todo personaje principal o héroe de las buenas películas-, un lento acercamiento a los sentimientos de su familia, que empezó desde la parte más lejana: Raúl (el marido de su hermana mayor, María). "Quizá el no compartir la misma sangre nos invitaba a imprimir una cierta cautela en nuestros diálogos, muchas veces cargados de sana ironía", asegura Arratibel en sus comentarios personales, recogidos en el dossier oficial de prensa[1]. Y continúa:

> Este era el ambiente en mi familia cuando, después de terminar mi primera película, mi cuñado me sugirió hacer un documental sobre órganos de iglesia. El tema me resultó sugerente, pero enseguida me di cuenta de que lo que realmente me interesaba era indagar en el proceso de conversión de toda mi familia, intentar entender cómo habían llegado a tener la certeza de que Dios existe.

La música religiosa como metáfora y eje narrativo

Raúl del Toro es, concretamente, el organista de la parroquia de El Salvador, de Pamplona. Como explica él mismo en uno de los contenidos "extra" ("El hallazgo del órgano") del DVD puesto a la venta, al empezar a tocar en esa iglesia, vio que aquello estaba prácticamente inservible; decidió buscar un órgano bueno por internet, de segunda mano, pues carecían de recursos. Lo encontró, incluso gratis, procedente de un templo británico anglicano, cuyo vicario exigía como condición que el lugar donde se colocara fuera digno y acorde con su función religiosa. Los trámites por tanto fueron relativamente fáciles y rápidos, así que Raúl logró despertar el interés de su cuñado para filmar la llegada del órgano en un camión enorme (que constituye el inicio de la película), su instalación, proceso de afinado y ceremonia de inauguración/bendición, en la que él mismo -le vemos no sólo al principio, sino también en distintos momentos del documental, y la información se recoge en los títulos de crédito finales- interpreta algunas piezas propias, y también de J.S. Bach, E. Gigout, E. Elgar y G. Muffat.

Al hilo de esos acontecimientos, Raúl explica al director, durante una entrevista -la primera en orden de grabación y también la primera que aparece en la película- situada en la misma iglesia, junto al "nuevo" órgano, las características de ese instrumento y su uso antiguo en la liturgia, la capacidad que tiene la música religiosa para elevar y armonizar los espíritus, así como la diferencia entre tocar piezas religiosas con o sin fe, como él mismo había experimentado.

De este modo Arratibel decide profundizar y se da cuenta de que la música no solo puede cumplir un papel primordial en la vida religiosa de las personas, sino que puede funcionar perfectamente como hilo narrativo de toda la película e incluso como símbolo de la armonía familiar que está buscando.

---

[1] *Accesible en http://www.conversolapelicula.com.*

> El órgano como una metáfora de la Iglesia, que viene del siglo XVIII, los diferentes tubos son los distintos estamentos y todos se reúnen a través del aire, el espíritu, y todos forman la armonía. A mí me pareció una metáfora muy bonita para pensarnos en lo que somos, desde lo más corporal, desde la voz. Por eso tomo el órgano como elemento constructivo de la peli y en el cierre cantar todos es una manera de buscar armonizar con ellos. Empezamos a discutir y ensayamos el canto también, el Magnum Mysterium (CORVALÁN, 2018).

En efecto, el proceso de acercamiento del director -se entiende claramente que se trata solo de un nivel afectivo, no de aceptación de las creencias religiosas- queda manifestado en algunas breves escenas familiares, a modo de ensayo, que aparecen en la segunda parte de la película, y coronado con esa espléndida interpretación final a *capella* -toda la familia unida- de la famosa pieza polifónica de Tomás Luis de Victoria (1548-1611). Un Misterio Grande que habla del Nacimiento del Hijo de Dios en un pesebre y de la Bienaventurada Virgen que le llevó en su seno.

Quizá no esté de más señalar que Arratibel elige una metáfora bastante adecuada para entender la fuerza del Espíritu Santo en las almas. Baste mencionar algunas conversiones célebres, como la del poeta y dramaturgo francés, Paul Claudel (1868-1955), que se convirtió el día de Navidad de 1886 escuchando el *Magnificat* que cantaba un coro infantil en la catedral de Notre Dame (CLAUDEL, 1965: 1010); o la del Catedrático de Ética y ex Decano de la Facultad de Filosofía de la Universidad Central de Madrid, Manuel García Morente, que en un momento de angustia vital, mientras estaba solo en el exilio (también en París, en 1937), percibió la Providencia amorosa de Dios tras escuchar el oratorio *L'enfance du Christ*, de H. Berlioz (1803-1869), que transmitían por la radio:

> Cuando terminó, cerré la radio para no perturbar el estado de deliciosa paz en que esa música me había sumergido. Y por mi mente empezaron a desfilar -sin que yo pudiera oponerles resistencia- imágenes de la niñez de Nuestro Señor Jesucristo. Vile, en la imaginación, caminando de la mano de la Santísima Virgen (...). Seguí representándome otros períodos de la vida del Señor: el perdón que concede a la mujer adúltera, la Magdalena lavando y secando con sus cabellos los pies del Salvador, Jesús atado a la columna, el Cirineo ayudando al Señor a llevar la Cruz (GARCÍA MORENTE, 1999: 65-66).

También los protagonistas de esta película describen momentos clave de conversión parecidos -inigualable la escena donde María gesticula las escenas de los misterios dolorosos del Rosario, que fueron causa de su primera sacudida interior-, más o menos co-

En un principio, el director había pensado hacer un documental sobre órganos de iglesia, guiado por su cuñado, actual organista de la parroquia de El Salvador, de Pamplona.

nectados con la música; pero en cualquier caso es el órgano de Raúl el que dará unidad a todo el relato: sonando antes y/o después de cada narración, algunas bastante conmovedoras, tanto que el espectador -que durante los primeros minutos de la película, dedicados al órgano, quizá se impacientaba, al no entender su función de cara al sentido global- ahora agradece el tiempo, y el valor estético adicional, que se le ofrece para poder asimilar esas emociones.

Revelaciones íntimas pero con un cierto pudor

En realidad la película no empieza con el órgano, sino con otros aspectos familiares que claramente están relacionados con situaciones delicadas. Por eso, se van desvelando poco a poco y solamente de modo parcial, de forma que contribuyan a impulsar la narración.

> El otro eje [narrativo] es esa llamada del principio, un interrogante, una llamada al padre que ha muerto. Y se cierra al final con esa llamada a la hermana de mi padre. Son las dos capas del relato que yo pensé: empieza y se cierra con la música del órgano y con la llamada al padre (CORVALÁN, 2018).

Ese dejar aflorar los sentimientos más íntimos se va dosificando paulatinamente, casi con un suspense buscado mediante el montaje. El espectador, de este modo, escucha -¡por fin!- durante la última parte de la película cómo la hermana mayor, María, recrimina con simpatía al director no haberle preguntado antes por ese proceso de conversión, tan grande "que me ha transformado la vida", mientras le recuerda que ellos dos han tenido siempre un amor "animal" ("sé que te voy a querer como una loba toda la vida, y tú a mí igual") y que antes estaban acostumbrados a compartirlo todo, incluidos tantos momentos de sufrimiento, como "lo de papá".

A continuación el director da un paso más, y coloca ante el espectador un nuevo fragmento de la conversación con su madre -quien en un principio se resiste a hablar de su intimidad, tanto de palabra ("¡mira que me ha metido en embolaos este hijo en la vida, pero éste, ya...!") como a través de gestos: agarrando nerviosamente un bolígrafo o doblando un papel- en el que le dice que tampoco han logrado hablar nunca del "divorcio tuyo y de papá, con una historia muy traumática que a María y a mí nos hizo lo que nos hizo". Y luego le anuncia que tiene también una conversación pendiente con su tía Celia (hermana de su padre), dando a entender que ya se considera preparado para acometer ese trance, quizá aún más doloroso que los otros, aprovechando que, al menos, ella está aún viva.

Es un continuo desvelar y a la vez ocultar heridas y deseos íntimos, a veces sin importarle que se noten los cortes efectuados durante la edición (en el fondo, el espectador agradece que también esa familia tenga derecho a una mínima privacidad). Proceso que está sabiamente planificado y a veces basado en montajes paralelos magníficos (por ejemplo no tiene desperdicio y es incluso muy divertida la narración alternada de la primera cena juntos, de María y Raúl, en su proceso de noviazgo).

Esa maestría estructuradora se basa también en el acierto de dividir la película, con intertítulos, en nueve partes. Un trabajo muy difícil de realizar, porque algunos de los bloques tienen un nombre propio como título, a pesar de que las cuatro entrevistas están casi todas muy troceadas y desperdigadas. Pero hay todavía otro logro inicial de programación: en la entrevista al director que ofrecen los extras del DVD, Arratibel explica algunos de sus secretos para lograr esa intimidad durante el rodaje: uno de ellos era el pacto preliminar que estableció con sus conversadores: si no les gustaba la película, no la publicaría. Otra táctica útil consistió en quedarse solo él, al frente de todo el material técnico, una vez que sus asistentes le ayudaban a prepararlo. Debido a que cada diálogo duraba varias horas (a veces hasta cuatro), fácilmente se llegaba a una confidencia e intimidad inimaginables por ambas partes. Una auténtica conversación enriquecedora.

Además, el director ha tenido la astucia de incluir en la película, varias veces, los instantes precedentes al inicio de la grabación, con la ayuda de una tercera cámara, lo

De izquierda a derecha: María Arratibel, David Arratibel (director de la película), Raúl del Toro, Paula Tellechea y Pilar Aramburo.

cual quita bastante formalidad y ayuda a que también el espectador empatice con los personajes. Así, a menudo se oyen distintos comentarios de David Arratibel ("ahora espera, que pongo en marcha la segunda cámara, y aquí calculo el tiempo"...) o de los entrevistados ("¡es muy raro esto!", dice su hermana María, sentada en un sillón, mientras se despereza, hace gestos de tocar el violín y ríe con un desparpajo cautivador); o vemos a su marido junto al órgano que limpia sus gafas confiado, pensando que aún no se está grabando.

Conversaciones superadoras y conversaciones pendientes

Se podría decir que Arratibel no solo domina, sino que de algún modo supera egregiamente las modalidades de clasificación que algunos autores clásicos establecen respecto a las películas documentales. Por ejemplo, cuando vemos al mismo director/autor de la película ensayando o cantando con su familia delante de la cámara, o yendo en coche con su hermana al monasterio donde se convirtió, viene lógico pensar -en un primer momento- que se trata de un documental a medias entre la Modalidad Participativa y la Performativa (NICHOLS, 2001: 115-123 y 130-137), al estilo de *Sicko* (M. MOORE, 2007) o *Super Size Me* (M. SPURLOCK, 2004). O bien, el hecho de contener principalmente entrevistas en las que se confía en provocar reacciones repentinas (el cine como "agente catalizador") podría ser una evolución del *cinéma vé-*

rité iniciado por Jean Rouch en los años 60 con fines de investigación de grupos sociales y antropológicos (BARNOUW, 1996: 221-253).

Lo cierto es que el estilo "conversado" de Arratibel es bastante indefinible, como cualquier cine de creación, de autor. Con todo, según sus mismas palabras, reconoce que se muestra deudor de cineastas que tienden más bien hacia finalidades reflexivas, generalmente de temas conectados con la identidad personal, como José Luis Guerin (*La Academia de las Musas*, 2015), Eric Pauwels (*Las películas soñadas*, 2010; *La segunda noche*, 2016), Virginia García del Pino, Sergio Oksman y Carlos Muguiro, entre otros (CORVALÁN, 2018).

A pesar de trabajar de forma estable en el mundo de la publicidad, David Arratibel da a entender que en el futuro volverá a agarrar la cámara para empaparse de la magia del cine, sin importarle el esfuerzo tremendo que supone:

> Los primeros *flashazos*, esas ideas que apuntas en el móvil, pensar cómo quieres montar algo... Eso lo disfruto mucho y es mi gasolina para vivir. Pero luego, montando, sufro como un perro, y el cine es montaje. En el cine de ficción, haces un guion y, mejor o peor, lo sigues y terminas la película; pero en el cine de ensayo, de creación, puedes contar eso o 40 cosas diferentes, porque la historia se abre siempre. Un cineasta canadiense decía que 'en el cine documental nunca acabas la peli, la peli acaba contigo'; y es verdad que la acabas cuando ya no puedes más (VILLANUEVA, 2017).

En algunas entrevistas, o incluso en algunas proyecciones de *Converso* seguidas de debate -aplaudidas tanto por católicos como por agnósticos-, suelen preguntarle si ha experimentado también el miedo a escuchar a personas queridas que hablan con convicción sobre temas que te pueden obligar a cambiar de opinión y quizá de vida. En una de ellas respondía:

> Sí, posiblemente también existe el miedo a que te convenzan. A mí no me han convencido, aunque reconozco que he tenido mis momentos de zozobra. Lo que me ha enseñado hacer esta película es que hay que tener la valentía de querer acercarse a la verdad (ENGEL, 2017).

Por último, Arratibel arroja un balance final interesante, en la entrevista "extra" del DVD, antes mencionada:

> Cuando terminas una película se la das al espectador para que la haga suya. Habrá quien solo vea en esta película un testimonio de fe. Para mí, ha sido una experiencia introspectiva y sanadora que ha conseguido, a través de la conversación, reencontrarme con mi familia, incluso con quienes murieron y no sé si me esperan en algún lugar para retomar las conversaciones que dejamos pendientes.

Vienen ganas de desearle suerte. Y de agradecer a toda la familia su valentía. Y vienen también a la mente las conversaciones que mantenían Malcolm Muggeridge -famoso periodista y autor televisivo, converso al catolicismo al final de su vida, en 1982- con su viejo amigo Alec Vidler, sacerdote. Una de ellas se produjo en el contexto de una serie de documentales, en cinco capítulos, sobre la vida de San Pablo (*Paul: Envoy Extraordinary*, BBC One, 1971). Se encuentran, precisamente, en el camino a Damasco.

MUGGERIDGE: La conversión es algo con lo que tú, como sacerdote, te habrás encontrado más de una vez: una persona que renace para convertirse en un hombre nuevo. Se dice que a Pablo la experiencia le costó la vista, cuando, en realidad, estaba ciego solo porque entonces veía lo que antes no era capaz de ver.

VIDLER: Da la impresión de que la conversión de Pablo fue muy repentina, pero lo cierto es que las conversiones rara vez son tan rápidas como parece. Recuerdo haber leído en algún sitio que Jung, un psicólogo de este siglo XX nuestro, ha señalado que Pablo era cristiano mucho antes de su conversión, aunque de un modo no consciente.

MUGGERIDGE: Quieres decir que luchaba contra algo que sabía que acabaría apoderándose de él y cautivándolo (PEARCE, 2006: 476).

CONVERSO (2017)
País: **España**
Dirección y Guion: **David Arratibel**
Fotografía: **David Aguilar**
Montaje: **Zazpi T'erdi**
Música: **Raúl del Toro**
Sonido: **Pello Gutiérrez (directo), Xabi Erkizia (mezcla)**
Intervenciones: **David Arratibel, Raúl del Toro, Pilar Aramburo, Paula Tellechea, María Arratibel**
62 minutos
Distribuidora DVD: **Márgenes-Karma**
Estreno en España: **29.9.2017**

Filmografía de David Arratibel como director

- *Converso* (2017).
- *Oírse* (2013).

El director, David Arratibel, conversa con su hermana María, la protagonista indiscutible de esta película.

FUENTES

- BARNOUW, Erik (1996). *El documental. Historia y estilos*. Barcelona: Gedisa.

- CLAUDEL, Paul (1965). *Oeuvres en prose*. París: Gallimard.

- CORVALÁN, Kekena (2018). *Entrevistamos a David Arratibel, director de Converso en #espanoramas2018*. Leedor. 24.2.2018 <http://leedor.com/2018/02/24/entrevistamos-a-david-arratibel-director-de-converso-en-espanoramas2018>

- ENGEL, Philipp. *Converso, o qué pasa cuando toda tu familia se convierte al catolicismo*. Fotogramas. 28.9.2017 <http://www.fotogramas.es/Premios-cine-festivales/Converso-David-Arratibel>

- GARCÍA MORENTE, Manuel (1999). *El hecho extraordinario*, en MARTÍN, Teodoro H. (ed.), *¡Te conocimos, Señor!* (pp. 43-83). Madrid: BAC.

- NICHOLS, Bill (2010). *Introduction to documentary*. Second Edition. Bloomington: Indiana University Press.

- PEARCE, Joseph (2006). *Escritores conversos. La inspiración espiritual en una época de incredulidad*. Madrid: Palabra.

- VILLANUEVA, Yosune (2017). *El conversador Converso*. Navarra capital. 18.11.2017 <https://navarracapital.es/el-conversador-converso>

Dunkerque (Christopher Nolan)
FEDERICO ALBA

El director y guionista Christopher Nolan se ha convertido en una de las figuras más destacadas del cine de lo que llevamos de siglo XXI, capaz de arrastrar una legión de seguidores que lo consideran un genio, y al mismo tiempo un número considerable de feroces detractores que lo tachan de charlatán efectista. Ante posturas tan extremas (propias de una sociedad inmersa en el tremendismo infantil de las redes sociales), conviene recordar que por lo general la verdad se encuentra en un término medio.

Nolan ha dado suficientes muestras de talento y originalidad para que su carrera merezca la atención de aficionados al cine, críticos y autores, aunque aún es pronto para encumbrarlo junto a los grandes del séptimo arte. En 2017 asistimos a otro ambicioso ejercicio narrativo del director inglés, *Dunkerque*, que volvió a dividir las opiniones de los cinéfilos.

Dunkerque nos cuenta las últimas horas antes del rescate de miles de soldados británicos en la playa francesa del mismo nombre, durante la II Guerra Mundial. Lo hace a través de tres tramas en paralelo: "El muelle", que sigue a una serie de soldados rasos y oficiales que esperan en la playa de Dunkerque; "El mar", donde acompañamos a tres

Mark Rylance protagoniza la trama de "El mar".

civiles que acuden con su embarcación de recreo a ayudar en la evacuación; y "El aire", donde se cuenta la experiencia de tres pilotos británicos que deben dar cobertura aérea a la operación.

Un ejercicio temporal

La peculiaridad de la que Nolan dota a su película es que estas tres líneas narrativas, entre las que va saltando, reflejan a su vez tres líneas temporales distintas. "El muelle" comienza una semana antes de la evacuación; "El mar", un día antes; "El aire", una hora antes. Este es el elemento principal que convierte *Dunkerque* en un ejercicio cinematográfico, uno de esos retos que Nolan parece buscar y abrazar (no es casual que el elemento sonoro que abre la película, y que aparece constantemente, sea el tic-tac de un reloj).

Tampoco es la primera vez que el director inglés renuncia a una estructura lineal para el desarrollo temporal de una historia. De hecho, una de las características principales de la mayoría de sus películas es precisamente la ruptura de la linealidad. Pero no como un recurso efectista, ya que estas rupturas temporales siempre asientan su fundamento en lo narrativo: en su primera película, *Following*, alternaba secuencias de dos momentos temporales distintos para reflexionar sobre el cambio de personalidad del protagonista (la primera vez que aparece uno de los temas clave de su cine: la identidad, qué nos hace ser lo que somos). En *Memento* nos encontramos con el que probablemente sea su experimento temporal más osado: contar la historia al revés, de modo que cada escena antecede cronológicamente a la anterior. Nuevamente, no se trata solo de un juego posmoderno, sino que de esta manera consigue situar al espectador en la misma posición que al personaje principal, que al no poder crear recuerdos recientes, empieza cada secuencia sin saber qué ha ocurrido antes. En *Insomnio* vemos cómo *flashes* del pasado atormentan la conciencia de Al Pacino. En *Batman Begins* se alterna la creación del héroe con secuencias de su niñez y su juventud, con lo que Nolan nos cuenta que Bruce Wayne es tanto su herencia, su pasado, como las decisiones que toma, y lo primero influye en lo segundo. *El truco final* parece narrada al modo de unas muñecas rusas, con uno de los personajes narrando lo que lee en el diario del otro, alternando así dos momentos temporales de la historia, pero también los dos puntos de vista de estos dos magos rivales. *Origen* es un viaje por los sueños y la memoria, con la peculiaridad de que el tiempo transcurre a velocidad diferente según el nivel onírico (volveremos a esto más adelante, ya que guarda relación con *Dunkerque*). Finalmente, en *Interstellar*, Nolan se sumerge en la propia naturaleza científica del tiempo, incluyendo nuevamente la paradoja de que pasa a velocidades distintas para diferentes personajes, según la teoría de la relatividad.

El interés de Nolan en la cuestión del tiempo no es baladí. El cine es un arte que, al igual que la música, existe en un tiempo determinado y diseñado por el autor. Es por ello que en ambas disciplinas cobran especial importancia cuestiones como el ritmo y la estructura. El tiempo es la materia prima del cine, no hay más que leer o escuchar a Hitchcock (o mejor aún, fijarse en cómo desarrolla sus películas). Sabemos que el director puede dilatar un momento, haciendo que lo que debería durar segundos se alargue. Del mismo modo, puede utilizar la elipsis y otros recursos de montaje para condensar, en segundos, acciones que podrían durar horas, años e incluso siglos.

Quizás el experimento más complicado de Nolan en cuanto a manipulación temporal se daba en el tercer acto de *Origen*, donde asistimos a un montaje paralelo entre cuatro niveles distintos de sueño. Tal como se establece con anterioridad en la película, en cada nivel de sueño el tiempo pasa más deprisa, de modo que unos segundos en el primer nivel pueden ser días en el cuarto (así, en el tiempo que tarda una furgoneta en caer desde un puente, vemos cómo los protagonistas pueden vivir multitud de peripecias en los siguientes niveles). Da la sensación de que esta secuencia ha podido servir de base para plantear la estructura temporal de *Dunkerque*. Es como si Nolan se hubiera preguntado: ¿qué pasaría si lleváramos este planteamiento al extremo, es decir, a construir toda una película de esta manera?

Es un aspecto que puede pasar desapercibido, pero en efecto, las tres líneas narrativas de *Dunkerque* no solo transcurren en momentos temporales distintos, sino que el tratamiento temporal es diferente: mucho más dilatado en la trama del aire, que transcurre en una hora (con lo cual el tiempo real de la película, de unos 100 minutos, lo sobrepasa), y condensado en las tramas del mar (un día) y sobre todo el muelle (una semana). De hecho, en un momento dado las tres tramas confluyen: justo en el momento en que las embarcaciones civiles aparecen para efectuar la evacuación, lo que podríamos considerar el punto álgido de la historia.

Así, para llegar al mismo punto desde una semana antes, un día antes y una hora antes, Nolan ha tenido que aplicar tratamientos totalmente distintos a cada una de las tramas, convirtiendo *Dunkerque* en todo un tratado sobre la flexibilidad del tiempo cinematográfico. Incluso sigue manipulándolo después de la confluencia, ya que el regreso de los soldados y civiles a Inglaterra se monta en paralelo con el aterrizaje en la playa de Farrier, el piloto interpretado por Tom Hardy. Cronológicamente ese aterrizaje sucede minutos después de la confluencia, mientras que la otra trama se extiende más allá del día siguiente (ya que Nolan nos muestra cómo la prensa local recoge la muerte del joven George en el barco).

Hay que aclarar, además, que no se trata de una cuestión de ritmo. Todas las tramas mantienen un tempo similar a la hora de mostrar las acciones, la diferencia está en la dilatación o condensación del tiempo cinematográfico.

Un tercer acto de 100 minutos

El experimento de Nolan va más allá del tratamiento temporal. La estructura de la película es ciertamente inusual. Si, como decíamos, Nolan se ha basado en el tercer acto de *Origen*, al extender la idea a una película entera nos encontramos con una peculiaridad, y es que no hay una estructura de tres actos tradicional. No tenemos un primer acto en que nos presenten los personajes y se desate el conflicto, y un segundo donde ambos elementos se vayan desarrollando. *Dunkerque* empieza directamente en el momento que marcaría el inicio del tercer acto para una película convencional (el último umbral, el desafío definitivo): la llegada a la playa para los soldados de "El muelle"; la misión de rescate para los civiles de "El mar" y para los pilotos de "El aire".

Nolan nos sitúa con su cámara en medio del peligro.

Podemos decir que toda la cinta es un gran tercer acto de 100 minutos de duración (y quizás esa sea la razón de que sea la película más breve de Christopher Nolan desde *Following*, ya que el director inglés venía realizando producciones que se acercaban cada vez más a la barrera de las tres horas). El propio Nolan parece sugerir este planteamiento: "Quería arrojar al público directamente en esta muy intensa serie de eventos que se acumulan, que en mis películas normalmente solo encuentras en el tercer acto" (BERMAN, 2017).

Es por esto que la película se compone sobre todo de acciones y situaciones límite, es lo que corresponde a un tercer acto. No caben la presentación de conflictos o el desarrollo de personajes, y esta es una de las críticas principales que se ha hecho a la cinta.

Personajes sin desarrollo

En efecto, la película nos lanza directamente al conflicto sin presentarnos a los personajes principales, de los que no llegamos a saber apenas nada. Puede parecer algo arriesgado, y de hecho, como decíamos, es una de las críticas recurrentes al filme. Sin embargo, hay que considerar que Nolan no pretende realizar una historia de personajes ni ideas, sino de experiencias y sensaciones: "No quiero que el público vea la película de un modo demasiado cerebral. No quiero que sea un puzle. Quiero que sea una experiencia" (BERMAN, 2017).

En cierta manera, no es muy diferente de lo que sentimos en los primeros minutos de *Salvar al soldado Ryan* (SPIELBERG, 1998), donde Spielberg nos arroja a una brutal escena de 20 minutos en el desembarco de Normandía, junto con un grupo de personajes de los que no sabemos nada. Después desarrollará esos personajes a lo largo de la película, pero, ¿se podría hacer un *Salvar al soldado Ryan* únicamente con la parte de la playa? Esa parece ser la intención de Nolan. De hecho, el propio Spielberg ha reconocido que cedió a Nolan una copia en 35 mm de su película, para que el director inglés la proyectara a su equipo antes de rodar *Dunkerque*. Nolan también pidió consejo al veterano director:

> Sabiendo y respetando que Chris es uno de los cineastas más imaginativos del mundo, mi consejo fue que dejara su imaginación en un segundo plano, como hice yo en *Ryan*, a la investigación histórica que estaba haciendo (LANG, 2017).

La inspiración, sin embargo, no se extendió a la violencia explícita con la que Spielberg afrontó su película, como recuerda Nolan: "No queríamos competir con eso [...] me di cuenta de que estaba buscando otro tipo de tensión" (LANG, 2017).

Dunkerque pretende ser una experiencia totalmente inmersiva para el espectador. La cámara de Nolan adopta a menudo una posición muy cercana a la mirada de los personajes principales, siempre en medio del peligro:

> Hay muy pocos planos de "mirada de Dios". Se trataba de tener la cámara en la playa con los soldados. En las secuencias aéreas, está siempre en la cabina o montada sobre el avión [...] y en el pequeño yate, casi nunca sacamos la cámara del barco. Todo está rodado desde el punto de vista de los personajes (BERMAN, 2017).

Por eso Nolan dio tanta importancia a rodar la película en IMAX, y ciertamente la proyección en cines dotados de dicha tecnología resultaba especialmente intensa. Del mismo modo, la mezcla de sonido, en la que la música de Hans Zimmer se llega a confundir con los efectos sonoros, subraya la tensión y el suspense pretendidos: Nolan quiere que el espectador se sienta como uno de los implicados en los sucesos de Dunkerque. De hecho, el enemigo no tiene rostro (incluso en la escena en que los alemanes apresan al piloto, Nolan los mantiene desenfocados). Los ataques alemanes llegan de la nada, transmitiendo al espectador el terror y la desorientación que sintieron los soldados británicos.

Aún así, hay que decir que sí se nos dan a conocer algunos rasgos de los personajes principales. De hecho, el teórico del guion Robert McKee dice que la auténtica naturaleza de un personaje se revela en las decisiones que toma bajo presión, lo cual es constante en *Dunkerque*:

> El auténtico personaje solo puede ser expresado a través de la elección en el dilema. Cómo la persona elige actuar bajo presión define quién es. Cuanto mayor la presión, más verdadera y profunda será la elección del personaje (McKEE, 2014: 375).

Así, por ejemplo, vemos cómo el piloto Farrier decide no darse la vuelta cuando se le estropea el indicador de combustible, a pesar de que le recomiendan no seguir con la misión. Esto nos habla de un personaje dispuesto a poner en riesgo su vida por cumplir su misión.

Una cuestión de supervivencia

De hecho, si hay un aspecto temático que destaca en *Dunkerque* es el comportamiento humano ante situaciones de vida o muerte, la cuestión de la supervivencia. Además de Farrier, vemos otros personajes heroicos que arriesgan su vida sin dudarlo, como el dueño del pequeño barco, Mr. Dawson (interpretado por el siempre excelente Mark Rylance), o el oficial interpretado por Kenneth Brannagh, que se queda para ayudar a los franceses. Por otro lado, encontramos personajes cuya postura es opuesta, como el soldado interpretado por Cyllian Murphy, que después de ser rescatado intenta impedir que Mr. Dawson lleve su embarcación a Dunkerque, o Alex (Harry Styles), que pretende sacrificar al francés Gibson en una de las situaciones límite del tramo final. El soldado con más protagonismo, Tommy (Fionn Whitehead), parece situarse en una posición intermedia, ya que pone su supervivencia como máxima aspiración, pero expresa convicciones morales al no acceder al sacrificio de Gibson, al que ayuda desde que lo encuentra en la playa al principio de la película. Nolan reconoce que su película gira alrededor de esta cuestión: "No la veía como una película de guerra, la veía como una historia de supervivencia" (LANG, 2017).

Conclusión

Las películas y la propia figura de Christopher Nolan como director seguirán creando controversia, pero resulta muy saludable que un cineasta que maneja grandes presupuestos y cuyas películas tienen un público tan amplio, muestre una ambición artística tan acentuada. *Dunkerque* es una nueva muestra de ello: una historia sencilla contada de una manera complicada, sí, pero nuevamente la forma ayuda al objetivo de la narración, que no es otro que situar al espectador en el centro de unos acontecimientos límite, ante los cuales unos personajes casi anónimos revelarán su verdadero ser ante la perspectiva de buscar su propia supervivencia.

DUNKIRK (2017)
País: EE.UU., Reino Unido
Dirección y Guion: Christopher Nolan
Fotografía: Hoyte Van Hoytema
Montaje: Lee Smith
Música: Hans Zimmer
Diseño de producción: Nathan Crowley
Vestuario: Jeffrey Kurland
Intérpretes: Fionn Whitehead, Tom Hardy, Mark Rylance, Kenneth Brannagh, Aneurin Barnard, Cyllian Murphy, Harry Styles, Tom Glynn-Carney, Barry Keoghan
106 minutos
Distribuidora DVD: Warner
Estreno en España: 21.7.2017

Filmografía de Christopher Nolan como director

- *Dunkerque* (*Dunkirk*, 2017).
- *Interstellar* (2014).
- *El caballero oscuro: La leyenda renace* (*The Dark Knight Rises*, 2012).
- *Origen* (*Inception*, 2010).
- *El caballero oscuro* (*The Dark Knight*, 2008).
- *El truco final (El prestigio)* (*The Prestige*, 2006).
- *Batman Begins* (2005).
- *Insomnio* (*Insomnia*, 2002).
- *Memento* (2000).
- *Following* (1998).

El piloto Farrier revela su altruismo con sus acciones.

FUENTES

- BERMAN, Eliza (2017). *Christopher Nolan: Dunkirk Is My Most Experimental Film Since Memento*. 19 de julio. Time.com. Recuperada de <http://time.com/4864049/dunkirk-christopher-nolan-interview/>

- LANG, Brent (2017). *Christopher Nolan Gets Candid on the State of Movies, Rise of TV and Spielberg's Influence*. 7 de noviembre. Variety.com. Recuperada de <https://variety.com/2017/film/news/christopher-nolan-dunkirk-oscars-movies-tv-spielberg-1202607836/>

- McKEE, Robert (2014). *Story. Substance, structure, style, and the principles of screenwriting*. York: Methuen.

El otro lado de la esperanza (Aki Kaurismäki)

ALBERTO FIJO

Desde 1989, Aki Kaurismäki (Helsinki, 1957) vive casi todo el año en Portugal. El cineasta y su mujer tienen su casa en Viana do Castelo, un pequeño pueblo del Alto Miño, cerca de Oporto.

No deja Kaurismäki, en las películas y en las presentaciones y entrevistas, de gastar bromas sobre su Finlandia natal, a la que se acerca en verano, único momento del año donde se puede ligar vitamina D. La última chanza fílmica hacia un país que ama, pero en el que no se siente capaz de vivir el largo invierno, la pone en boca de Khaled, el refugiado sirio que protagoniza *El otro lado de la esperanza*.

Khaled le dice a Mazdak, un iraquí con quien coincide y hace amistad en un centro de acogida donde viven personas de distintos países, que esperan que se les conceda el asilo: "Estoy enamorado de Finlandia. Pero si me dices cómo irme de aquí te lo agradeceré enormemente". Antes, el amigo iraquí le había dicho a Khaled que para lograr la residencia era fundamental mostrarse sonriente al hablar con los finlandeses, porque así le creerían contento y deseoso de vivir en Finlandia. Pero que no convenía ir riendo por la calle porque le tomarían por loco.

Una idea generadora

La broma, tan propia del humor escueto del lacónico Kaurismäki, manifiesta algo profundo, esencial, un *motto* presente como idea generadora, como *high concept* de la obra entera de este brillante cineasta: mundos fríos donde hay corazones calientes. Instituciones, estructuras deshumanizadas en las que se mueven personas capaces de amar, agentes de ternura en paisajes ásperos. Personas uniformadas, pautadas por el sistema, almas grises con una plaquita en la pechera que, inesperadamente, abren -al modo de un *impromptu* de lirismo infantil *mahleriano* en mitad de una solemne sinfonía- una puerta a la esperanza. En esa línea, hay una bellísima apertura de puerta en la película protagonizada por una mujer: descúbranla ustedes cuando la vean: se presagia en sus ojos la primera vez que la vemos).

Obviamente, el principio esencial del cine de Kaurismäki ya estaba en maestros como Chaplin, que él reconoce como inspiración suprema. Maestros que supieron aunar humor, acción y poesía para componer filmes que, como *El otro lado de la esperanza*, son tan difíciles de clasificar como fáciles de ver. Películas que te limpian el corazón y te dejan la cabeza dando muchas vueltas: vueltas al enorme talento narrativo que encierran.

Con esta gran producción, el director y guionista finlandés ganó el premio a mejor director en la Berlinale. Se ha prodigado poco en el siglo XXI: 4 películas. Un reconocimiento absolutamente lógico porque *El otro lado de la esperanza* está escrita, dirigida, fotografiada, localizada, montada, musicada e interpretada con una maestría impresionante. Basta contemplar el arranque de la película para quedar hechizado por el talento de un cineasta que abre (y cierra) con un bellísimo plano del puerto de Helsinki, otro de la descarga del carbón que trae un barco procedente del puerto polaco de Gdansk y otro del joven sirio que emerge de la bodega donde viajaba sepultado en el carbón. Pone en marcha, con asombrosa destreza, un relato en el que, a los 10 minutos, ya se ha dado el discurso del método con estrambote, sin darlo, sin cansar al espectador con peroratas, con humor y sencillez, con una verdad tan demoledora que hay que ir a Keaton, Bresson, Ozu o Tati para encontrarla con ese nivel de pureza.

Es significativo que sea Janus Film la distribuidora de la película de Kaurismäki en Estados Unidos. Fundada en 1956 en Harvard y estrechamente vinculada a Criterion, la prestigiosa y exquisita editora de DVD. Janus es la compañía que se hizo con los derechos de exhibición de obras de Eisenstein, Bergman, Fellini, Ozu, Kurosawa, Antonioni, Truffaut. No es casual que la primera película distribuida por Janus fuese *El Séptimo Sello*.

La fotografía de Timo Salminen sigue siendo parte del ADN del cine de Kaurismäki.

La hermosura de la bondad

El afán del sirio Khaled por encontrar a su hermana, de la que le separaron en la huida de la guerra que reduce Alepo a escombros, es tan hermoso, se muestra de una manera tan sincera y sencilla, que ante esa bondad llena de naturalidad piensas en tanto cine estúpido e insustancial, aparatoso y robotizado... y te consuela la certeza de la que la belleza virginal que destilan gente como Kaurismäki y Koreeda seguirá alimentando a los que ya no pueden con el día a día de una sociedad envilecida por unos medios de comunicación repulsivos que son un inmenso basurero, gobernada por políticos sin escrúpulos que olvidaron que el cargo que tienen es para servir no para servirse, intelectuales canallas que masacran todo lo noble con tal de llamar la atención sin ofrecer nada más allá de su cinismo... una repugnante posmodernidad que genera montañas de palabrería sensiblera y populachera.

Me pasa con Kaurismäki lo que me ocurre con Eugène Green, un cineasta-poeta que está por encima de Kaurismäki porque además de ser el más grande de los discípulos de Bresson, es un metafísico trascendente-sonriente. Cosa (la trascendencia) que, al finés, que se declara ateo, se le echa muy en falta. Al director de *Pickpocket* no le encuentras ni el mínimo rastro de buen humor.

Al salir de ver lo último de Green, *Esperando a los bárbaros*, en un pase en Madrid que presentó el director y al que siguió un encuentro con él, lleno de encanto y lucidez; al salir decía, lo de catarsis en el sentido griego (purificación, liberación o transformación interior suscitadas por una experiencia vital profunda) se queda corto: de la película de Green sales con una metanoia en toda regla, entendida con Romano Guardini como un examen de toda actividad vital y una transformación de la manera como se ven y aceptan los hombres y las cosas.

Un mecánico y un vendedor de camisas

La historia que escribe Kaurismäki (la manera en que los personajes ven y aceptan las cosas) derrocha inteligencia y entronca directamente con su director favorito, Charles Chaplin. El grupo humano que gira sobre dos personajes inolvidables (Khaled, el joven mecánico sirio, y Wikström, el vendedor de camisas reconvertido en propietario de restaurante) es como en todo el cine de Kaurismäki sencillamente inolvidable: los camareros y el cocinero del bar, la esposa, los funcionarios de inmigración, el refugiado iraquí, el camionero, el regente del garito de juego. Hay que acudir al cine de los más grandes para encontrar personajes con tanto carisma expresado con muy pocos trazos.

Como Chaplin y Keaton, Kaurismäki se asoma a la realidad contemporánea y con un humanismo bienhumorado construye un relato de enorme fuerza, que podría pensarse que es menos logrado que el que presentan películas tan poderosas como *El Havre*, *Un hombre sin pasado* o *Nubes pasajeras*. Pero no lo es, a mi juicio. El equilibrio dramático de la película que nos ocupa es perfecto. El pragmatismo de los dos protagonistas, su manera de afrontar la vida, es delicioso.

En algunas entrevistas, Kaurismäki se declara simétrico a Jim Jarmusch. Respeto esa declaración. Pero la diferencia entre ambos se me hace insalvable. La antropología del finlandés, su retórica fílmica (lo formal), su humanismo (lo material) están muy por encima de los niveles del norteamericano. Cuando Kaurismäki dice que sin Godard no habría hecho nada, se me pone cara de raíz cuadrada de 789.645... quizás Godard le animase a hacer cine, pero las películas de Godard y las de Kaurismäki se parecen como un huevo a una castaña... Yo creo que Kaurismäki juega al despiste en sus declaraciones, un poco a la manera de Ford, al que encantaba desconcertar haciéndose pasar por un rudo analfabeto cuando fue uno de los poetas más nobles y cultos que han pisado este atormentado planeta.

Cuando el actor ha vivido lo que interpreta

Sobre el casting, es lógico, pero no por ello menos brillante, que Kaurismäki seleccione a un actor sirio para el papel de Khaled. Nacido en 1985, Sherman Haji llegó a Finlandia en 2010 como refugiado. Después de licenciarse en el Instituto de Arte Dramático de Damasco en 2008, trabajó en algunas series de televisión en Siria. Siguió sus estudios de Teatro en la Facultad de Arte de Cambridge y en la Universidad Anglia Ruskin, donde realizó un máster en 2016. Al actor sirio le acompaña Sakari Kuosmanen, un habitual de la compañía de Kaurismäki (*Leningrad Cowboys Go America*, *Nubes pasajeras*, *Juha*, *Un hombre sin pasado*), que es cantante además de actor.

A propósito de canciones, llama la atención en la película, como en anteriores obras de Kaurismäki, el inserto de música en directo en escenas que sirven como espacios para remansar el flujo dramático. Su eficacia es alta y no merma la cohesión del tono y el ritmo de una historia cuyos conflictos se vertebran de una manera muy situacional. En eso, la sombra de Chaplin, del inmenso Chaplin, lo cubre todo.

El abrupto cambio de vida del camisero sexagenario, la partida de cartas a la que asiste, su llegada al restaurante, el encuentro con el sirio, el acuerdo con el camionero... son situaciones escritas con una solvencia apabullante. En ellas se cuelan gags en los que la calidad del humor no verbal alcanza cotas muy elevadas: la alianza en el cenicero, el plano de los personajes en el gran coche negro, la venta del almacén de camisas, el habitáculo en el corazón del camión, el cambio de nombre y de vestimenta en el restaurante...

Timo Salminen y el patrón rítmico

La fotografía de Timo Salminen sigue siendo parte del ADN del cine de Kaurismäki: más allá del magnífico tratamiento de la luz y el color, que es lo más evidente, es magistral el tratamiento de las líneas y las formas, la manera en que Salminen coreografía el movimiento usando el espacio plano: la frontalidad, las siluetas y los contraluces funcionan muy bien. Más aún lo son las claves tonales que permiten una estrategia emocional que convierte muchos planos de las películas de Kaurismäki en identificadores de su poética. Pienso en la bajada de Khaled por la escala del carguero, su primer encuentro con Wikström mientras cruza una calle sin respetar el lugar exacto del paso de cebra, el acceso de los tres empleados del restaurante a la oficina para pedir un anticipo...

Los elementos de repetición (en la cena del autobús de japoneses, el acoso de los neonazis, el dormitorio del centro de acogida) se emplean con la maestría del que sin haber ido a una escuela de cine lo ha estudiado con mucho cuidado, leyendo películas que son manuales infalibles. Pienso en los breves planos del cielo. Los cielos de Kaurismäki son suyos, como lo son los de Ford (vuelvan a ver lo que hace Ford en *My Darling Clementine*, una película inmensa hecha tras volver de la guerra en la que Ford se aferra a la poesía y nos deja subir a ella en un mundo paralizado por el miedo).

El guion de *El otro lado de la esperanza* en manos de otro director daría lugar a una película muy distinta, porque en el fondo lo que hace a Kaurismäki ser un director único (le pasaba lo mismo a Kitano antes de malograrse; le ocurre a Naomi Kawase y a su compatriota Hirokazu Koreeda) es que tiene un patrón rítmico que acompasa la vida de una manera que da tiempo a subirse, bajar y alcanzar de nuevo su tren de sombras.

TOIVON TUOLLA PUOLEN (2017)
País: **Finlandia**
Dirección y Guion: **Aki Kaurismäki**
Fotografía: **Timo Salminen**
Montaje: **Samu Heikkilä**
Dirección de arte: **Markku Pätilä**
Vestuario: **Tiina Kaukanen**
Intérpretes: **Sakari Kuosmanen, Sherwan Haji, Janne Hyytiäinen, Ilkka Koivula, Kaija Pakarinen, Kati Outinen, Tommi Korpela, Ville Virtanen**
100 minutos
Distribuidora DVD: **Golem**
Estreno en España: **7.4.2017**

Filmografía de Aki Kaurismäki como director (últimas 10 películas)

- *El otro lado de la esperanza* (*Toivon tuolla puolen*, 2017).
- *El Havre* (*Le Havre*, 2011).
- *Luces al atardecer* (*Laitakaupungin valot*, 2006).
- *Un hombre sin pasado* (*Mies vailla menneisyyttä*, 2002).
- *Juha* (1999).
- *Nubes pasajeras* (*Kauas pilvet karkaavat*, 1996).
- *Leningrad Cowboys Meet Moses* (1994).
- *Agárrate el pañuelo, Tatiana* (*Pidä huivista kiinni, Tatjana*, 1994).
- *La vida de bohemia* (*Boheemielämää*, 1992).
- *Contraté un asesino a sueldo* (*I Hired a Contract Killer*, 1990).

El tercer asesinato (Hirokazu Koreeda)

FERNANDO GIL-DELGADO

Un asesinato, un acusado, un juicio… los elementos de un *thriller*, pero Hirokazu Koreeda, aunque ha declarado que quería hacer una película diferente, probar cosas nuevas, vuelve a realizar una cinta de autor; un drama humano en el que se habla de la familia, del bien y del mal, de la justicia, de la verdad, e incluso de Dios.

El tercer asesinato comienza en picado, sin ambigüedad alguna, mostrando al detalle el crimen en cuestión: un hombre es brutalmente golpeado, a continuación el asesino quema el cuerpo a la orilla de un río. El presunto autor del crimen se entrega a la policía y confiesa su delito: mató al jefe de la fábrica en la que trabaja. Se trata de un hombre llamado Misumi, que ya antes había cumplido condena por asesinato. La maquinaria legal se pone en marcha. La justicia tiene un culpable y espera un veredicto rápido. Shigemori es el abogado que le ha sido asignado; solo espera evitar la pena de muerte. Las conversaciones con su cliente primero, con el resto de los implicados después, le empujarán a buscar la verdad. Esta búsqueda tendrá un importante efecto en su propia vida.

Dicho a las claras, Koreeda no ha filmado un *whodunnit*. *El tercer asesinato* es cine negro, en el que hay un buen grado de suspense, pero el espectador sale con más preguntas de las que tenía al principio. Esta película cuenta, a golpe de diálogo, cómo el abogado Shigemori replantea su vida profesional y familiar; un viaje, un relato apasionante.

Shigemori es un abogado de mediana edad, vive solo -está divorciado-, y tiene una hija adolescente a la que ve poco; a veces, cuando ella se mete en líos, le llama, "porque un abogado resulta útil". Él ha aceptado la situación. Koreeda, un detalle muy suyo, nos muestra que en ocasiones ha dormido con la ropa puesta, señal inequívoca de soltero entregado al trabajo.

Shigemori es hijo de un juez, vive por y para su profesión, que le atrajo desde muy pequeño. Este es un punto común con *De tal padre, tal hijo*, el hijo hechura de su padre. Pero, además, nos informarán de que Shigemori padre fue el juez que condenó a Misumi tras sus primeros crímenes. Padre e hijo hablarán más de una vez de aquel caso, que el juez recordará imperfectamente; la memoria no siempre es fiable, y los recuerdos forman parte de nuestra personalidad, temas tratados ya en *Afterlife*.

La víctima tenía familia, esposa e hija, que piden justicia, porque es lo que se espera de ellas. Pero esta familia, como tendrá ocasión de comprobar el abogado, no funciona bien. El tema de la familia es una constante en Koreeda.

La mitad de la película consiste en diálogos entre el abogado y su cliente en una sala, en la cárcel, separados por un muro de cristal. Koreeda, con un tempo pausado, deja que los dos personajes principales crezcan y se desarrollen ante los ojos del espectador. El abogado, encarnado por Masaharu Fukuyama, es un personaje frío y pragmático, dotado de un enorme carisma y dinamismo, aunque termina mostrando que tiene corazón. Misumi está encarnado por el veterano Yakusho Kōji, que realiza una *performance* sutil, ambigua, que pasa del asesino arrepentido a víctima, e incluso a antihéroe.

Una pequeña curiosidad es la elección del formato, a sabiendas de que iban a rodar la mayoría de las escenas en un interior pequeño y cerrado. Koreeda utiliza el CinemaScope, tal vez para "airear" el plano, hacerlo menos pesado, estilizado. El efecto es notable. El director explicó que, una vez decidido a rodar un filme *noir*, estuvo estudiando clásicos norteamericanos rodados en gran formato, desde *Alma en suplicio* (Mildred Pierce, 1945), de Michael Curtiz, hasta *Se7en*, de Fincher, y se decidió por este formato. Los diálogos son inquietantes. El abogado y su cliente están en dos mundos diferentes: Misumi no está interesado en el juicio, ni en lo que le vaya a ocurrir, ni en lo que quiere hacer su abogado (una defensa digna y un veredicto suave, un éxito para su nombre). Al contrario, cuestiona la valoración de los hechos. Sin negar la autoría del crimen, se opone a la interpretación que se ha hecho de lo sucedido. Toda esta primera parte está

Misumi, asesino confeso, no parece un monstruo, y quiere hablar.

rodada en la forma tradicional de plano-contraplano. Solamente cuando empiezan a acercar sus planteamientos, comparten plano. El efecto es impactante.

¿En qué coinciden? En que el sistema judicial busca un culpable, una condena, y no le importa la verdad. Shigemori, por una vez, se aparta de la práctica tradicional y quiere llegar al fondo de los hechos, por eso va a hablar con su padre y reflexionan sobre aquella primera condena, sobre los motivos para no pedir, en aquel momento, la pena capital; sobre las circunstancias que determinan los actos del hombre.

Cada encuentro con sus colegas, con su padre, con su hija y también con la esposa y con la hija de la víctima influye en su comprensión de los hechos. Lo que de verdad sucedió pasa a ser más importante que su valoración legal, cada vez que cree entender mejor los motivos de Misumi se entrevista con su cliente, que entonces modifica de alguna forma su versión de los hechos e invita a su abogado a profundizar más.

Esa investigación, esas entrevistas, permiten salir de la cárcel, rodar en exteriores y mostrar Japón en invierno: la fotografía es sobria, la paleta fría. Koreeda es un director que juega -o disfruta- dando significado a los ciclos vitales, las estaciones entre ellos. *Nuestra hermana pequeña* fue la primavera, *El tercer asesinato* es el invierno.

A diferencia de *Rashômon*, referente obligado, Koreeda no pretende dudar de la verdad de los hechos, o de la diversa percepción de los mismos por los diversos testigos; él muestra que hay una verdad, y acercarse a ella influye en la vida de las personas, empezando por la de Shigemori, que se replantea el sentido de su profesión, el de la justicia tal y como se practica y, de un modo más inmediato, su relación con su padre y con su hija.

Como en todo *film noir*, y *El tercer asesinato* es uno de ellos, a medida que se van conociendo los hechos el espectador elabora su interpretación; un buen director y un guionista hábil pueden jugar con el espectador y forzarle a cuestionar sus hipótesis con la aportación de nuevos datos. Koreeda lleva este juego a su límite. Por un lado, la percepción de los protagonistas tal como se presentó inicialmente -"un honrado empresario, preocupado por sus empleados y por sus clientes, buen esposo y buen padre, apreciado y querido por todos ellos", por una parte; "un asesino reincidente, sociópata, ingrato", por otra- será cuestionada una y otra vez. Tanto Shigemori como el espectador desean saber más, las motivaciones -la verdad- importan.

Enemigos de la verdad resultan el sistema jurídico -porque no le interesa- y la familia de la víctima, que tiene mucho que perder si se llegara a saber el fondo de la cuestión. Tanto la madre como la hija conocían al asesino, cada una tiene sus motivos para hablar, o para no hacerlo. En un momento dado las dos mujeres se enfrentan, pero la decisión final no fue suya.

Al final, Shigemori, y el espectador, tendrán que resignarse a no tener la certeza total sobre lo sucedido pero, tal y como desea Misumi -el único que sabe qué ocurrió y por qué-, puede aceptar el veredicto.

El humanismo de Hirokazu Koreeda

Koreeda es un gran director que sigue siendo poco conocido, injustamente poco conocido. A pesar de que lleva más de veinte años trabajando y produciendo películas notables. Esperemos que todo cambie tras la Palma de Oro en el último Festival de Cannes a su maravillosa *Shoplifters*. Sus películas suelen ser dramas domésticos, íntimos, de ritmo tranquilo, muy sentidos, en los que presta mucha atención a lo cotidiano, a los detalles. En más de una ocasión ha declarado que "no hay motor más poderoso que los sentimientos". La familia está en el centro de prácticamente todas sus películas, a menudo en forma de alguna ausencia notable: en *Maborosi* (1995), el inexplicable suicidio de un marido; la madre que abandona a sus hijos en *Nadie sabe* (2004); la reunión familiar en el aniversario del fallecimiento de un hijo en *Still Walking* (2008); *Nuestra hermana pequeña* (2015), que algunos consideran una versión nipona de *Mujercitas*, es un canto a la familia, bien que imperfecta. Dos fantasías, *After Life* (1998) y *Air Doll* (2009), no desmienten esta constante, una habla de qué recuerdos guardar por toda la eternidad, la otra -precisamente- de la necesidad de afecto y su carencia en la sociedad moderna. Otro tanto podría decirse de *El tercer asesinato*, en el que el motor de los actos de unos y otros son las relaciones familiares. *Shoplifters* presenta el último escalón, una idea que ha avanzado antes, una familia formada por gentes que no tienen relación de sangre, unidas por una serie de afinidades y circunstancias al modo del grupo que Capra unión en *Vive como quieras* o en *Annie Apple*.

A pesar de que se le ha comparado -justamente- en más de una ocasión con el maestro Yasujiro Ozu, experto en dramas domésticos, Koreeda ha declarado a la prensa occidental que su realismo es más próximo al de Ken Loach -en sus mejores momentos-. Se compare con quien se quiera, estamos ante un autor de primera, un autor que mira con simpatía y profundidad al hombre y nunca pierde de vista lo que de verdad importa.

SANDO-ME NO SATSUJIN (2017)
País: **Japón**
Dirección, Guion y Montaje: **Hirokazu Koreeda**
Fotografía: **Takimoto Mikiya**
Música: **Ludovico Einaudi**
Diseño de producción: **Yohei Taneda**
Intérpretes: **Masaharu Fukuyama, Koji Yakusho, Suzu Hirose, Yuki Saito, Kotaro Yoshida, Shinnosuke Mitsushima, Izumi Matsuoka, Mikako Ichikawa, Isao Hashizume**
124 minutos
Distribuidora DVD: **Golem**
Estreno en España: **27.10.2017**

Filmografía de Hirokazu Koreeda como director (últimas 10 películas)

- *Un asunto de familia* (Manbiki kazoku / Shoplifters, 2018).
- *El tercer asesinato* (Sando-me no satsujin / The Third Murder, 2017).
- *Después de la tormenta* (Umi yori mo mada fukaku, 2016).
- *Nuestra hermana pequeña* (Umimachi Diary (Kamakura Diary), 2015).
- *De tal padre, tal hijo* (Soshite chichi ni naru / Like Father, Like Son, 2013).
- *Kiseki (Milagro)* (Kiseki (I Wish), 2011).
- *Air Doll* (Kûki ningyô, 2009).
- *Still Walking (Caminando)* (Aruitemo, aruitemo, 2008).
- *Hana* (Hana yori mo naho, 2006).
- *Nadie sabe* (Dare mo shiranai, 2004).

El abogado en una encrucijada, también simbólica, en un mundo invernal, frío y gris.

FUENTES

- JACOBY, Alexander (2017). *Hirokazu Koreeda*, Londres: BFI.

Fences (Denzel Washington)
ENRIQUE FUSTER

"Unos construyen cercas para tener a la gente fuera y otros para tenerla dentro". Rose es de los últimos. Quiere proteger lo que ama, preservar su familia. Su marido Troy Maxson, personalidad exuberante que lo llena todo, hasta casi no dejarle espacio para respirar; su hijo Cory, que el año próximo irá al *college* y no se lleva bien con su padre; el tío Gabe, hermano de Troy, que sufre un retraso mental desde que fue herido en la cabeza durante la guerra y corre de un lado a otro intentando hacer sonar la trompeta y contando sus conversaciones con San Pedro... Pero también Lyons, hijo del primer matrimonio de Troy, soltero de 30 años, sin empleo fijo e interesado solo en tocar la guitarra, que se deja caer por la casa los viernes, el día en que su padre cobra, para pedirle un préstamo de diez dólares, cosa que a Troy le saca de quicio; y el vecino y viejo amigo de Troy, Bono, colega de trabajo en la recogida de basura.

Estamos en Pittsburgh, en 1957. La familia Maxson es afroamericana. La vivienda donde habitan posee un minúsculo patio trasero donde transcurren gran parte del tiempo y que Troy, siguiendo el deseo de Rose, se ha propuesto delimitar construyendo una valla, con la ayuda su hijo Cory, los sábados por la mañana. La construcción de la empalizada avanza lentamente y atraviesa la película, adquiriendo un sentido metafórico cuando Rose, tendiendo la ropa, canta:

> Jesus, be a fence all around me every day
> Jesus I want you to protect me as I travel on my way
> Jesus, be a fence all around me every day.

La buena y paciente Rose invoca la ayuda divina, pero ella misma es a la vez la personificación de la cerca que, abriendo sus brazos, acoge y mantiene unida a toda la familia.

El béisbol y la muerte

Troy es una cascada, un río que se desborda. Pasional, divertido, exagerado cuando ríe y en los arranques de ira, excesivo siempre. Firme en sus principios. Vital. Rose lo ama hasta los huesos; y no obstante sus imperfecciones, le agradece que le haya dado una casa "donde se puede cantar".

Troy habla y habla sin parar, discutiendo con todos y de todo: su dura infancia, los años en la cárcel, el enamoramiento del béisbol, su pasado de jugador profesional. Habría llegado lejos, de no haber sido por el color de su piel, piensa. Bono cree que los tiempos no estaban maduros, y Rose que simplemente empezó a jugar demasiado tarde.

Troy se enardece, se calma, pasa de lo banal a lo sublime, del béisbol a la muerte, que asoma ya en los diálogos de las primeras escenas. La llama *Mister Death* y la afronta de cara, sin miedo, con el bate en la mano. Un luchador que lee la vida en clave de béisbol, como aflora en las disputas con su mujer o con su hijo, cuando anota sus faltas de respeto como "strikes" y le advierte del riesgo de ser eliminado.

Fences fue la tercera de las diez obras que el dramaturgo afroamericano August Wilson (1945-2005) dedicó a la comunidad negra en lo que se conoce como The Pittsburgh Cycle o The Century Cycle. Nueve están ambientadas en Pittsburgh y una en Chicago, y cada una se centra en una década del siglo veinte. Por dos de ellas fue reconocido con el Pulitzer: *Fences*, en 1985, y *The Piano Lesson*, en 1990.

Para Costanza Romero Wilson, viuda de August, Troy Maxson no es tan solo un recogedor de basura o un padre de familia; es un rey Lear que al principio embelesa a su corte en el patio de atrás, y luego ve cómo su mundo se hace añicos y grita a la muerte en la tormenta (ROMERO WILSON, 2016).

El largo camino construyendo *Fences*

Poco después del estreno de *Fences* se empezó ya a hablar de una posible adaptación cinematográfica, pero la exigencia, por parte de Wilson, de que el director fuese afroamericano, ralentizó el proyecto. Éste pareció reactivarse en 1997, cuando el productor Scott Rudin adquirió los derechos y el mismo Wilson se encargó de escribir la versión cinematográfica de su obra, pero al morir en 2005 el proyecto seguía empantanado. En 2009 Rudin lo retomó, preguntándole a Denzel Washington si estaba dispuesto a interpretarlo y dirigirlo. Washington aceptó, aunque primero quiso interpretar la obra en Broadway (GREENBERG, 2016). El estreno tuvo lugar en 2010, dirigido por Kenny Leon, y se convirtió en el indiscutible éxito del año, obteniendo diez nominaciones a los Tony Awards y ganando tres, Mejor obra *revival*, Mejor actor (Denzel Washington en el papel de Troy) y Mejor actriz (Viola Davis como Rose).

Por fin, en 2016, Washington se puso manos a la obra y Rudin encargó el *draft* definitivo del guion a Toni Kushner (*Ángeles en América*, *Munich*, *Lincoln*), que al parecer no aportó modificaciones significativas, pues no figura como guionista, aunque sí como coproductor (GREENBERG, 2016). La adaptación es muy literal, y los únicos cambios se deben prácticamente a la subdivisión de la historia en más escenas y localizaciones.

De los siete actores principales, los únicos que no habían interpretado la obra en Broadway eran Jovan Adelpo (Cory) y la pequeña Saniyya Sidney (Raynell). Para la fotografía Washington contó con los servicios de la danesa Charlotte Bruus Christensen (en su haber títulos como *La caza*, *Lejos del mundanal ruido*, o más recientemente *Molly's Game* y *A Quiet Place*). En cuanto al vestuario, Sharen Davis creó unos modelos discretos, de estilo realista y propios de una familia de clase media, «que diesen continuidad a la representación de Broadway y no hablasen más fuerte que los personajes» (DAVIS, 2016).

Una experiencia cinematográfica

Basta pasearse por youtube y ver alguno de los clips de la puesta en escena en Broadway, para comprobar la diferencia entre el teatro filmado y la verdadera experiencia cinematográfica que constituye la película *Fences*, a pesar de su inequívoco andamiaje teatral y su fidelidad al texto escrito en que se basa. Lo atestiguan la planificación, la luz natural, la elección de los escenarios: el camión de basura, la larga avenida con los niños que juegan al béisbol y la ciudad a lo lejos, el depósito de camiones y las oficinas,

Troy no quiere que su hijo Cory acabe como él. El momento del "strike one".

el ayuntamiento, el hospital, la iglesia, el bar... Allí donde era posible se ha abierto la película para darle movimiento cinematográfico sin menoscabar la literalidad de la obra, tal como quería Washington. La obra de teatro, dividida en dos actos (el primero de cuatro escenas, el segundo de cinco), posee un solo decorado: el porche de la casa con una única entrada, unas escaleras, el patio en torno al cual se construye la cerca... Mientras que aquí la casa se convierte «en un personaje más» (BLACK, 2016), con su cocina, su dormitorio y la sala de estar, el porche delantero y el patrio de atrás, los callejones laterales, el coche abandonado...

Las largas escenas de diálogo se entrelazan con habilidad, complementando, cuando es necesario, el juego de plano y contraplano con los *reaction shots*: los rápidos encuadres de quienes siguen la conversación en campo o fuera de campo. Se enriquece así la escena, se le da un toque de profundidad y perspectiva, se consigue que, aun cuando se filme mayormente en plano general, ninguno de los personajes se pierda, obteniendo algo parecido a la posibilidad teatral de tener a todos al mismo tiempo en el estrado (WINBORNE, 2016). El cine tiene eso: el primer plano de alguien que escucha puede ser tan elocuente como un elaborado monólogo.

Algo parecido sucede cuando se recurre al montaje paralelo, con el inserto de un personaje que oye lo que sucede desde otra habitación: el tío Gabe que reza arrodillado, cuando Troy acaba de confesar a Rose la verdad y se enzarzan en una fuerte discusión; la primera aparición de Lyons, o cuando hacia el final éste escucha sentado en la cocina, mientras afuera, en el patio, Rose explica a Cory por qué debe ir al funeral. Hughes Winborne ha realizado un buen trabajo de montaje, que alcanza su cénit con el contrapunto de Rose en la cocina, de espaldas e inclinada sobre el fregadero, mientras a pocos metros, en la escalera del porche, Troy canta a la recién nacida Reynell que no tienen *ticket*:

> Please, Mr Engineer
> Let a man ride the line
> Please, Mr Engineer
> Let a man ride the line
> I ain't got no ticket...

La película recibió cuatro nominaciones a los Oscar: Película, Guion adaptado, Actor protagonista y Actriz secundaria, que es el único que ganó (Viola Davis). Contó con un presupuesto de 24 millones de dólares y recaudó unos 120.

Los pecados de los padres y el perdón

El texto teatral de *Fences* está introducido por unos versos que firma el mismo Wilson:

> When the sins of our fathers visit us
> We do not have to play host.
> We can banish them with forgiveness
> As God, in His Largeness and Laws.

En torno a este núcleo temático pivotan los dos principales conflictos del drama: la oposición de Troy a que su hijo Cory ingrese en un equipo de fútbol americano; y su infidelidad, con el consecuente nacimiento de Raynell y la muerte de la madre (Alberta, a la que nunca vemos) durante el parto.

Rose comprenderá que la niña es inocente y acabará acogiéndola como un don del cielo. Pero no será fácil. Su reacción cuando Troy le confiesa su pecado (tras 18 años de fidelidad) y le dice que va a ser padre e intenta, de alguna manera, justificarse, es proverbial. La sonora retahíla que empieza por "I been standing with you!" es una bellísima expresión de lo que significa ser una sola carne, en la salud y en la enfermedad, y posee tal intensidad que durante la representación en Broadway el público lo interrumpía con aplausos (se pueden ver extractos en youtube).

Troy se esfuerza por no replicar los pecados de su padre, aunque no siempre lo consigue. Ha estado ausente en la educación de Lyons (entre otras cosas, no comprende su vocación artística) y demasiado presente, con una presencia asfixiante, en la de Cory. Aun a riesgo de llevar el símil demasiado lejos, podemos afirmar que, con su insensibilidad y su carencia afectiva, Troy construye barreras ante sus propios hijos, a pesar de su buena voluntad. La cerca que en Rose simboliza la acogida, el abrazo, en Troy simboliza la oposición.

Con Raynell es distinto. Raynell es la bendición inesperada, el aire nuevo. Lo vemos tras la elipsis de seis años, en el día del funeral de Troy. La cerca está terminada. En un ángulo, un pequeño huerto del que la niña cuida. Cory llega tras su larguísima ausencia, con su uniforme de marine. Bono y Lyons recuerdan con afecto a Troy, pero Cory no. Profundamente resentido, Cory espeta a su madre que no piensa ir al funeral, a lo que Rose responde con un bofetón y otra brillante perorata, en la que le hace ver que todo lo que es se lo debe a su padre, que es igualito a él, aunque no quiera reconocerlo; Troy no era perfecto, pero era su padre y, a su modo, le quería.

Pull out my horn and call Old Blue

Será la pequeña Raynell quien acabe de limar el resentimiento de Cory invitándole a cantar *Old Blue*, la vieja balada tradicional que Troy aprendió de su padre y enseñó a sus hijos, en uno de los momentos más emotivos del filme:

> ... When I get to heaven, first thing I'll do,
> Pull out my horn and call Old Blue...

La sencilla canción (especie de *leitmotiv* en una obra donde no faltan los motivos que hilvanan la narración y refuerzan su unidad, desde la misma cerca hasta una rosa, pasando por el bate de béisbol y la pelota que cuelga del árbol), adquiere un subtexto que anticipa algo que veremos poco después, en la última escena: la entrada de Troy en el paraíso.

«La música son las palabras», dice Denzel Washington (WASHINGTON, 2016). Y es difícil que parte de esa musicalidad no se pierda en la traducción y el doblaje. Pero si bien es verdad que la fina y discreta partitura de Marcelo Zarvos no se deja oír hasta el minuto cuarenta y cinco, las tres o cuatro canciones que puntean la historia están muy bien escogidas y son, además de hermosas, coherentes con la narración y el tema. Junto a *Old Blue* (interpretada por los actores, una vez por Denzel Washington y otra por Jovan Adepo y Saniyya Sidney), vale la pena destacar *Day by day* en la version de Jimmy Scott (Day by day I'm falling more in love with you...) y *You don't know what love is...* (until you learned the meaning of the blues), en la voz de Dinah Washington.

Pero estábamos en la última escena: inevitable ver en el tío Gabriel una alegoría del arcángel, a menudo representado con una trompeta, listo para anunciar la apertura de las puertas del paraíso. Uncle Gabe es un loco "sabio" y bueno, se conforma con un sándwich y regala rosas a Rose. Uno de esos personajes desequilibrados depositarios de una misión que el cine de vez en cuando nos regala, que con su inmensa e ingenua fe acaban por obrar algún tipo de milagro. Como el Johannes de *Ordet* (DREYER, 1955) o la Bess de *Rompiendo las olas* (VON TRIER, 1996), cuya epifanía final (ese plano cenital de las campanas sonando en el cielo) se asemeja particularmente a la de *Fences*. También en *La strada* (FELLINI, 1954) la angelical Gelsomina se esforzaba por tocar la trompeta, y su bondad acababa transformando al rudo Zampanó, que terminaba por vivir su propia revelación, esta vez ante un cielo nocturno y estrellado.

«La esencia del neorrealismo es la sinceridad», dijo Fellini cuando le acusaron de haber traicionado con *La strada* al célebre movimiento italiano (BORDWELL & THOMPSON, 2003: 369). Y John Cassavetes se autodefinía el peor director del mundo porque se limitaba a apuntar la cámara a los actores, esperando capturar un momento de verdad. Quizá por eso, por la densidad de verdad, acude a mi mente esa gran película que es *Una mujer bajo la influencia* (CASSAVETES, 1974). Otro personaje desequilibrado, otra familia, otra casa; el afecto profundo e ilimitado entre un marido y su mujer. Toda la autenticidad del mundo en las actuaciones de dos extraordinarios actores dando lo mejor de sí mismos.

Resulta fácil dibujar un retrato atractivo de un santo. Pero Wilson lo consigue de un hombre lleno de defectos. Como los buenos escritores, logra que empaticemos con Troy y el resto de los personajes, que comprendamos sus puntos de vista, aunque no siempre los compartamos. Los miramos con afecto y compasión. Quizá la literalidad del material teatral requiera un poco de paciencia, sobre todo al inicio. O una actitud distinta, como la de quien se dispone a participar de un drama teatral, en cine. Pero si el espectador se abandona a la locuacidad de Troy y a la riqueza y musicalidad de los diálogos, se encontrará enseguida arrastrado por un río caudaloso que lo llevará de un tirón hasta el final. Dos horas y veinte que pasan sin notarse. El viaje, con su catarsis, vale ciertamente la pena. Es teatro. Es arte. Es cine del bueno. Del que te araña por dentro, te hiere, y luego te echa alcohol en las heridas. De manera que uno vuelve a la vida renovado.

Bono advierte a su amigo de que está poniendo en peligro su matrimonio.

FENCES (2016)
País: **EE.UU.**
Dirección: **Denzel Washington**
Guion: **August Wilson**
Fotografía: **Charlotte Bruus Christensen**
Montaje: **Hughes Winborne**
Música: **Marcelo Zavos**
Diseño de producción: **David Gropman**
Vestuario: **Sharen Davis**
Intérpretes: **Denzel Washington, Viola Davis, Stephen Henderson, Jovan Adepo, Russell Hornsby, Wykelti Williamson, Saniyya Sidney**
139 minutos
Distribuidora DVD: **Paramount**
Estreno en España: **24.2.2017**

Filmografía de Denzel Washington como director

- *Fences* (2016).
- *The Great Debaters* (2007).
- *Antwone Fisher* (2002).

FUENTES

- BORDWELL, David & THOMPSON, Kristin (2003). *Film History: An Introduction*. New York: McGraw-Hill.

- BLACK, Todd (2016). Entrevista en *Expanding the audience: From Stage to Screen*, en los Extras del DVD *Fences*. Estados Unidos: Paramount Pictures.

- DAVIS, Sharen (2016). Entrevista en *Expanding the audience: From Stage to Screen*, en los Extras del DVD *Fences*. Estados Unidos: Paramount Pictures.

- GREENBERG, James (2016). *The Long Long Road to Building "Fences"*. The New York Times. Recuperado de <https://www.nytimes.com/2016/12/22/movies/the-long-long-road-to-building-fences.html>

- ROMERO WILSON, Costanza (2016). Entrevista en *Building Fences: Denzel Washington*, en los Extras del DVD *Fences*. Estados Unidos: Paramount Pictures.

- WASHINGTON, Denzel (2016). Entrevista en *Expanding the audience: From Stage to Screen*, en los Extras del DVD *Fences*. Estados Unidos: Paramount Pictures.

- WILSON, August (1986). *Fences*. New York: Plume.

- WINBORNE, Hughes (2016). Entrevista en *Expanding the audience: From Stage to Screen*, en los Extras del DVD *Fences*. Estados Unidos: Paramount Pictures.

Figuras ocultas (Theodore Melfi)
ANTONIO SÁNCHEZ-ESCALONILLA

En la Navidad de 2016 se produjo el estreno de un biopic colectivo sobre el grupo de mujeres afroamericanas que, durante la década de los 60, trabajaron como matemáticas en el inicio del programa espacial. El filme, titulado *Figuras ocultas*, se basaba en el libro homónimo aparecido en septiembre de aquel año, escrito por Margot Lee Shetterly, y cuyo título completo en versión inglesa resumía de manera precisa la conexión entre sueño espacial y *American dream*: *Figuras ocultas: sueño americano y la historia no contada de las matemáticas de color que ayudaron a ganar la carrera espacial* (*Hidden Figures: The American Dream and the Untold Story of the Black Women Mathematicians Who Helped Win the Space Race*, 2016).

Shetterly, hija de un científico del Centro de Investigación de la NASA en Langley, creció en Hampton (Virginia) durante los años 70 y tuvo ocasión de conocer diversas familias de color, cuyos miembros habían trabajado en los primeros proyectos espaciales. La novela de Shetterly se basaba en figuras como Christine Darden, que llegaría a ser especialista en vuelo supersónico, y en las matemáticas Dorothy Vaughan, Mary Jackson y, en especial, Katherine Johnson, implicadas en el desarrollo del programa Mercury, que en 1961 lanzó al espacio a Alan Shepard y un año después puso en órbita a John Glenn. Durante una entrevista, la escritora resumía así el propósito de su investigación:

> Esta es la historia de un gran éxito, obra de las mujeres en su totalidad y de las mujeres afroamericanas de modo específico, en un tipo de trabajo donde simplemente se asumía que no existían. En los tiempos de las leyes de segregación racial de Jim Crow. En aquellos tiempos en que a las mujeres no se les permitía siquiera tener tarjetas de crédito a su nombre. Aquí encontramos a estas mujeres que, en gran número, realizaban un trabajo matemático del más alto nivel y en una de las instituciones científicas más importantes del mundo (LEWIN, 2016).

La adaptación cinematográfica no se basó al detalle en la novela de Shetterly, pues el guion firmado por Allison Schroeder y el propio Melfi solo contó como apoyo con un texto resumido, de unas sesenta páginas, que recogía el espíritu del libro. Además, los guionistas decidieron concentrar la acción entre 1961 y 1962, período en que la NASA disputaba una carrera contrarreloj con los soviéticos para lanzar el primer astronauta, y en el que se sucedieron los vuelos de Shepard, Grissom y Glenn. Los dos primeros astronautas tan solo realizaron un vuelo espacial parabólico de quince minutos, mientras que el último realizó tres órbitas en torno a la Tierra.

La figura de Katherine Johnson cobró un protagonismo especial en el filme, que se abría con la escena en que recibe, con solo diez años, la beca de un instituto científico tras resolver una complicada ecuación ante unos académicos atónitos. Tras este prólogo, la acción daba un salto de tres décadas para centrarse en las historias particulares de Katherine Johnson (Taraji P. Henson), Dorothy Vaughan (Octavia Spencer) y Mary Jackson (Janelle Monáe), que realizan su trabajo en un sótano del Sector Oeste junto a una veintena de mujeres afroamericanas, bajo la supervisión de la segunda.

Derechos civiles y exploración espacial: aspectos de un mismo sueño

La segregación racial, uno de los aspectos temáticos del filme, se establecía de entrada con la propia localización de un sector especial de Langley para las científicas afroamericanas. En este ambiente, el espectador advierte los conflictos particulares de las tres mujeres. Dorothy realiza de facto las tareas de una supervisora, si bien la NASA no reconoce esa categoría ni le remunera con el sueldo correspondiente. Por su parte, Mary es promovida al departamento donde se experimenta con la cápsula del Mercury y, aunque desarrolla un trabajo científico cualificado, su condición de mujer y afroamericana le impide acceder a un título de ingeniería. Katherine, finalmente, se convierte en la primera mujer negra llamada a formar parte del grupo de investigación espacial (Space Task Group), bajo las órdenes de Al Harrison (Kevin Costner). La urgencia de calcular las trayectorias y ventanas de los cohetes Redstone -diseñado para vuelos suborbitales- y Atlas -apto para vuelos orbitales- somete al equipo investigador a una presión especial. Pero la científica también advierte el desagrado que causa su llegada entre el resto del grupo, hombres blancos en su mayoría.

A partir de estas tres líneas de acción, el guion de *Figuras ocultas* desarrolla una historia coral en la que se asiste, al mismo tiempo, al desarrollo del programa Mercury y a la lucha emergente por los derechos civiles de la población negra estadounidense. No se trata de una doble evolución por separado, pues el relato de Schroeder y Melfi establece que el sueño espacial y el sueño americano se encuentran intrínsecamente unidos: son el mismo sueño. Y una parte importante de esa unidad responde, precisamente, a la contribución de una minoría silenciada compuesta por las mujeres negras que hicieron posible la exploración espacial, al tiempo que arrancaba el movimiento por los derechos civiles en todo el cinturón sureño, desde Texas hasta Virginia, estado donde se hallaban vigentes las leyes segregacionistas en el momento en que sucede la acción.

Para llevar a cabo la contextualización histórica del argumento, Melfi acudió a la iconografía popular de cada uno de los sueños a comienzos de la década de los 60. El ámbito del *American dream* se reproduce así mediante imágenes de las marchas por los derechos civiles, recurso que escenifica las conquistas sociales de la población negra. Por otro lado, el director lleva a cabo la evocación del sueño espacial de los tiempos pioneros mediante imágenes de archivo, correspondientes a experimentos con cohetes -tanto fallidos como exitosos-, o de la muchedumbre concentrada en Cocoa Beach para asistir a los primeros lanzamientos del Mercury. Asimismo, Melfi recrea momentos críticos en las misiones del programa con un tono épico característico, tal como habían quedado impresos en la memoria colectiva mediante títulos como *Elegidos para la gloria* (KAUFMAN, 1983) y *Apolo 13* (HOWARD, 1995). Es el caso de la primera rueda de prensa de los siete del Mercury, inspirada en la escena rodada por Kaufman treinta y cinco años atrás, o el episodio de la reentrada de la Friendship 7 de John Glenn, que recuerda al clímax de la misión lunar realizada por Ron Howard en 1995.

De los siete astronautas del Mercury, es precisamente John Glenn quien recibe mayor protagonismo en *Figuras ocultas*, como también había sucedido en *Elegidos para la gloria*. Glenn, interpretado por Ed Harris en 1983, fue encarnado esta vez por Glen Powell para presentar ante la audiencia de 2016 a una de las figuras más carismáticas del sueño espacial. El filme de Melfi subrayaba el carisma del astronauta mediante diversas escenas, en las que se apoyaba de modo simbólico la unidad entre sueño espacial y derechos civiles. Así, en una de ellas Glenn se distancia de sus compañeros para charlar amistosamente con las tres matemáticas que, desde la zona reservada a las mujeres de color, presencian la llegada de los siete del Mercury a un hangar de Langley. En otra escena, Glenn asiste admirado a las operaciones de cálculo que Katherine Johnson realiza en el Pentágono, en presencia de Al Harrison y altos cargos militares, para determinar las coordenadas exactas de una ventana de reentrada. Por último, cuando el lanzamiento de la Friendship 7 sufra un retraso debido a problemas de la nueva IBM, el astronauta exigirá desde Cabo Kennedy que sea la propia Katherine quien verifique los cálculos. A diferencia de los dos ejemplos anteriores, en este caso se trata de una reconstrucción histórica pues, en efecto, Glenn lo pidió a los técnicos de la agencia horas antes del lanzamiento: "Conseguid que la chica haga las cifras. Si dice que están bien, estoy dispuesto a volar" (RISSMAN, 2018: 7).

El segundo icono que aúna sueño espacial y sueño americano en el filme corresponde a la figura presidencial de John F. Kennedy. Tras el éxito de la Freedom 7 de Shepard, Melfi introduce imágenes de archivo del discurso presidencial de 1962 en la Universidad de Rice, en el que pronuncia la famosa frase "Elegimos ir a la Luna en esta década y cumplir las demás metas, no porque sean fáciles sino porque son arduas", incluida en diversos documentales y series de televisión como *De la Tierra a la Luna* (HBO, 1997). Sin embargo, en el guion de *Figuras ocultas* se incluían otras frases del discurso, no tan famosas, que revelan la unidad entre el programa espacial y el programa de avance en los derechos civiles emprendido por la administración demócrata:

> Salimos a navegar por este nuevo mar porque hay nuevos conocimientos que obtener y nuevos derechos que conquistar, y se deben ganar y utilizar para el progreso de todas las personas. Elegimos ir a la Luna...[1].

La extensión de las libertades y el acceso al sueño americano por parte del sector social más desfavorecido en los años 60 -el grupo afroamericano, sometido en diversos estados a un régimen de segregación-, se presentan en el guion de *Figuras ocultas* como una conquista natural por parte de un país que deseaba realizar un sueño común de verdadera integración ciudadana. En esta empresa colectiva, la aportación de las mujeres científicas de la NASA en sentido amplio, y de las matemáticas de raza negra en particular, supuso una contribución patriótica de primer orden que tanto la novela co-

---

[1] *Discurso en la Universidad de Rice, Houston. John F. Kennedy: 12 de septiembre de 1962. Online, Gerhard Peters and John T. Woolley, The American Presidency Project <http://www.presidency.ucsb.edu/ws/?pid=8862>. El orden en las frases del discurso fue alterado como licencia dramática en el filme, con el objetivo de subrayar el vínculo entre el progreso espacial y el progreso en las libertades civiles.*

En una escena inspirada en la épica de *Elegidos para la gloria*, Dorothy Vaughan (Olivia Spencer) lidera el traslado de su equipo de calculistas desde un sótano de Langley hasta la nueva sección de las IBM.

mo el filme ponen en valor cinco décadas más tarde. La adaptación cinematográfica, sin embargo, seleccionó el marco cronológico del bienio 1961-1962 para subrayar una doble audacia histórica en el terreno de la exploración espacial y de los derechos civiles, donde las tres protagonistas se presentaban como pioneras en ambos sentidos.

La llegada al poder de John F. Kennedy en 1961 supuso la activación de su programa de medidas sociales, la Nueva Frontera, destinadas a garantizar el sueño americano a todos los ciudadanos. El concepto de frontera, con sus connotaciones de expansión, engrandecimiento y refundación, aparece doblemente vinculado al *ethos* y a la exploración del cosmos como reto y conquista de derechos y de cotas espaciales.

Recursos de tensión dramática. Historia e intrahistoria

A propósito de la coincidencia de hechos históricos, el crítico Michael Sragow observa diversas posibilidades dramáticas del momento recreado en *Figuras ocultas*:

> Esta concentración cronológica permite a Melfi transmitir el mensaje de que una llamada a los ideales nacionales, en un terreno como la carrera espacial, puede abrir nuevas fronteras en otras áreas como los derechos civiles [...] Además, la competición por el dominio del cosmos permite incluir en el filme un suspense de cuenta atrás, pues las imágenes de archivo nos recuerdan que los astronautas viajaban al espacio gracias al impulso de explosiones trepidantes y cronometradas (SRAGOW, 2016).

Por otro lado, a medida que avanza el guion, las tres líneas argumentales de Katherine, Mary y Dorothy también experimentan un aumento de tensión dramática que discurre en paralelo con el propio desarrollo de la carrera espacial, articulada en torno a las tres primeras misiones del programa Mercury. Así, en la NASA se viven momentos críticos que coinciden con el vuelo de Gagarin, la pérdida de la cápsula Liberty Bell 7 de Grissom en el océano, y las dificultades para calcular una ventana de lanzamiento y reentrada para la misión de Glenn. Estos episodios de tensión dramática se introducen estratégicamente en el guion mientras se producen los clímax en las historias particulares de las tres mujeres.

Así, las humillaciones sufridas por Katherine en el grupo de investigación espacial derivan en una protesta pública que marcará el progresivo reconocimiento de su labor dentro del equipo. Escenas adelante, pese a la inexistencia de un "protocolo para mujeres", la matemática consigue estar presente en las reuniones de alto nivel y esto supone un progreso decisivo en los cálculos para el vuelo de Glenn. El clímax de esta línea argumental acontece durante la misión de la Friendship 7, que proporciona además el propio clímax del filme.

En el caso de Mary Jackson, el guion se tomó una licencia dramática e introdujo una batalla judicial que permitiera la asistencia de una mujer de color a una escuela de ingenieros. En realidad, la científica pudo asistir a clases con hombres blancos sin necesidad de acudir a juicio, tal como se relata en el filme. Con referencia a este tipo de libertades históricas del argumento, la propia Shetterly explica:

> Para bien o para mal, tenemos la historia real, tenemos un libro y tenemos una película. Hubo que comprimir líneas temporales y rehacer personajes, y para la mayoría de las personas se trata de sucesos que ocurrieron literalmente [...] Sería estupendo que el público comprendiera que hubo muchas más mujeres. Y aunque Katherine Johnson, en su papel, fue una heroína, fueron necesarias muchas otras para realizar pruebas y cálculos en la misión de Glenn. Pero comprendo que no se puede hacer una película con 300 personajes (PERLMAN, 2016).

Finalmente, la subtrama de Dorothy Vaughan alcanza el punto culminante cuando obtiene su reconocimiento oficial como supervisora y, en respuesta a su perseverancia, consigue que las calculistas abandonen el sótano del Sector Oeste para acceder a la nueva sección de las IBM. Tiempo atrás, en previsión de una posible supresión de su departamento, la matemática ha conseguido que las mujeres estudien Fortran y esta medida convence a los directivos de la NASA para su traslado al moderno edificio, donde se encuentran las computadoras.

La escena del traslado supone todo un clímax alegórico para la fusión de sueño espacial y sueño americano, en clave épica y patriótica, pues muestra el avance de las mujeres a través de una composición fílmica inspirada en la secuencia más emblemática de *Elegidos para la gloria*: la que presenta a los siete del Mercury a cámara lenta, mientras caminan por amplios corredores ataviados con sus trajes espaciales. Simulando el paso de los astronautas, pero también de las marchas por los derechos civiles, las calculistas afroamericanas siguen a Dorothy por los pasillos de la NASA hasta tomar posesión de su nuevo trabajo, una vez reconocidos su reconocimiento y categoría.

La evolución dramática de las tres protagonistas proporcionó un sólido entramado a la guionista Allison Schroeder, pues cada una en su dimensión profesional -geometría, cálculo, ingeniería- y familiar -en cuanto esposas y madres de familia-, llegó a desarrollar un verdadero relato épico (MOB SCENE, 2016). Al mismo tiempo, las tres historias proyectan una nueva dimensión patriótica en el contexto del *American dream*, en la que se conecta la etapa turbulenta de los años 60 con la América del nuevo milenio: un período igualmente crítico en el que se han replanteado las garantías del acceso de las mujeres y de la población afroamericana a la prosperidad, tanto en sus claves materiales como morales (HANSON y WHITE, 2011).

Finalmente, *Figuras ocultas* proporcionó en 2016 una llamada a la conciencia histórica entre generaciones, al trasladar al nuevo siglo un relato sobre la exploración espacial y la lucha por los derechos civiles en un momento decisivo para ambos sueños: precisamente cuando la pugna librada entre la NASA y SpaceX promete desplazar la frontera espacial más allá de la Luna, para extenderla hacia Marte.

Mary Jackson (Janelle Monae) trabajó como ingeniera en el túnel de viento donde se ponían a prueba las cápsulas espaciales del proyecto Mercury.

HIDDEN FIGURES (2016)
País: **EE.UU.**
Dirección: **Theodore Melfi**
Guion: **Allison Schroeder, T. Melfi**
Fotografía: **Mandy Walker**
Montaje: **Peter Teschner**
Música: **Hans Zimmer, Benjamin Wallfisch, Pharrell Williams**
Diseño de producción: **Wynn Thomas**
Vestuario: **Renee Kalfus**
Intérpretes: **Taraji P. Henson, Octavia Spencer, Janelle Monáe, Kevin Costner, Kirsten Dunst, Jim Parsons, Mahershala Ali, Aldis Hodge, Glen Powell, Rhoda Griffis, Ariana Neal**
127 minutos
Distribuidora DVD: **Fox**
Estreno en España: **20.1.2017**

Filmografía de Theodore Melfi como director

- *Figuras ocultas* (*Hidden Figures*, 2016).
- *St. Vincent* (2014).
- *Winding Roads* (1999).

FUENTES

- HANSON, Sandra y WHITE, John (2011). *The American Dream in the 21st Century.* Filadelfia: Temple University Press.

- LEWIN, Sarah (2016). *How 'Hidden Figures' Came Together: Interview with Author Margot.* Space.com. 25 Oct. Recuperada de <https://www.space.com/34486-hidden-figures-author-margot-shetterly-interview.html>

- Mob Scene (2016) *No Limits. The Life of Katherine Johnson.* Twentieth Century Fox. Estados Unidos.

- RISSMAN, Rebecca (2018). *Hidden Women.* North Mancato, Minnesota: Capstone Press.

- PEARLMAN, Robert Z. (2016). *Hidden Figures: The Right Stuff vs. Real Stuff in New Film about NASA History.* Space.com. 27 Dic. Recuperada de <https://www.space.com/35145-hidden-figures-right-stuff-history.html>

- SHETTERLY, Margot Lee (2017). *Figuras ocultas.* Madrid: Harlequin Ibérica.

- SRAGOW, Michael (2016). *Hidden Figures.* Film Comment. 29 Dic. Recuperada de <https://www.filmcomment.com/blog/deep-focus-hidden-figures/>

Hacia la luz (Naomi Kawase)

CRISTINA ABAD

Naomi graba con una mano a su abuela que está en el jardín recogiendo guisantes. Con la otra trata de tocarla para conservar la calidez de su cuerpo. "Abuela, ¿me echas de menos?". Por un instante, tiene la impresión de que el yo que sostiene la cámara y el que palpa son dos personas distintas. "Quizá en eso radica la diferencia entre lo objetivo y lo subjetivo". Su abuela ya ha fallecido pero el recuerdo permanece en el evento TEDx Talks sobre "El valor de las películas" que la directora japonesa pronunció en 2010, toda una declaración de intenciones que conecta íntimamente con *Hacia la luz*, estrenada siete años más tarde.

Algo así diría Misako Ozaki, descriptora de audio de películas para ciegos en el penúltimo filme de Naomi Kawase, si tuviera que explicar la vida de la directora. En presente y con frases escuetas, como arranca la película con el personaje enumerando todo lo que ve en su recorrido matinal hacia el trabajo, en una graciosa muestra de deformación profesional.

En otra secuencia, Misako coloca una vieja fotografía en la que aparece de niña junto a su padre en un atardecer en las montañas sobre la imagen de una puesta de sol. Es obra de Masaya Nakamori, fotógrafo maduro de reconocido prestigio en Nara -ciudad natal de la cineasta muy presente en sus filmes- que está perdiendo la vista, el otro personaje principal de la película. Al igual que la directora, siluetea con el dedo las dos figuras y el sol brillante tratando de retenerlos para siempre.

Los dos personajes son seres heridos por el zarpazo de la ausencia. Misako, por la de su padre muerto y por la de su madre, aferrada a los islotes de recuerdos aún no anegados por el Alzheimer. "Mamá, ¿eres feliz? -le pregunta en una visita a la aldea de la infancia". "Si tú eres feliz, yo soy feliz", contesta ella movida por un superviviente instinto maternal. El Sr. Nakamori, la de su esposa, a punto de casarse en segundas nupcias con otro hombre, y la del sentido de la vista, que es su forma de entender el mundo, su medio de subsistencia y su corazón.

Nakamori participa en los test de los audio comentarios de la compañía White Light -el nombre no es casual- y choca frontalmente con el criterio descriptivo de Misako, demasiado invasivo y condescendiente para la sensibilidad de los invidentes. Los dos parecen repelerse, pero a través del cine y después de un duro viaje interior acabarán por encontrarse en esa luz crepuscular que persiguen sin saber a dónde conduce, y que da título a la película.

"Qué pequeño soy ante la inmensidad del mundo"

Es lo que el viejo Juzo -personaje que interpreta el veterano actor japonés Tatsuya Fuji, actor y director de la película que Misako guioniza para ciegos- dice a su joven amor. A las puertas de la muerte se siente minúsculo pero paradójicamente añade: "mi amor es interminable". Hay un profundo dolor elegíaco en este atardecer de la vida.

La directora japonesa, fotógrafa de formación académica, siempre escribe y rueda sobre personajes que sufren pérdidas (Machiko, la trabajadora social de *El bosque del luto*, que ha perdido a su hijo; los habitantes de Asuka en *Hanezu*, que ya no disfrutan como antes del placer de la espera; Sentaro, el encargado de *Una pastelería en Tokio*, que trabaja sin sentido). Son facetas de ella misma, abandonada por sus padres y adoptada por su tía abuela. Kawase rueda para comprenderse y para dar respuesta a sus dilemas existenciales, "vive en la búsqueda del sentido de su vida".

> No conozco a mis padres -explica en TEDx Talks-. Fui adoptada por un matrimonio mayor. Son mis padres adoptivos pero siempre los llamé abuelo y abuela. Ella es mi abuela. Nací el 30 de mayo de 1969. Aunque no me acuerdo cómo era cuando nací,

Como Nakamori, su personaje, Kawase ve la vida a través del visor.

a medida que crecía me preguntaba siempre: por qué estoy aquí, para qué habré nacido. Podría no haber nacido, pensaba.

Los que contemplamos las imágenes de esta mujer fundamental en la vida de la directora, detenemos el tiempo, traspasamos fronteras, "superamos océanos", "compartimos sus emociones y sentimientos". Y todo gracias a la imagen en movimiento. Ese es el sentido que tiene el cine para Kawase:

> En esa época descubrí el cine. La máquina ronroneaba mientras registraba que estoy aquí. ¿Hubiera sido mejor no haber nacido?, ¿quién soy? No debería de hacerme esas preguntas. ¿Por qué estoy aquí? Y ustedes, ¿por qué están aquí escuchando mis palabras? Y las personas que me ven por internet, ¿por qué tienen tiempo para esto? El tiempo pasa igual para todos de un segundo a la vez. No podemos recuperar el tiempo vivido. Sin embargo, la película lo registra fotograma a fotograma y eso nos permite rebobinar el tiempo. El tiempo que pasé con mi abuela, ese tiempo no volverá, pero a través de las películas puedo volver allí.

En *Hacia la luz* el proceso de creación fílmica y su relación con la vida están presentes de una manera especial. Kawase estaba revisando la descripción de audio de una de sus películas a petición de los guionistas cuando sintió que los escritores de audio comentarios para ciegos podrían tener un conocimiento aún más completo y más profundo del cine que los propios directores de cine. "Instintivamente me di cuenta de que quería hacer una película cuyo héroe fuera una de esas personas".

"Nada es más bello que lo que desaparece ante tus ojos"

La luz, la luz del foco del proyector, la luz del sol, la luz capturada por el prisma que explota en un haz multicolor, la que se filtra entre las hojas, la que parpadea en los semáforos y en los tubos de neón, la luz oblicua de las farolas y la difusa de los fluorescentes, la que se apaga en los ojos de Nakamori. Los fotogramas de *Hacia la luz* preceden a la acción, como el rayo a la tormenta. Piden hacerles sitio, sentirlos, no interpretarlos a la ligera. Muy en consonancia con el argumento de la película. Se hace difícil escribir sobre ellos sin traicionarlos, de ahí estos balbuceos y el recurso a las palabras de la artista.

¿Qué es la luz para Kawase? Lo explica ella misma en unas notas de la directora publicadas por la distribuidora en la que desvela el argumento de su película y las motivaciones de sus personajes. Son un homenaje agradecido al cine y al mismo tiempo una llamada de atención a que la vida es mucho más que el cine, que hay una mirada interior más rica aunque tantas veces el arte es camino y signo:

Sin luz, no existen colores.

Sin luz, no existen imágenes.

Sin luz, es imposible poder hacer una película.

Casi se podría decir que la luz es el cine.

Nos bañamos en luz. Pero solo me di cuenta de su verdadero significado cuando descubrí la existencia de la cámara. El acto de fijar la luz en la película es también una forma de reducir el tiempo. Si los ciegos pudieran ver el cine, si pudieran escribir una historia sobre las personas que los rodean, la película resultante podría gustar a todas las personas de todo el mundo que estén fascinados por la magia del cine. Esta fue mi idea inicial para esta película.

El trabajo de Misako es escribir descripciones de audio en películas para personas ciegas o deficientes visuales. Sin embargo, no teniendo una motivación particularmente altruista, hizo de esto su carrera. Su ardiente pasión por el cine surgió porque le proporcionaba un escape de la realidad, la única condición que ella no podía cambiar. El cine tiene el poder de convertir una vida negativa en una positiva.

Y, sin embargo, hay personas que no pueden ver películas, y Misako encuentra insoportable que deban resignarse a ello. Ella quiere transmitir la maravilla del cine incluso a aquellos que no pueden ver. De modo que Misako encuentra su razón de ser en su trabajo como guionista de películas para invidentes.

Nakamori comenzó a sufrir una enfermedad ocular degenerativa que puso fin a su carrera como fotógrafo. Mientras que las personas que nacen ciegas son entendidas por la sociedad, personas como Nakamori, que pierden la vista después de nacer, sufren continuamente un trauma psicológico. A menudo, se sienten abatidos por la falta de comprensión de la sociedad, por conceptos erróneos sobre los sentidos agudizados con los que la gente invidente compensa su falta de visión, expectativas de humildad, y más allá.

Nakamori era un fotógrafo que de repente perdió la vista. ¿Qué esperanza puede tener él para el futuro? ¿Realmente puede encontrar la motivación para seguir viviendo?

¿Hay cosas que no entendemos aunque podamos verlas? Y por el contrario, ¿Hay cosas que entendemos aunque no podamos verlas?

No creo que exista otra película sobre esta temática. Kawase se deja guiar por su sentido ético y estético, por su amor al ser humano (sobre todo a partir del nacimiento de su hijo en 2004), cuando se le presenta la ocasión por insólita que parezca, y siendo fiel a ellos llega a puerto sorteando no pocos riesgos. "Hasta el final estuve atormentada por cómo podía vincular mi película *Hacia la luz* con el filme dentro del filme". Es su forma de trabajar, su relación con el cine es su forma de relacionarse con la vida.

Es difícil encontrar influencias en esta directora y guionista de una treintena de filmes entre largometrajes de ficción, documentales, cortos y mediometrajes. Hay quien la emparenta artísticamente con el director y fotógrafo francés Chris Marker, inventor del documental subjetivo, y su *Sans Soleil* (1983) basado en el "Libro de Almohada" de Shei Shonagon, escritora japonesa del siglo X, pero a ella no le gustan los parecidos.

Su propia vida, su conexión con las cosas, es la materia prima de sus películas. Luego procura encontrar las palabras e imágenes con las que reconstruir las emociones que permanecen en el recuerdo. Pero lo suyo no es archivar experiencias. Atraviesa la realidad hasta su verdad más íntima con una humildad desarmada y extrae de ella belleza, esperanza, amor, incluso en medio del dolor más lacerante. Si no fuera por la patente tradición sintoísta que hay en sus obras, resultaría escandalosamente cristiano.

Como dice Alberto Fijo, en su crítica de *Aguas tranquilas* publicada en *FilaSiete*, Kawase "puede darse la mano y pasear con las creaciones de Malick, Bresson y Tarkovski".

Hay un fuerte sentido trascendente oriental en el que el hombre se inserta en el ciclo de la naturaleza. Como recogía hermosamente el catálogo de la muestra brasileña "O cinema de Naomi Kawase":

> La gestación de la lluvia, el viento que acaricia los árboles, un Japón atemporal entre montañas... elementos de una simplicidad refrescante que permiten el entrelazamien-

to del tiempo del hombre al tiempo de la naturaleza, algo que podría parecer tan raro en el mundo frenético de hoy. Llevados por la cámara fluctuante de la cineasta, esos elementos permanecen recurrentes en la memoria, así como la necesidad del toque, que abunda en su cine -tocar lo que se ama, lo que está bien cerca en los *close-ups*-.

La directora proyecta en el personaje femenino su propio proceso de búsqueda. Ayame Misaki entrega unos primeros planos de una sinceridad radiante. Y hay que valorarlo, porque es una actriz de género juvenil, vampiros, manga y terror, poco acostumbrada a la introspección. "Misako quiere que haya un sentimiento tangible de esperanza en el cine. Está decepcionada con la vida que está viviendo porque no puede superar sus traumas", dice Kawase, pero no sabe cómo recorrer el camino a partir de la experiencia del sufrimiento y esto se percibe también en su trabajo. Se lo echan en cara Nakamori, con quien choca frontalmente, y una de las invidentes que testa su descripción de la película. La joven tiene aún mucho que aprender sobre la vida y el cine:

> Hay como una gravedad, un peso y tú lo has destrozado. Lamentaba que no fueras capaz de captar la belleza y tristeza de las cosas perecederas. La dificultad de desprendernos de lo que se pierde para siempre. Esas cosas dan a esta película su peso y su gravedad. Eso es lo que yo he sentido. Para disfrutar de una película no basta solo con sentarse ante una pantalla. Sino que la mejor manera es sumergiéndose en un mundo muchísimo más grande. Respiro el mismo aire, siento las mismas sensaciones al ver la película. Ten en cuenta que el cine forma parte de un mundo inmenso. Reducir ese mundo inmenso por culpa de las limitaciones de las palabras es una grandísima pena.

Lo que le achacan a la joven es precisamente lo que no hace Kawase, que dotada de un enorme sentido de esperanza, sabe acompañar delicadamente a sus personajes en esa misma indagación perpetua que son sus filmes sin ahorrarse todos los peldaños del camino. Es quizá lo que muchos de los que critican no comprenden de esta película, que no hay que verla, sino sumergirse en ella, respirar el mismo aire.

"El fotógrafo es un cazador que tiene al tiempo como presa"

En uno de los libros de fotografía del Sr. Nakamori, Misako lee esta cita: "El fotógrafo es un cazador que tiene al tiempo como presa. Qué pequeño soy ante la inmensidad del mundo. Seguiré enfrentándome a ella mientras contengo la respiración". Nakamori se aferra al arma de su Rolleiflex, para dominar el tiempo y retener el resquicio de luz

"Si hubiera una manera de alcanzar esa luz tan cegadora correría sin parar tras ella".

que le queda. Y cuando pierde definitivamente la vista, aún dice a quien pretende robársela: "¡Devuélvemela! Es mi corazón, aunque ya no pueda usarla". También tendrá que recorrer su periplo interior.

"Cuando cierro los ojos escucho mejor", le dice Misako ante la puesta de sol. Solo el "amor interminable" de Misako, su esfuerzo por entenderse y por comprender a Nakamori y averiguar dónde radica la esperanza, le permitirán descubrir que "nada es más bello que lo que desaparece ante tus ojos" y despojarse de la cámara que ahora ya le estorba. Ha encontrado otro corazón más apasionado que chirría y se enfada como el suyo ante las cosas que ha tenido que ver.

Masatoshi Nagase, actor principal de *Una pastelería en Tokio*, hace un formidable trabajo de evolución a la ceguera. Antes de comenzar el rodaje, la directora le pidió que pasara una temporada con gafas protectoras que le impidiesen ver. Así experimentó el miedo que sufren estas personas viviendo en un entorno normal. El equipo de la película creó a su alrededor un ambiente de aislamiento que le ayudó a desarrollar las emociones de su personaje.

"Hasta donde alcanza la mirada de Juzo allí brilla la luz"

Nakamori y Misako encuentran el lugar a donde va la luz, ella reúne las palabras oportunas para acompañar a Juzo mientras sube a lo alto de la cima dominada por el

El foco del proyector, haz de luz que retiene el tiempo y las presencias amadas.

sol, la madre de Misako espera al atardecer que le devolverá a su esposo.

La luz brilla en todos los personajes porque refulge en la mirada interior de Kawase y en el equipo que le acompaña, algunos ya habituales en sus películas. En la sutil música de piano de Ibrahim Maalouf, en el montaje de Tina Baz (*Una pastelería en Tokio*, *Aguas tranquilas*), con las imágenes precediendo su significado, y sobre todo en la dirección del fotógrafo Arata Dodo, rodada casi por completo al natural en un otoño japonés de días cortos y noches largas. No hay un solo fotograma donde la luz no sea protagonista. Son planos que te invitan a entrar en ellos, a sentir, a celebrar el claroscuro de la vida. No habrá escena más erótica ni más delicada en el cine que esas manos de Nakamori recorriendo cada centímetro del rostro de Misako en el momento en que descubre que ya no ve.

"Las películas de Kawase -recogía el texto de la muestra brasileña citada- poseen esas necesidades orgánicas, y dan unas ganas tremendas de salir corriendo y abrazar, sentir el olor, acostarse en la cama y acariciar a quien nos gusta, dormir con el ventilador en el pelo y enroscado como Toi y Saiko en *Nanayo*. A pesar del dolor latente que también existe -otra condición bastante orgánica-, las películas irradian una increíble generosidad con la vida: son la celebración de algo banal como estar en el mundo, sentirlo y escucharlo; de cosas chicas filmadas como grandes sucesos, del redescubrimiento del deslumbramiento". No se puede decir mejor.

HIKARI (2017)
País: **Japón**
Dirección y Guion: **Naomi Kawase**
Fotografía: **Arata Dodo**
Montaje: **Tina Baz**
Música: **Ibrahim Maalouf**
Intérpretes: **Masatoshi Nagase, Ayame Misaki, Tatsuya Fuji, Kazuko Shirakawa, Misuzu Kanno, Mantarô Koichi, Noémie Nakai, Chihiro Ohtsuka, Saori, Nobumitsu Ônishi**
101 minutos
Distribuidora DVD: **BTeam**
Estreno en España: **17.11.2017**

Filmografía de Naomi Kawase como directora

- *Vision* (2018).
- *Hacia la luz* (*Hikari*, 2017).
- *Una pastelería en Tokio* (*An*, 2015).
- *Aguas tranquilas* (*Futatsume no mado*, 2014).
- *Hanezu* (*Hanezu no tsuki*, 2011).
- *Nanayo* (*Nanayomachi*, 2008).
- *El bosque del luto* (*Mogari no mori*, 2007).
- *Shara* (*Sharasôju*, 2003).
- *Hotaru* (2000).
- *Moe no suzaku* (1997).

FUENTES

- FIJO, Alberto. *Aguas tranquilas*. Crítica en <https://filasiete.com/peliculas/aguas-tranquilas-10/>

- GARCÍA PELEGRÍN, José María. Análisis de *Una pastelería en Tokio*. Cine Pensado 2015. Pág. 257-264.

- IMDB. Filmografías del director, los guionistas, actores, etc. de *Hacia la luz* <https://www.imdb.com/>

- KAWASE, Naomi. *Hacia la luz*. Notas de la directora sobre la película publicadas por la distribuidora.

- LÓPEZ, José Manuel (ed.). *El cine en el umbral. Naomi Kawase*. T&B. Madrid (2008). 179 páginas. Reseña en <https://filasiete.com/noticias/libros-de-cine/el-cine-en-el-umbral-naomi-kawase/>

- MUÑOZ, Fernando. *Naomi Kawase, directora de «Hacia la luz»: «Grabar es también una forma de parar el tiempo»*. ABC. 19.11.2017 <https://www.abc.es/play/cine/noticias/abci-naomi-kawase-directora-hacia-grabar-tambien-forma-parar-tiempo-201711190122_noticia.html>

- TEDx TALKS, Evento. *El valor de las películas*. Naomi Kawase <https://www.youtube.com/watch?v=Xh0trGDDRRo>

- TEDx TALKS, Evento. *Naomi Kawase, el cine para detener el tiempo y generar memoria* <https://www.youtube.com/watch?v=TavU938J2Ec>

- VV.AA. Wikipedia. Voces de *Hacia la luz*, Naomi Kawase.

Handia (Jon Garaño, Aitor Arregi)
JUAN ANTONIO MORENO

El éxito obtenido por *Loreak* allana la llegada de *Handia*, que significa el más alto en euskera, con la que Jon Garaño y Aitor Arregi pretenden dar un giro respecto a su anterior trabajo, aunque la historia del gigante de Altzo mantiene el tono íntimo que desprendía *Loreak*, a la que está vinculada por la austeridad del relato y por un cierto aire de misterio.

Desde luego, también existe una conexión entre el perfil de los personajes principales de ambas cintas: Joaquín (Eneko Sagarduy), con un punto autista y huidizo que hace creíble su papel tanto a nivel emocional como físico, y Ane (Nagore Aranburu), quien desde la existencia solitaria invoca una atmósfera de recogimiento.

En su anterior película consiguen que el cine en euskera se haga un hueco en el mercado y ahora, con esta propuesta tan ambiciosa, completan una filmografía muy interesante que en este último eslabón une metafóricamente lo distinto o extraño (idioma) con el personaje recordado (diferente).

Garaño, Arregi y Goenaga, guionistas de la anterior cinta, juntan de nuevo su creatividad y escriben esta obra con Andoni de Carlos a la que imprimen el sello inconfundible de Moriarti, de la que son socios. Esta productora, una de las tres que participa en la película, vertebra una trayectoria muy sugestiva que se desarrolla desde hace más de una década. En este sentido, resulta muy edificante conocer la procedencia de esta historia explicada por los propios directores:

> Con 8-9 años fuimos con la escuela al museo San Telmo de San Sebastián y ahí descubrí la historia de un hombre que me fascinó. Para mi sorpresa, hacía años que el gigante también estaba en la cabeza de Andoni de Carlos. En su caso, desde que visitara el pueblo natal de Miguel Joaquín Eleizegui y observara la estatua a escala real que hay en el municipio (MORENO, 2018).

Como siempre, el origen está en el cortometraje, en el que avanzan elementos comunes al espíritu de sus piezas, como podemos apreciar en algunos de sus trabajos en este formato, desde *Sahara Marathon* (ARREGI, 2004), *Sintonía* (GOENAGA, 2005), hasta *On the line* (GARAÑO, 2009).

Si en *Loreak* hay un equilibrio narrativo, en *Handia* el guion retiene un tanto el crecimiento de la película en la que la emoción se hace esperar. No obstante, esta fábula alegórica es una interesantísima propuesta que nos habla, sobre todo, del amor fraternal entre hermanos y de su proceso de adaptación a los nuevos tiempos.

Cambios

La voz en *off* de Martín (Joseba Usabiaga) apunta una de las ideas principales que sustenta esta película: "el mundo cambia continuamente". Tesis que subraya el propietario del circo que exhibe al gigante, José Antonio Arzadun: "nos adaptamos a todo, siempre es así, es lo mejor que tienen los seres humanos". Martín le contesta categóricamente: "yo creo que es lo más miserable que tenemos".

En un primer plano brillante apreciamos a Martín dentro del hueco de la tumba de su hermano, que vivió poco más de cuarenta años y cuya historia se nos cuenta a modo de *flashback*.

Como una herencia "darwinista", las mutaciones son una constante en la evolución del ser humano. Jon Garaño lo explica así:

> Al final, estamos constantemente en esa rueda, estamos avanzando y ante eso, tú puedes tener una actitud X o Y. Yo creo que eso es aplicable a cada uno de nosotros en cualquier ámbito de nuestra vida. No solo en lo político, también en lo personal, en lo social, familiar. En todo (GURUCHARRI, 2017).

Otros mundos, otras realidades.

La sempiterna dualidad entre los que aceptan o rechazan los cambios recorre toda la película. Unos son receptivos a cualquier tipo de innovación que favorezca su crecimiento personal. Otros, sin embargo, se niegan a aceptar la transformación, alegando pérdida de su identidad.

Los cineastas vascos cuentan la historia del gigante de Altzo, que vive a mediados del siglo XIX y que representa la figura de los reacios a esos cambios. Para lograr la aceptación de las personas condicionadas por su físico, Joaquín tendrá que sufrir. El personaje transpira una personalidad contradictoria marcada por la aparente fortaleza y por su fragilidad.

En esta cinta advertimos la diferencia de carácter entre los hermanos. Al inicio, en el bosque, Martín acaricia el lobezno mientras que Joaquín huye. En su gira exterior siguen los altibajos en su relación, aunque, el paso del tiempo y la apertura de miras al conocer nuevas realidades, hacen mucho por la reconciliación.

Existen otras películas que tratan las relaciones entre dos hombres y esta me recuerda en su narrativa y en su épica visual a *Dos cabalgan juntos* (FORD, 1961), que sigue la estela de la obra maestra *fordiana Centauros del desierto* (FORD, 1956) y que habla también de la dualidad entre dos personajes opuestos. Igualmente conecta en el tono narrativo, muy pausado, y en la reflexión que hace sobre la identidad. *Tasio* (ARMENDÁRIZ, 1984) es otra referencia donde se narra el proceso de adaptación a los cambios laborales (emigración a la ciudad), aunque el protagonista opta, finalmente, por mantenerse en su entorno natural.

Es muy interesante la presencia/ausencia materna en la travesía existencial de Martín y Joaquín. Julen Azcona deja una valiosa visión sobre los protagonistas de este viaje:

> La ausencia de la madre tiene una carga psicológica en Martín y Joaquín, que sin darse cuenta estarán constantemente en búsqueda de una figura materna que lidere la gestión del caserío (AZCONA, 2017).

Arregi y Garaño se alejan del relato hagiográfico y enseñan las aristas que acentúan el carácter austero de los habitantes de la zona, por ejemplo, del padre (Ramón Agirre).

Handia se adentra en ese terruño vasco, un universo donde la fuerza de las raíces, origen del espacio agreste que acoge las andanzas de estos atribulados personajes, es testigo del escepticismo que impregna el carácter de unos seres anclados en un inmovilismo que les imposibilita afrontar las transformaciones sociales.

Contexto histórico

La primera Guerra Carlista tiene lugar en España entre 1833 y 1839 y es el enfrentamiento bélico entre los carlistas partidarios del infante Carlos de Borbón y de su régimen absolutista y los que apoyan a Isabel II y a la regente María Cristina de Borbón, que mantiene un gobierno de corte más liberal.

Además de la cuestión dinástica, que deriva en la fratricida lucha entre hermanos, la situación un tanto convulsa que se vive en Europa provoca la firma del Tratado de la Cuádruple Alianza por parte de Gran Bretaña, Francia, Portugal y España.

Los británicos envían armas y fuerzas navales y se instalan en San Sebastián, en defensa de la capital donostiarra. Las zonas rurales y los pequeños núcleos urbanos del País Vasco y de Navarra apoyan a Carlos, debido a la implantación de un tradicionalismo foral muy influenciado por el apoyo del clero local. En definitiva, se produce una colisión entre antiguo y nuevo régimen.

A esta centuria regresan por tanto los directores vascos, en concreto a un caserío habitado por el padre y los hermanos donde abordan la incidencia que tuvieron dichas guerras.

Martín, elegido por el padre para ir a la batalla, regresa de ella lisiado en una mano y contempla estupefacto el desmesurado crecimiento de su hermano (certificado por la iglesia, donde se mide su altura con asiduidad). En la parroquia constan los casi dos metros y medio del gigante, lo que demuestra la cercanía eclesiástica que hemos comentado.

En este período, en el que la miseria atraviesa la vida de numerosas familias, se producen constantes cambios y Martín ve la oportunidad de sacar provecho del gigantismo de su hermano. Pero antes debe enfrentarse al descalabro emocional que implican los conflictos bélicos.

Recordemos la escena en el frente en la que pregunta a otro soldado: "¿por qué estamos aquí?", "¿por qué luchamos?". La incertidumbre de las guerras y de sus nefastas consecuencias para la sociedad.

El periplo emprendido por los hermanos Eleizegui les abre otras posibilidades. Estos años, recorridos por los procesos de renovación, transformarán sus vidas.

El siglo XIX, germen de innovaciones en diversos ámbitos sociales, atrae cualquier representación que interese a la sociedad. En esos días, el descubrimiento de la fotografía es algo sorprendente y verdaderamente mágico. Un hermoso plano de un fotógrafo junto a ese nuevo invento desvela esta revolucionaria manera de fijar la imagen. Mientras, el orgulloso retratista predice el futuro de la máquina: "conocíamos el mundo de oídas, a partir de ahora, veremos la realidad".

Mito e identidad

Otra de las aportaciones que suscita el interés de *Handia* es el razonamiento que hace sobre la creación del mito y sobre las condiciones en que llega su historia al ciudadano, quien habitualmente la recibe distorsionada.

La película traza un relato que combina elementos reales con otros de ficción y que se asemeja al proceso comunicativo de nuestros días. Cuando se difunde una noticia en algunos medios, no importa si es cierta, lo que interesa es su impacto en la audiencia. En cierto sentido, se reproduce aquella máxima de algún periodista: "que la realidad no me estropee una buena historia". Un ejemplo es el momento en que un ciudadano le cuenta a Martín que el gigante está lisiado en una mano: "es lo que he oído"; o en el consejo que recibe Joaquín: "deja que la gente imagine. Tú estás aquí, pero tu leyenda está fuera, deja que siga creciendo de boca en boca, creciendo más rápido que tú". Una ajustada definición, que podría extrapolarse, por ejemplo, al papel que desarrollan las redes sociales en este siglo XXI a través de sus códigos de transmisión de información.

La identidad es otro pilar que se imbrica en una obra que habla de cómo se siente una persona que se somete a una exhibición pública y que también medita acerca de cómo es observado. La representación para obtener reconocimiento añade otro componente, el mercantilista y, por ende, el dinero y sus servidumbres. Y el éxito es efímero, como dice el propietario del circo: "es difícil escapar del declive".

Cabe señalar el mensaje subliminal que subyace sobre el progreso y los monstruos que genera y, básicamente, sobre los cadáveres sociales necesarios para pagar el peaje de las transformaciones.

Eneko crea el perfil de un hombre austero, inocente y un tanto ensimismado que me trae a la memoria a *El hombre elefante* (LYNCH,1980). Si en la película del director estadounidense, su protagonista, Joseph Merrick, hombre deformado físicamente y coetáneo de Joaquín, se expone a las atrocidades de sus conciudadanos, en esta cinta el gigante de Altzo es presentado casi como un animal de feria. Ambos buscan su propia identidad desde la diferencia, en un mundo que está lastrado por la intolerancia de los que se empeñan en ocultar todo lo que se escapa de lo comúnmente aceptado.

Imaginario estético

Handia impacta en su propuesta formal. La puesta en escena es sobria y está narrada en cuatro capítulos y un epílogo, con un ritmo reposado. La variedad de planos utilizados (fijos, primeros planos, planos detalles, subjetivos o contrapicados y picados) nos aproximan a unos personajes que conectan con el espacio temporal y nos ofrecen, asimismo, una ambientación muy cuidada. Ejemplo, la invasión de la nieve, la sugerente óptica de la niebla que esconde a la figura del gigante o elementos como el barro y la tierra: el origen y el final.

Interesa de esta fábula intimista la elaboración de unas imágenes de belleza inusual que se oponen a la realidad sombría que se narra. Así, el tratamiento visual se apodera de la historia, dejando secuencias que dibujan un atractivo imaginario óptico que desprende un emotivo lirismo. Imágenes en las que Javier Agirre perfila líneas del horizonte que conforman una poética evocadora que crece con el magisterio musical de Pascal Gaigne.

El gigante y la nieve.

Figuraciones casi pictóricas, como las siluetas de los soldados al amanecer, que adquieren tonalidades en las que asoman Van Gogh, Caspar Friedrich y Turner. O también otros instantes con un aura muy especial, como la escena en la cocina, en la que se siente la presencia de Vermeer. Una fotografía que juega con la realidad y la ficción, creando espacios de luz que ofrecen el contraste entre dos mundos opuestos.

Pero el artista que en mayor medida se acomoda a la estética pictórica que se distingue en esta película es Francisco de Goya. Su obra *El coloso* (GOYA, 1808-1812), a pesar de las controversias sobre su autoría, representa perfectamente la idea de *Handia*. Si observamos la composición del cuadro, destaca sobremanera la figura de un gigante, la montaña y un valle, que reconocemos de inmediato en la película. De hecho, el empresario circense anuncia al gigante de Altzo como "el coloso".

Por otro lado, el montaje de Laurent Dufreche y de Raúl López agiliza los espacios temporales, desarrollando elipsis que exhiben momentos de sobresalto (el despertar agitado de un mal sueño de ambos protagonistas) y de calma (Joaquín fascinado en Londres).

Otros elementos que engrandecen la cinta son la dirección artística de Mikel Serrano, muy acertado en la configuración de esos universos paralelos, el rural y el urbano, y, desde luego, los efectos especiales con los que Jon Serrano y David Heras realizan un brillante trabajo de caracterización del gigante y del entorno que le rodea.

El círculo

Está muy presente en *Handia* la relación de dos hermanos que dirimen su antagonismo con una buena dosis de fraternidad. A pesar de sus desencuentros, prevalece el cariño entre ellos. Esta constante imprime el desarrollo de una cinta que se detiene con milimétrico detalle en las miradas de sus protagonistas: ojos que expresan los sentimientos (muy bien Sagarduy y Usabiaga) y que apuntan las divergencias existenciales. Sentimientos que desnudan la realidad del momento, cambio frente a inmovilismo.

La película recrea esencialmente el comportamiento humano a través de esta fábula alegórica que nos habla del andamiaje personal con el que Martín y Joaquín, que representan dos mundos opuestos, aprovechan el dimorfismo de uno de ellos.

Una pieza hermosa que ofrece otro instante especial: "el gigante de un solo brazo", como repiten algunos equivocadamente, en el mar, con la ballena, también descomunal como él, con la que une simbólicamente sus lazos desde lo desorbitado, la desmesura y la diferencia.

Handia se cierra de forma circular, con un intenso plano subjetivo en el que Martín transmite en su lenguaje corporal el acto de una reconciliación necesaria. Otro apunte a retener de esta notable película.

HANDIA (AUNDIYA) (2017)
País: **España**
Dirección: **Jon Garaño, Aitor Arregi**
Guion: **J. Garaño, A. Arregi, Andoni de Carlos, Jose Mari Goenaga**
Fotografía: **Javier Agirre**
Montaje: **Laurent Dufreche, Raúl López**
Música: **Pascal Gaigne**
Diseño de producción: **Ander Sistiaga**
Vestuario: **Saioa Lara**
Intérpretes: **Ramón Agirre, Eneko Sagarduy, Joseba Usabiaga, Aia Kruse, Iñigo Aranburu, Iñigo Azpitarte**
114 minutos
Distribuidora DVD: **A Contracorriente**
Estreno en España: **20.10.2017**

Filmografía de Jon Garaño como director

- *Loreak (Flores)* (*Loreak*, 2014).
- *En 80 días* (*80 egunean*, 2010).
- *Perurena* (2010).
- *The Dragon House* (2003).

Filmografía de Aitor Arregi como director

- *Lucio* (2007).
- *Cristóbal Molón* (2006).
- *Glup, una aventura sin desperdicio* (2004).

Retorno al medio rural.

FUENTES

- AZCONA, Julen (2017). *Crítica de Handia*. 1-11-2017. Recuperado de <http://www.miradasdecine.es/críticas/handia>

- GURUCHARRI, Eloy (2017). *Entrevista a Jon Garaño, co-director de Handia*. 30-12-2017. 35 milímetros, una pequeña mirada al mundo del cine. Recuperado de <http://www.35milimetos.es>

- LÓPEZ MONTERO, Paula (2017). *Crítica de Handia*. 31-10-2017. Recuperado de <http://www.cinedivergente.com/criticas>

- MORENO RODRÍGUEZ, Juan Antonio (2018). *Entrevista a Jon Garaño y Aitor Arregi*. 4-4-2018.

Jackie (Pablo Larraín)
IGNACIO SAAVEDRA

Pocos días después del asesinato de John Fitzgerald Kennedy, el periodista y escritor Theodore Harold White acudió a la residencia de la familia en Hyannis Port (Massachusets) para entrevistar a la viuda del ya ex presidente de los Estados Unidos. De esa entrevista salió una doble página en la revista *Life* que terminó con la célebre frase: «No lo olviden / hubo una vez un lugar que por un breve instante de luz fue conocido como Camelot». La frase está extraída de un musical de Frederick Loewe y Alan Jay Lerner sobre el Rey Arturo. En 1960 Broadway estrenó el musical correspondiente, con Richard Burton y Julie Andrews en los papeles protagonistas. El disco que se grabó con la música de esa versión era el favorito del matrimonio Kennedy. Por esta y por otras razones, "Camelot" fue el apodo que recibió la Casa Blanca durante los mil días que duró la presidencia del presidente más idolatrado de la Historia norteamericana.

Partiendo o no de la entrevista de White, el director chileno Pablo Larraín imagina el punto de vista de Jackie en aquel "breve instante de luz". Sobre todo, los momentos inmediatamente posteriores al magnicidio de Dallas. Cuando Darren Aronofsky le propuso a Larraín la dirección, éste impuso una condición: que el papel protagonista corriera a cargo de Natalie Portman. El trabajo de Portman en *Jackie* ha sido unánimemente

Jackie, en la Casa Blanca, todavía con la sangre de JFK en su ropa.

alabado por la crítica y mereció la nominación al Oscar. Esta vez no repitió el éxito de 2011 con *Cisne negro*, hasta ahora su único premio Oscar a la mejor actriz principal. La comparación entre la auténtica Jacqueline Kennedy y el personaje interpretado por Natalie Portman es inevitable incluso durante la película, ya que hay momentos en que se intercalan escenas de la cinta con escenas de documentales de la época. En este aspecto merece una mención especial el reportaje emitido en 1962 por la CBS en que Jacqueline Kennedy realiza una visita guiada a la Casa Blanca. No en vano fue a través de ese reportaje como Pablo Larraín descubrió a la Jackie real.

52 carpinteros

Jackie/Natalie está envuelta en un entorno brillante. No olviden que hablamos de Camelot. Ya hemos dicho que uno de los aspectos centrales del retrato del personaje es la reforma de la Casa Blanca que se realizó en aquellos años bajo el impulso de la primera dama. Y aquí viene uno de los muchos detalles anecdóticos relacionados con esta película: el mismo taller donde se realizó aquella reforma es el que ahora se ha encargado de recrear una parte del interior de la Casa Blanca/Camelot. Como casi siempre, esperar pacientemente hasta el final de los títulos de crédito tiene premio. El premio en este caso es saber que en esa recreación, además de pintores, escultores y otros artistas, participaron ¡52 carpinteros! El responsable del diseño de producción, Jean Rabasse (*La ciudad de los niños perdidos*, *Vatel*, *El olor de las mandarinas*), ha conseguido que el *ubi* sea como otro personaje vivo, no solo la gran obra de la protagonista. Gran obra que, como tantas cosas, fueron asesinadas por aquella bala de procedencia aún hoy desconocida que reventó el cráneo de JFK en un maldito lugar de Dallas llamado Elm Street. En una de las muchas escenas que nos encogen el corazón, una Jackie de negro observa cómo la esposa de Lindon Bynes Johnson está empezando a ordenar el desmantelamiento de su obra. Y tratándose de Jackie, no podía dejar de ser muy importante todo lo relativo al vestuario, que le valió a Madeline Fontaine (*Largo domingo de noviazgo*) su primera nominación al Oscar.

Cómo iluminar el "instante de luz"

Para fotografiar este personaje y estos lugares, Stéphane Fontaine (*Los próximos tres días*, *Captain Fantastic*) ha recurrido a medios poco frecuentes. El primer problema que había que resolver era la necesidad de intercalar con frecuencia imágenes de documentales, principalmente del mencionado recorrido por la Casa Blanca con Jackie como anfitriona y del solemne funeral en Washington. El equipo de rodaje decidió que era necesario buscar una textura que imitara el granulado de aquellos documentales. Tampoco es habitual que haya tantos primeros planos con objetivos gran angular, pero era necesario para conseguir una gran profundidad de campo que uniera a Jackie con su entorno. Cuando decimos "entorno" nos referimos en este caso tanto a los lugares como a los personajes, ya que Larraín buscaba con este efecto mostrar visualmente que Jackie estaba sometida a una presión que procedía de innumerables puntos al mismo tiempo (Benjamin, 2017).

Decíamos que el matrimonio Kennedy convirtió la Casa Blanca en "un instante de luz", y eso tenía que notarse. Esta Casa Blanca reconstruida en París carece de sombras y la luz es siempre suave, acogedora. La clave fue utilizar cielorrasos de algodón como fuente de luz, pero colocar siempre lámparas y otras fuentes de luz aparente que disimulan el trampantojo.

La partitura musical corre a cargo de Mica Levi (*Under the skin*). Su composición cuadra muy bien con el enorme desgarro anímico que sufre el personaje y también se hizo acreedora de la nominación al Oscar. Desde el punto de vista tímbrico el dominio de la cuerda es abrumador, sobre todo de las cuerdas de tono grave, que es lo que, de hecho, los espectadores asocian con las honras fúnebres. En la mayoría de los casos la música es atonal y el discurrir por el pentagrama es a base de *glissandos*. Es probablemente la mejor manera de retratar la desesperación que provoca un acontecimiento tan traumático. Por otra parte, la constante presencia del violonchelo prepara al espectador para el momento de "gloria española" que nos reserva el guion en los últimos momentos. Cuando se quiere mostrar cómo la Casa Blanca fue en aquella época un lugar desde donde se impulsaba el Arte y la Cultura, el botón de muestra es un concierto de nuestro Pablo Casals. En cualquier biografía del célebre violonchelista, el concierto que ofreció en el Ala Este de la Casa Blanca figura como un momento culminante. No importa que hubiera actuado en los más renombrados escenarios de Europa y América: nunca se sintió tan apreciado como en aquel concierto del que la película ofrece una breve recreación, donde la música interpretada de Casals pasa de diegética a incidental con gran naturalidad.

A Pablo Larraín le gusta decir que "un cineasta siempre es un niño con una bomba en la mano". Esta visión un tanto inquietante se acentúa si el cineasta se especializa en revisar personajes decisivos en la Historia reciente de la Política. Jackie ha sido como una explosión que ha colocado a su director en una posición tan privilegiada como inquietante.

Este largometraje, en el que Natalie Portman consigue el más difícil todavía encarnando a ese mito del siglo XX que es la esposa del no menos mítico presidente norteamericano, ha supuesto el ascenso de Larraín a un estatus internacional. En los años anteriores había realizado películas basadas en hechos reales de la política chilena. Entre ellas destaca, por supuesto, *Neruda* (2016), pero no dejan de tener su relevancia *No* (2012), sobre el plebiscito perdido por Pinochet, o *Tony Manero* (2008). Ahora se atreve con un hecho trascendental en la política estadounidense y, por lo tanto, mundial: el asesinato de John Fitzgerald Kennedy el... ¿hace falta decirlo? 22 de noviembre de 1963. *Jackie* no es redonda ni mucho menos, pero el cineasta chileno ha superado holgadamente su prueba de fuego y podría ser en el futuro el "revisor" de otros acontecimientos políticos. ¿Inquietante o esperanzador? Hay razones a favor de ambas posibilidades. La percepción de un determinado acontecimiento histórico puede cambiar radicalmente cuando ese acontecimiento se convierte en película. Para el gran público no es fácil distinguir entre un documental y una película inspirada en hechos reales.

Historia e historias

El reto para el guionista Noah Oppehheim era escribir sobre personajes históricos que, en algunos casos, están grabados a fuego en la mente de millones de personas.

John Hurt en su último y póstumo trabajo como actor.

¿Cómo hacer que parecieran ellos? ¿Cómo imaginar momentos íntimos cuyos protagonistas nunca revelaron? Como en otros muchos momentos parecidos que se han dado en la Historia del Cine, la Historia se concreta en historias. En este caso la historia por antonomasia es la de la protagonista casi absoluta. Larraín tenía muy claro que solo haría esa película con Natalie Portman. Su actuación es impresionante, en lo que tiene de imitación externa y en lo que tiene que poner de su parte, rellenando los momentos que no aparecen en las grabaciones de la época.

El debate sobre la fidelidad del papel de Natalie Portman a la verdadera Jackeline Kennedy sigue abierto, pero la mayoría de los historiadores especializados en esta materia piensan que Larraín y sus colaboradores se han tomado demasiadas libertades. Así, la profesora Karen Dunak (2017: 307) cree que "Oppenheim y Larraín, en su esfuerzo por romper el mito de Jackie, acaban siendo víctimas de ese mismo mito". Sea cual sea el dictamen historiográfico, la Jacqueline Kennedy de Oppenheim, Larraín y Portman parece no acabar de definirse. A veces demasiado cálida y cercana; a veces demasiado fría.

Hay otras historias, como la de Robert Kennedy, "Bobby", el hermano del presidente asesinado, que poco después cayó también asesinado en circunstancias casi tan oscuras como las de "Jack". Resulta muy oportuno escribir sobre ello en el cincuenta aniversario del que fue -no faltaron acusaciones de nepotismo- Secretario de Justicia en el gobierno

El concierto de Pablo Casals en el Ala Este de la Casa Blanca.

de JFK y después serio candidato a la presidencia en las elecciones de 1968. El verdadero fin de una época no fue el 22 de noviembre de 1963. Entonces todavía quedaba Bobby, presto a tomar el relevo de su hermano. Pero el asesinato de Robert el 6 de junio de 1968 echó definitivamente el candado a esa Casa Blanca convertida en Camelot. El actor encargado de dar vida a "Bobby" es Peter Sarsgaard. Imposible ver a Robert Kennedy en su papel, sobre todo si nos fijamos en esos momentos en que las imágenes filmadas por Larraín se mezclan con los documentales de la época.

El guion crea acertadamente un personaje que se puede considerar una mezcla entre varios personajes reales. Nos referimos al sacerdote que mantiene jugosísimas conversaciones con una Jackie que no duda en reconocer que se ha planteado seriamente el suicidio. Larraín imagina que, justo antes del entierro, el sacerdote encargado de oficiar la ceremonia conversa con Jackie y trata de hacerle ver que, a pesar de todo, Dios es providente y vale la pena volver a levantarse cada día. En esos diálogos aparecen algunas frases extraídas de la correspondencia entre Jackie y Joseph Leonard, un sacerdote irlandés que trabó amistad con la familia en la década de 1920, así como del testimonio que el padre Richard Mac Sorley ofreció en el libro de Thomas Maier *The Kennedys*.

Ese sacerdote imaginario, pero basado en personajes reales, aporta otra de las anécdotas de la producción. El actor que lo encarna, John Hurt, falleció poco antes de estrenarse la película. Era casi inevitable: su papel en la ceremonia, su respuesta al requerimiento de Jackie de ayudarle a encontrar un sentido a la tragedia, el ambiente invernal, en medio de todos esos árboles desnudos en un atardecer excesivamente temprano... todo parecía llevar a que el público contemplara una película en la que el personaje más amable acabara de fallecer. Un final muy propio para expresar que nunca la desaparición de un personaje había provocado tanta oscuridad en tantos lugares y en tanta gente.

JACKIE (2016)
País: **EE.UU., Chile**
Dirección: **Pablo Larraín**
Guion: **Noah Oppenheim**
Fotografía: **Stéphane Fontaine**
Montaje: **Sebastián Sepúlveda**
Música: **Mica Levi**
Diseño de producción: **Jean Rabasse**
Vestuario: **Madeline Fontaine**
Intérpretes: **Natalie Portman, Peter Sarsgaard, Billy Crudup, Greta Gerwig, John Hurt, Caspar Phillipson, John Carroll Lynch, Beth Grant, Richard E. Grant, Max Casella, Sara Verhagen, David Caves**
100 minutos
Distribuidora DVD: **Vértigo**
Estreno en España: **17.2.2017**

Filmografía de Pablo Larraín como director

- *The True American* (2018).
- *Jackie* (2016).
- *Neruda* (2016).
- *El Club (The Club)* (*El Club*, 2015).
- *No* (2012).
- *Post Mortem* (2010).
- *Tony Manero* (2008).
- *Fuga* (2006).

FUENTES

- BENJAMIN, B. (2017). *Stephane Fontaine Films Jackie*. American Cinematographer, 98. Recuperado de <http://adfcine.org/sys/jackie-la-luz-en-funcion-del-personaje/>

- DUNAK, Karen; DOHERTY, Thomas. *Jackie*. Journal of American History, 104, 305-307.

- GALLAGHER, Mary B (1969). *My Life with Jackeline Kennedy*. Nueva York: Paperback Library.

- KENNEDY, Rose Fitzgerald (1974). *Tiempo de recordar*. Madrid: Dopesa.

- MAC NEIL, Elizabeth (2016). *Jackie's Secrets*. People, 86, 61-64.

- MANCHESTER, William (1994). *La muerte de un presidente*. Madrid: Globus Comunicación.

- MANCHESTER, William (1976). *Gloria y ensueño: una historia narrativa de los Estados Unidos*. Barcelona: Grijalbo.

- MONTES, Rocío (2016). "Un cineasta siempre es un niño con una bomba". Recuperado en <https://elpais.com/cultura/2016/03/03/actualidad/1457026447_472975.html>

- SCHLESINGER, Arthur M. (1966). *Los mil días de Kennedy*. Barcelona: Aymá.

- TEODORO, José (2016). *The State That I am In*. Film Comment, 52, 42-46.

- VARGAS, Marcela; SIENRA, Regina (2017). *Pablo Larraín, un cineasta entre dos mundos*. Gatopardo, 178, Febrero de 2017. Recuperado de <https://gatopardo.com/reportajes/pablo-larrain/>

- WHITE, Theodore H. Las notas de la entrevista de Theodore H. White a Jackie Kennedy <https://www.jfklibrary.org/Asset-Viewer/Archives/THWPP-059-011.aspx>

- WHITE, Theodore H. La entrevista tal y como se publicó en Life <http://time.com/4581380/jackie-movie-life-magazine/>

La chica desconocida
(Jean-Pierre y Luc Dardenne)
JUAN ORELLANA

Los hermanos Dardenne son unos de los más significativos representantes del llamado cine social europeos. De mentalidad izquierdista y muy críticos con la deriva deshumanizante del neocapitalismo ultraliberal, estos cineastas no sucumben a la militancia recargada ideológicamente, como le ocurre de vez en cuando a Ken Loach, y se sitúan más cerca del humanismo social de Aki Kaurismäki o Fernando León.

En el extrarradio de Lieja (Bélgica) pasa consulta una joven doctora, Jenny Davin (Adèle Haenel), junto a un residente que acaba de terminar la carrera, Julien (Olivier Bonnaud). Una noche, una hora después del cierre del consultorio, suena el timbre, pero Jenny está ocupada y decide no abrir, aunque su asistente hace ademán de hacerlo y ella le disuade. Al día siguiente, la doctora se entera por la policía de que han encontrado, no lejos de allí, a una joven muerta, sin identidad. Revisando las cámaras de seguridad, descubren que era la misma chica que llamó a la puerta, y a la que Jenny no quiso abrir.

Con injusta decepción fue recibida esta película en Cannes, festival al que los Dardenne ya habían concurrido siete veces. Quizá la encontraron narrativamente muy similar a *Dos días, una noche*, su anterior filme, o seguramente el jurado esperaba una cinta de mayor carga social por parte de los Ken Loach continentales. Si es así, probablemente no supieron captar la hondura antropológica, pero también social, que se ventila en este singular drama con forma de *thriller*.

Decimos drama con forma de *thriller* porque aunque el filme tiene algo de este género no se puede afirmar que lo sea, al menos en estado puro. Lo importante de la trama no es el resultado de las pesquisas detectivescas, sino el drama que vive la protagonista y su proceso de dilatación humana, así como el de otros personajes. Al margen de cuestiones de género cinematográfico, el largometraje es un bello elogio de la profesión médica, resaltando su aspecto más humanístico -y más social- en la figura del devaluado médico de barrio.

La coherencia artística de los hermanos Dardenne

No se puede negar una coherencia estilística y estética en la filmografía de los hermanos Dardenne. Y este estilo entronca directamente, sin fisuras, con los principios artísticos del padre del neorrealismo, Roberto Rossellini (1906-1977).

> El neorrealismo consiste en seguir a un ser, con amor, en todos sus descubrimientos, todas sus impresiones. Se trata de un ser muy pequeño bajo algo que le domina y que, de repente, le golpeará horriblemente en el momento preciso en que se encuentre libremente en el mundo, sin esperar nada (ROSSELLINI, 2000).

Este es, sin duda, el planteamiento fílmico de *La chica desconocida*, con la libertad añadida de la cámara en mano, y que hace mucho más factible y auténtico el concepto *rosselliniano*. Este estilo propio, muy definido, es bastante característico de sus directores. Por un lado, es muy significativo el punto de vista que se adopta para contar la historia. El punto de vista está pegado a la protagonista, lo más cerca posible de ella; la cámara no se separa de la joven doctora, omnipresente, la cual va por todo el barrio, de puerta en puerta, buscando respuestas. Este es exactamente el mismo planteamiento de perspectiva que la citada *Dos días, una noche*, con la que también comparte estructura narrativa. Y en este sentido la película profundiza aún más en las propuestas de Rossellini:

> Yo siempre empiezo por el primer plano y después el movimiento de la cámara que acompaña al actor descubre el ambiente. Habitualmente, en el cine tradicional, una escena se divide de esta manera: plano general -se muestra el ambiente, se descubre a un individuo, se acerca a él-, plano medio, plano americano, primer plano, y se

empieza a contar la historia. Yo procedo exactamente de forma contraria: un hombre se desplaza y gracias a su desplazamiento se descubre el entorno en el que se encuentra (ROSSELLINI, 2000).

Esta fidelidad a las concepciones *rossellinianas* se complementa con lo que Pier Paolo Pasolini llamaba "caracterización pasiva de la cámara": la cámara no tiene ninguna autonomía, obedece permanentemente a las acciones y desplazamientos de la protagonista, no adopta nunca el punto de vista de una tercera persona, un narrador independiente y onmisciente. Sin embargo, la película se separa totalmente del maestro italiano en el uso abrumador de los planos cortos. Si Rossellini trataba de evitarlos lo más posible, porque consideraba que condicionaban en exceso al espectador, los Dardenne en este filme los emplean todo lo que pueden. Casi podemos decir que el drama sucede en el rostro de la protagonista.

Estos dos recursos, el plano corto y la sumisión total y casi exclusiva de la cámara a la protagonista, se conjugan perfectamente en el frecuente uso del plano secuencia, algo muy coherente con los planteamientos realistas de Rossellini y del crítico y teórico André Bazin (1918-1958). Para este último la esencia del cine no está en el montaje, sino en lo que sucede delante de la cámara. Por tanto, el recurso cinematográfico más defendido por él es el plano-secuencia, ya que es el que más respeta la realidad ontológica de lo que hay ante la cámara, sin que sea manipulada con el artificio del montaje. La realidad es "ambigua", y el cine debe respetar esa ambigüedad, cosa que no hace una teoría "fuerte" del montaje, que impone un significado al espectador. En este sentido afirma Luc Dardenne en una entrevista realizada por Matt Fagerholm:

> The sequence shots that we film always follow -in the most practical sense- our main character: profile shot, from behind, from the front, etc. The spectators watching the film follow her too. Then the things that happen to the character will surprise them -but only because the spectators are enthralled by the fact that they're following someone. That's the most important thing. We have to build scenes in a way that prevents the surprises from being expected (FAGERHOLM, 2017).

Una puesta en escena al servicio del personaje

El plano que abre la película ya es sumamente expresivo. Una doctora volcada en el cuidado de su paciente. Y los siguientes minutos ya nos describen con precisión el perfil humano del personaje: ella está atenta a la realidad, a lo que sucede, se entrega sin dudarlo a los reclamos de cada circunstancia. Esta va a ser su virtud, pero también la fuente de su dolor: su compromiso con la realidad concreta que le circunda.

En este concepto de puesta en escena, es significativa -y coherente- la decisión de no emplear música extradiegética en todo el metraje. Se busca de esta manera una autenticidad casi documental, una fresca verosimilitud que nos permita distanciarnos, metodológicamente, del concepto de "ficción". Por eso declara Jean Pierre Dardenne: «En nuestros años como documentalistas trabajamos mucho en las ciudades, con los trabajadores, y desarrollamos una manera de contemplar el mundo que hemos mantenido en nuestras películas posteriores. Ahora trabajamos con actores y manejamos la cámara de otra manera, pero más allá de eso nos dedicamos a lo mismo que antes» (SALVÁ, 2017).

Al margen de sus virtudes cinematográficas o narrativas, que las tiene, los hermanos Dardenne aciertan con un tema que resulta políticamente incorrecto. En un mundo en el que se ha puesto de moda buscar culpables de todo, a la vez que eximirse uno mismo de cualquier responsabilidad, estos cineastas proponen como heroína una mujer que tiene remordimientos por un suceso del que no es culpable, pero en el que ha intervenido "por omisión". Ni la ley ni la opinión común le juzgan, pero ella comparece ante el tribunal de su conciencia personal y profesional, y allí encuentra un veredicto más exigente. A lo largo de la película son varios los personajes que, a instancias de Jenny, acaban siendo interpelados también en su conciencia, y ven emerger en ellos el remordimiento.

Niveles de lectura

La película ofrece diversos niveles de lectura. El desarrollo de las pesquisas de la doctora Davin va mostrando la responsabilidad repartida de la muerte de "la chica desconocida", que solo al final sabemos que se llamaba Fèlicie Koumba. Muchos son los responsables indirectos e involuntarios de su muerte. El joven Bryan, por no llamar a su padre; este por tratar de forzar a Fèlice; la hermana de esta por ceder al miedo de su proxeneta; la mafia de africanos que gestionaban la prostitución por imponen la ley del miedo y el silencio... y un etcétera que termina precisamente en la doctora Davin, que se negó a abrir la puerta de la clínica, razonablemente, lo que hubiera salvado la vida de la joven. Una metáfora de cómo en cierto modo la sociedad es cómplice -aunque sea por omisión- de tantas situaciones de degradación humana. Como declara Jean-Pierre Dardenne: «Es hora de que empecemos a sentirnos como la doctora en la película:

Plano inicial del filme.

culpables por no abrir la puerta a quienes tocan el timbre» (SALVÁ, 2017).

Pero esta dimensión crítica del filme, aunque interesante e inteligentemente planteada, no es lo más valioso del mismo. Lo más valioso es la doctora Davin en sí misma, una mujer que encarna la pureza de conciencia, la responsabilidad personal indisoluble en ella de su deontología profesional. Davin es una mujer sinceramente entregada a los demás, con una escrupulosa conciencia de lo correcto, y una obediencia discreta pero decidida al bien. En ese sentido, su soledad tiene algo de sacerdotal, de consagración, aunque laica, ya que hay que decir que no hay asomo de religiosidad en todo el filme. Al hilo del personaje de Davin, afirma Luc Dardenne: «Creo que las mujeres son el futuro. Porque hay una diferencia entre su modo de reaccionar ante las injusticias y el de los hombres. Ellas tienen más empatía y más sentido de la responsabilidad, y esa es una actitud que hace que la sociedad avance» (SALVÁ, 2017).

Un tercer nivel tiene que ver con la obsesión de la doctora por averiguar el nombre de la joven muerta. Su rechazo del anonimato es una proclamación de la dignidad de la persona, una denuncia del "descarte", de la despersonalización de los desclasados. Si en un *thriller* al uso se busca el nombre del asesino, a la doctora le interesa el nombre de la víctima. Por eso tampoco es un *thriller* "puro". Lo relevante no es el *whodunit* que decía Hitchcock, sino el *towhom*, "a quién".

Por último, el filme de los Dardenne reivindica la figura del médico de barrio, dedicado a los más desfavorecidos, con mucho riesgo y poco progreso profesional y económico.

La protagonista con el residente Julien.

Nuestra protagonista renuncia a una brillante carrera para dedicar su vida a personas como Fèlice, en un barrio de inmigrantes y problemas sociales.

Quizá es la trama del joven residente Julien (Olivier Bonnaud) la peor resuelta, ya que además de introducir una temática diferente, no está desarrollada con la suficiente verosimilitud. El conjunto, sin duda, es una obra redonda, con una pureza de estilo inequívocamente coherente con el desarrollo temático y las propuestas antropológicas de los Dardenne.

LA FILLE INCONNUE (2016)
País: Bélgica, Francia
Dirección y Guion: Jean-Pierre y Luc Dardenne
Fotografía: Alain Marcoen
Montaje: Marie-Hélène Dozo
Diseño de producción: Igor Gabriel
Vestuario: Maïra Ramedhan Levi
Intérpretes: Adèle Haenel, Olivier Bonnaud, Jérémie Renier, Louka Minnella, Olivier Gourmet, Pierre Sumkay, Nadège Ouedraogo, Ben Hamidou
113 minutos
Distribuidora DVD: Wanda
Estreno en España: 3.3.2017

Filmografía de Jean-Pierre y Luc Dardenne como directores

- *La chica desconocida* (*La Fille Inconnue*, 2016).
- *Dos días, una noche* (*Deux jours, une nuit*, 2014).
- *El niño de la bicicleta* (*Le gamin au vélo*, 2011).
- *El silencio de Lorna* (*Le silence de Lorna*, 2008).
- *El niño* (*L'Enfant*, 2005).
- *El hijo* (*Le fils*, 2002).
- *Rosetta* (1999).
- *La promesa* (*La promesse*, 1996).
- *Je pense à vous* (1992).
- *Falsch* (1992).

FUENTES

- FAGERHOLM, Matt. Entrevista a los hermanos Dardenne para Roger Ebert Interviews el 4 de septiembre de 2017, y recuperado en <https://www.rogerebert.com/interviews/a-film-in-the-present-tense-jean-pierre-and-luc-dardenne-on-the-unknown-girl>

- ORELLANA, Juan. *Fundamentos de Narrativa Audiovisual*, CEU Ediciones, Madrid, 2015.

- ROSSELLINI, Roberto. *Cahiers du cinema*, nº 50, septiembre de 1955. Editado en castellano en *El cine revelado*, Paidós, Barcelona, 2000.

- SALVÁ, NANDO. Entrevista a los hermanos Dardenne para *El periódico*, realizada el 26 de febrero de 2017, y recuperado en <https://www.elperiodico.com/es/mas-periodico/20170226/jean-pierre-luc-dardenne-izquierda-dejado-ejercer-papel-5854180>

La gran enfermedad del amor (Michael Showalter)

JUAN CARLOS CARRILLO

Al cine, la más joven de las bellas artes, aún le quedan algunos terrenos por explorar en los que las otras han forjado ya tradiciones enteras. Uno de ellos es la autobiografía. La literatura cuenta con sólidos y variados ejemplos de novelas y otros escritos autobiográficos, y el autorretrato es imprescindible en las obras de muchos pintores y de algunos fotógrafos. Sin embargo, el cine, quizá por su condición de arte colectivo, ha explorado más bien poco esas posibilidades. Si bien el biopic es ya un género establecido, hacer cine explícitamente sobre la propia vida del autor es todavía raro[1]. En un campo con ejemplos escasos y peculiares como *The Andy Warhol Story* (Andy Warhol, 1967) o el cine documental de Alan Berliner, aparece de pronto una comedia romántica como es *La gran enfermedad del amor*.

El comediante Kumail Nanjiani protagoniza esta película que escribió junto con su esposa Emily V. Gordon a partir de los eventos que vivieron en su relación. El guion, nominado al Oscar, en su aparente sencillez resulta muy atractivo desde el concepto

---

[1] *En sentido amplio, el cine siempre parte de la propia vida de sus creadores -Fellini llegará a decir que "todo arte es autobiográfico"- y en mayor o menor medida se conoce el origen autobiográfico de películas como "Los 400 golpes" (François Truffaut, 1959), "Amarcord" (Federico Fellini, 1973), "Adiós, muchachos" (Louis Malle, 1987), "Fanny y Alexander" (1982, Ingmar Bergman) o "Boyhood" (Richard Linklater, 2014), entre otras (SCHROEDER, 2016). Sin embargo, aquí nos referimos a reproducir eventos de la vida del guionista o director como tales, manteniendo su nombre y circunstancias.*

inicial por tres factores principalmente: el elemento autobiográfico; el conflicto intercultural -Kumail, hijo de pakistaníes establecidos en Estados Unidos, debía seguir la tradición de un matrimonio arreglado por sus padres con una pakistaní, pero se enamora de Emily, americana-; y, sobre todo, abordar con humor el delicado tema de una enfermedad muy seria.

De la vida a la pantalla

Kumail Nanjiani nació en Pakistán y emigró a los Estados Unidos junto con sus padres y hermano. Contra los deseos de su familia, decidió perseguir una carrera como comediante haciendo *stand-up comedy* en Chicago. Fue en una de sus actuaciones donde conoció a Emily, entonces una estudiante de Psicología. Comenzaron una relación sin el conocimiento de los padres de Kumail, cuya intención era concertarle un matrimonio con una pakistaní que ellos eligieran, "como un buen musulmán".

Emily cayó gravemente enferma por una infección misteriosa -luego se supo que era la llamada Enfermedad de Still de Inicio en el Adulto, una patología rara con una incidencia de 0,16 por cada 100.000 personas (VARGAS AVILÉS et alt., 2011)- y entró en un coma inducido que cambió su relación para siempre, pues fue en estas circunstancias que Kumail se dio cuenta de que Emily era la mujer con la que quería pasar el resto de su vida (FAB TV, 2017). Cuando Emily se recuperó, se casaron y se fueron a vivir juntos a Nueva York. Diez años después, escribieron un guion basado en esa época de sus vidas. Tanto el tono como la referencia autobiográfica recuerdan a la serie televisiva *Seinfeld* (DAVID Y SEINFELD, 1989-1998), donde el también comediante de *stand-up* Jerry Seinfeld se interpretaba a sí mismo -y que se convirtió en un ícono de la cultura americana-, y al clásico de Woody Allen, *Annie Hall* (1977), comedia en la que Allen y Diane Keaton interpretaron personajes bastante parecidos a sí mismos y en una relación bastante similar a la que tuvieron en la vida real (SCHROEDER, 2016).

El guionista, director y productor Judd Apatow, bien conocido en la esfera del cine de comedia actual (*Virgen a los 40*, *Lío embarazoso*, *Hazme reír*) se interesó en producir el guion de Nanjiani y Gordon, y esperó el momento propicio, es decir, cuando el comediante pakistaní fuera lo suficientemente conocido, lo que se logró gracias a su papel en la serie de HBO *Sillicon Valley* (ALTSCHULER, JUDGE & KRINSKY, 2014-). Netflix estaba interesado en el proyecto, pero Nanjiani quería que la película fuera estrenada en cines, por lo que finalmente la distribución fue comprada por Amazon Studios en 12 millones de dólares, en una de las mayores transacciones hechas en la historia del Festival de Sundance (IMDB). El instinto de los productores resultó certero, pues los frutos fueron una recaudación en taquilla más que decente -56,3 millones de dólares- y la nominación al Oscar por mejor guion: fue la única película en esta categoría no nominada a mejor película, algo por otro lado comprensible puesto que se trata de una comedia romántica y porque estéticamente no es tan ambiciosa. La dirección corrió a cargo de Michael Showalter, quien tiene en su haber mucha experiencia dirigiendo televisión y un par de comedias románticas de buena factura.

Rasgos de un guion nominado

La adaptación del guion es un buen ejemplo de dramatización de hechos reales. A pesar de escribir sobre sus propias vidas, Nanjiani y Gordon tenían el reto de contar una historia con una estructura que funcionara en términos dramáticos, y adaptaron lo suficiente para manejarla de modo libre como una ficción. De hecho, nunca se muestra la leyenda "basado en hechos reales", y la única referencia explícita -además de que Nanjiani se interpreta a sí mismo- son las fotos de los créditos finales con Kumail y la Emily real en su boda. Así, aunque los hechos sucedieron hace diez años, los sitúan en la actualidad, algo patente en detalles como que el personaje de Kumail sea también chófer de Uber -oficio que no existía entonces y que el verdadero Kumail por tanto nunca ejerció-, o el iPhone de Emily que se desbloquea con la huella dactilar (un toque de humor negro, considerando que es Kumail quien lo desbloquea con el dedo de Emily que está en coma).

Con todo, el mayor cambio en función del drama es el hecho de que, en la película, Kumail y Emily pelean cuando ella descubre que él ha ido conociendo a las mujeres con las que su familia quiere casarlo y rompen su relación. Poco después ella enferma y entra en coma. En la realidad no habían roto la relación antes de la enfermedad de Emily, pero Nanjiani declara que hasta que ella enfermó él se dio cuenta de lo importante que era para él, y convinieron en que era mucho más eficaz narrativamente que la relación terminara y fuera entonces cuando ella enfermara (EISENBERG, 2017), haciendo más contrastante la reacción del personaje principal.

El guion plantea la estructura clásica en tres actos muy marcados. Durante el primero los protagonistas se conocen -ella le grita desde el público a él mientras está en el escenario, tal como aseguran que fue en la vida real-, su relación se consolida -una clásica secuencia de montaje-, y llega a una crisis por ser, como se dijo, una relación prohibida a los ojos de la familia de Kumail, conflicto que se ha ido mostrando en paralelo en las

El contraste de una comedia que ocurre en un hospital.

deliciosas escenas familiares de los Nanjiani. Tras algunos eventos que indican el paso del tiempo, irrumpe el gran conflicto externo: la enfermedad de Emily.

El segundo acto sucede por entero con Emily en coma, y si el primer acto fue sobre la relación entre Kumail y Emily, el segundo es sobre la relación entre Kumail y los padres de Emily, como afirmó el propio guionista en una entrevista con *The Hollywood Reporter* (2017). Impelido por el estado riesgoso de Emily y conviviendo con sus padres, la relación crece en importancia para Kumail. El segundo acto termina, según la conocida conveniencia dramática, con las peores circunstancias posibles para el protagonista: Kumail le cuenta a sus padres que está enamorado de una chica americana y lo expulsan de la familia, la infección de Emily alcanza su corazón haciendo inminente su muerte, y Kumail se quiebra en la que debía ser su actuación cómica decisiva ante el representante de un importante festival de comedia.

Con un pequeño *deus ex machina* en forma de diagnóstico médico, al conocerse el raro padecimiento de Emily, los doctores logran controlarlo y ella despierta. Así, el tercer acto se enfoca nuevamente en la relación de Kumail y Emily con un reto no menor: él tuvo una metanoia y ahora es "la persona que necesitas que sea", pero ella no vivió el mismo proceso:

KUMAIL: So, will you take me back?

EMILY: Kumail, I'm really glad that you went through this experience, but you have to understand that that all happened while I was asleep.

En otra gran comedia romántica que sucede en un hospital, *Mientras dormías* (TURTELTAUB, 1995), también hay un personaje en coma (Peter Gallagher), sin embargo, la protagonista (Sandra Bullock) no se enamora de él -aunque se sentía atraída y es confundida por la familia de él con su prometida- sino de su hermano (Bill Pullman), precisamente porque el otro está dormido. Con todo, en *La gran enfermedad del amor* la verosimilitud es salvada gracias a que en el primer acto se había sembrado lo suficiente para retomar la relación en el tercer acto, no sin un primer rechazo y la decisión de Kumail de mudarse a Nueva York.

Reír llorando

Si el conflicto eje de *La gran enfermedad del amor* es precisamente la grave enfermedad de Emily -de ahí que el título en inglés sea tan adecuado y en español tan desviado de la trama-, el tono es siempre de comedia, y es meritorio el que siempre consiga arrancar una carcajada, incluso en las situaciones más graves. Botones de muestra: Kumail se dispone a avisar a los padres de Emily.

> KUMAIL: Hey, Mrs. Gardner, this is Kumail, Emily's friend. (...) Emily is fine. Just want to get that taken care of. She's fine. Um... she is at City View Hospital in Chicago... in a medically-induced coma, but the doctors say that all-
>
> (PAUSA)
>
> Yes, I did say coma.

Otro, los papás de Emily asisten al lugar donde actúan Kumail y otros comediantes y uno de ellos los interpela -"¿alguien de fuera de la ciudad?"- y ante la pregunta de por qué están en Chicago, la madre responde con "nuestra hija está en coma", que por lo anticlimático resulta divertido. Otro más: Kumail, desesperado, intenta evitar que los padres de Emily la cambien de hospital y, frenético por salvar su vida, les arranca el papel de las manos. A continuación, el padre le dice: "eso es un mapa del garaje".

Y si la comedia funciona haciendo de esta una obra redonda, es gracias al excelente reparto que se eligió, con gran química entre ellos. Si bien Kumail Nanjiani se interpreta a sí mismo, su candidez y simpatía irónica hacen de su personaje una especie de perdedor con suerte que no se toma en serio: su adorablemente aburrido *one man show* sobre tradiciones de Pakistán es la condensación perfecta de esto. Para interpretar a Emily, tras un extenso proceso de casting (FAB TV, 2017) dieron con Zoe Kazan (*Ruby Sparks*,

DAYTON & FARIS, 2012) y la química entre ella y Kumail es asombrosa; el primer acto es puro gozo de ver lo simpática y dinámica que es su relación.

Era clave en el reparto quiénes interpretarían a los padres de Emily, y de nuevo la química se logra de maravilla entre la sureña Holly Hunter (*Al filo de la noticia* [BROOKS, 1987]; *Los Increíbles* [BIRD, 2004], donde da voz a Helen/Elastigirl), que interpreta a una madre coraje de mucha personalidad, y el comediante neoyorkino Ray Romano, famoso por protagonizar la serie *Todo el mundo quiere a Raymond* (ROSENTHAL, 1996-2005) y por ser la voz de Manny el mamut en *Ice Age: La edad de hielo* (WEDGE & SALDANHA, 2002), que interpreta al padre inseguro y divertidamente patético. Para los padres de Kumail se apostó por dos actores de la India, pues aunque los personajes son de Pakistán la semejanza cultural entre estos países lo permite; el veterano Anupam Kher, toda una estrella de Bollywood, accedió a hacer esta su película número 500 cuando se enteró de que al verdadero padre de Kumail le hacía gran ilusión que él lo interpretara (HUSSAIN, 2017).

Los personajes secundarios son de menor importancia pero también bien elegidos, como el hermano de Kumail y su esposa, o los otros comediantes, destacando el compañero de piso y pésimo comediante Chris (Kurt Braunohler, quien también salpicó de comedia todo el guion, recibiendo el crédito de *consultant writer*).

Tres matrimonios

Finalmente, *La gran enfermedad del amor* nos introduce, a través de las peripecias de la relación de los protagonistas, en la cuestión de fondo: el amor humano y el modo que tiene de volverse exclusivo y permanente en el matrimonio. Y lo hace a partir de tres modelos muy distintos: los padres de Kumail como el matrimonio arreglado de la sociedad pakistaní -tema interesantísimo y polémico, pues si bien resulta chocante a la visión occidental, la tasa de divorcios ahí es considerablemente menor (ASIAN DEVELOPMENT BANK, 2000: 1)-, el matrimonio experimentado y divertidamente conflictivo de los padres de Emily, y la propia relación de Emily y Kumail que, madurada por las dificultades, termina también en un matrimonio, como se pone de manifiesto en los créditos.

La cultura islámica enfrenta varios prejuicios en la sociedad americana, que se reflejan también en su cine y entretenimiento. El mismo Kumail hace burla con esto -como con todo- cuando su hermano se exalta en un restaurante al saber de la relación de Kumail y Emily y él le aclara a los ocupantes de la mesa vecina: "Está todo bien… y

Los veteranos Ray Romano y Holly Hunter dan solidez a un reparto de comediantes.

odiamos a los terroristas"; en la divertida e incómoda conversación sobre el 11-S entre Kumail y los padres de Emily; o en la memorable escena en que un energúmeno le grita a Kumail desde el público "vuélvete a ISIS", en mitad de su número cómico, y la aguerrida madre de Emily sale en su defensa. En todo caso, Nanjiani y Gordon se proponían mostrar a una familia musulmana normal (FAB TV, 2017) y realmente consiguen hacerlos cercanos.

Bien construidos como personajes, los Nanjiani son simpáticos y sin renunciar nunca a sus principios -Kumail es expulsado de la familia- no pueden no mantener el amor natural por su hijo. Dos escenas son clave en este sentido; por un lado, cuando Kumail les cuenta la verdad sobre su relación con Emily, en el contexto de su propia confusión vital por ser parte de una familia de normas rígidas en una sociedad relativista como es la occidental:

> KUMAIL: Can I ask you something? Something that has never made sense to me. Why did you bring me here if you wanted me to not have an American life? (...) You don't care what I think. You just want me to follow the rules. But the rules don't make sense to me. I don't pray. I don't. I haven't prayed in years. (...)
>
> PADRE DE KUMAIL: You don't believe in Allah?
>
> KUMAIL: I don't know what I believe, Dad. I don't know.

La otra, cerca del final, cuando Kumail va a partir hacia Nueva York y sus padres llegan a despedirse a pesar de haberlo echado de la familia. Su padre le dice que su madre no se bajará del coche y no lo mirará siquiera... pero que le cocinó su plato favorito. El diálogo es eficazmente paradójico: "Fue lindo tenerte como hijo. Adiós para siempre... Y hazme un favor, cuando llegues a Nueva York solo escríbenos y dinos que llegaste bien, ¿de acuerdo?". Un padre total.

Los padres de Emily, por otro lado, son los otros grandes protagonistas de la película. Un matrimonio con sus diferencias y que, como tantos, pueden aparentar cierto desgaste, pero los detalles muestran su amor, con qué cariño hablan uno del otro, y cómo hacen equipo en las buenas y en las malas, pues la grave enfermedad de una hija ya emancipada nos los muestra en su momento más duro. Y la relación, finalmente, de Kumail y Emily, que vemos primero en una faceta más superficial, luego extrañamente reforzada por la enfermedad de ella y finalmente consolidada y ya madura en un matrimonio que promete amarse "en la salud y en la enfermedad".

THE BIG SICK (2017)
País: **EE.UU.**
Dirección: **Michael Showalter**
Guion: **Emily V. Gordon, Kumail Nanjiani**
Fotografía: **Brian Burgoyne**
Montaje: **Robert Nassau**
Música: **Michael Andrews**
Diseño de producción: **Brandon Tonner-Connolly**
Vestuario: **Sarah Mae Burton**
Intérpretes: **Kumail Nanjiani, Zoe Kazan, Holly Hunter, Ray Romano, Anupam Kher, Zenobia Shroff, Kurt Braunohler, Adeel Akhtar**
120 minutos
Distribuidora DVD: **Caramel**
Estreno en España: **3.11.2017**

Filmografía de Michael Showalter como director

- *La gran enfermedad del amor* (*The Big Sick*, 2017).
- *Hola, mi nombre es Doris* (*Hello, My Name is Doris*, 2015).
- *The Baxter* (2005).

Los padres del protagonista presentan la figura de una divertida y afable familia musulmana.

FUENTES

- ALLEN, Woody (1977). *Annie Hall* [Película]. EE.UU.: United Artists.
- ALTSCHULER, John, Mike JUDGE & Dave KRINSKY (2014-). *Sillicon Valley* [Serie TV]. EE.UU.: HBO.
- ASIAN DEVELOPMENT BANK (2000). *Women in Pakistan. Country Briefing Paper*. Programs Department (West) and Office of Environment and Social Development. <https://www.adb.org/sites/default/files/institutional-document/32562/women-pakistan.pdf>
- BIRD, Brad (2004). *The Incredibles (Los Increíbles)* [Película]. EE.UU.: Disney/Pixar.
- BROOKS, James L. (1987). *Broadcast News (Al filo de la noticia)* [Película]. EE.UU.: 20th Century Fox / Gracie Films.
- DAVID, Larry & SEINFELD, Jerry (1989-1998). *Seinfeld* [Serie TV]. EE.UU.: Castle Rock Entertainment. NBC.
- DAYTON, Jonathan & FARIS, Valerie (2012). *Ruby Sparks* [Película]. EE.UU.: Fox Searchlight Pictures / Bona Fide Productions.
- EISENBERG, E. (2017). *The Major Change The Big Sick Made In Adapting Its True Story*. Cinemablend. <https://www.cinemablend.com/news/1674400/the-major-change-the-big-sick-made-in-adapting-its-true-story>

- FAB TV (2017). *Emily Gordon And Kumail Nanjiani Interview*. History vs Hollywood. <http://www.historyvshollywood.com/video/emily-gordon-and-kumail-nanjiani-interview/>

- HUSSAIN, R. (2017). *Movie Review: The Big Sick*. Khabar. <http://www.khabar.com/magazine/features/movie-review-the-big-sick>

- IMDB (Internet Movie Data Base). *La gran enfermedad del amor*. <https://www.imdb.com/title/tt5462602/>

- ROSENTHAL, Philip (1996-2005). *Everybody Loves Raymond (Todo el mundo quiere a Raymond)* [Serie TV]. EE.UU.: CBS.

- SCHROEDER, L. (2016). *15 Great Movies That Are Based on Directors' Own Lives*. Taste of Cinema. <http://www.tasteofcinema.com/2016/15-great-movies-that-are-based-on-directors-own-lives/>

- THE HOLLYWOOD REPORTER (2017). *The Big Sick Interview With The Real Emily And Kumail*. History vs Hollywood. <http://www.historyvshollywood.com/video/big-sick-kumail-and-emily-interview/>

- TURTELTAUB, Jon (1995). *While You Were Sleeping (Mientras dormías)* [Película]. EE.UU.: Hollywood Pictures / Caravan Pictures.

- VARGAS AVILÉS, S., BARBOSA COBOS, R. E., BARRERA RODRÍGUEZ, A. A., CASIAN CASTELLANOS, G. & BALCÁZAR VÁZQUEZ, R. (2011). *Enfermedad de Still de inicio en el adulto. Reporte de caso*. Revista del Hospital Juárez de México, 78(3), 187-190. <http://www.medigraphic.com/pdfs/juarez/ju-2011/ju113j.pdf>

- WEDGE, Chris & SALDANHA, Carlos (2002). *Ice Age (Ice Age: La edad de hielo)* [Película]. EE.UU.: 20th Century Fox / Blue Sky Studios.

La librería (Isabel Coixet)
TERESA CALVO

Gran Bretaña, finales de los años 50: una mujer viuda -Florence Green, interpretada por Emily Mortimer- decide trasladarse a un pueblo costero y abrir una pequeña librería en el edificio Old House. Para sacar adelante este sueño, encuentra continuas dificultades provocadas por la mujer más influyente del pueblo -Violet Gamart, interpretada por Patricia Clarkson- que tiene otros planes para ese edificio y juega todas sus cartas para impedírselo.

Cine de personajes

El cine de Isabel Coixet se caracteriza por hablar de personas, de personajes, y *La librería* no es una excepción. Florence Green tiene que enfrentarse a un pueblo aparentemente amable, pero hostil; y en cada una de las circunstancias vemos la respuesta de una mujer buena, pero firme en su decisión. La directora comentó en *Días de Cine* que al leer el libro de Penelope Fitzgerald en el que está basado el guion, se sintió identificada con su protagonista. Es un canto "a pensar por uno mismo, a no dejarse arrastrar por lo que piensa todo el mundo"[1]. Florence Green abre la librería en un pueblo en el

---

[1] Cfr. COIXET, Isabel, Entrevista para Días de Cine <http://www.rtve.es/alacarta/videos/dias-de-cine/dias-cine-libreria/4297879/ 9 noviembre 2017>

que nadie lee, y lo hace por su amor a los libros, sin una motivación especial, teniendo a muchas personas en su contra de manera explícita (como Violet Gamart) o de manera encubierta (como la modista, el abogado o North, el productor de la BBC) pero tiene una gran determinación para llevar a cabo esa decisión[2]. Es una mujer buena, y la bondad es muy difícil de retratar; la maldad es más fotogénica y Emily Mortimer consigue hacer creíble e interesante la ingenuidad y bondad de su personaje[3]. "Es una historia universal, porque Florence, aunque ya no es una jovencita, nunca se ha expuesto al mundo y lo tiene que hacer ahora. Y se enfrenta al dolor, a la confusión y a la dificultad de tener que hacer algo en la vida con todas las trabas que le supone ser mujer"[4] y además no tener las herramientas y los contactos que tiene su antagonista, que pertenece a la clase alta en un pueblo pequeño.

Aunque observamos determinación en la protagonista y vemos la evolución de este personaje, no ocurre lo mismo en la antagonista. Violet Gamart es una mujer obstinada en conseguir sus planes, pero no vemos evolución en el personaje a lo largo de la película. Es una antagonista ligeramente estereotipada, con pocos matices, y esa es una de las razones por la que la película puede motivar distanciamiento en algunos espectadores. Tampoco en este caso vemos un personaje con motivaciones profundas, sino más bien el capricho de una mujer poderosa y con muchos contactos, que se opondrá al propósito de Florence Green. Es la tercera vez que Clarkson trabaja con Coixet, lo hizo anteriormente en *Elegy* y *Aprendiendo a conducir*, donde tuvo más oportunidad de hacer notar su valía interpretativa.

Otro personaje que colabora con la antagonista es Milo North, interpretado por James Lance. Tanto él como Gamart -y otros personajes del pueblo que dificultan a Florence que monte la librería- muestran una superficialidad que grita la banalidad del mal[5], porque no tienen motivaciones profundas, sino que se dejan llevar por la situación intentando sacar provecho de ella, pero sin alevosía. James Lance habla de su personaje como "fluido", que busca la debilidad de los demás para instalarse allí y sacar provecho de ellos. Es un personaje egoísta y narcisista, incapaz de compadecerse de lo que pueden experimentar los demás como consecuencia de sus acciones[6].

---

[2] Cfr. MORTIMER, Emily, Entrevista para *Días de Cine*, op. cit.
[3] COIXET, Isabel, Entrevista en *Making Isabel Coixet's Bookshop*, publicada en Youtube el 20 de junio de 2018 <https://www.youtube.com/watch?v=Vw76k_6Ht1s>
[4] Cfr. MORTIMER, Emily, Entrevista para *Días de Cine*. Op. cit.
[5] Término acuñado por Hannah Arendt, filósofa política del sXX y recogido en su obra "Eichmann en Jerusalén", cfr. Majid Yar, Lancaster University (Gran Bretaña) en la Enciclopedia de Filosofía en internet <http://www.iep.utm.edu/arendt/#H6>
[6] LANCE, James, Entrevista en *Making Isabel Coixet's Bookshop*, publicada en Youtube el 20 de junio de 2018 <https://www.youtube.com/watch?v=Vw76k_6Ht1s>

Son especialmente entrañables la relación que establece con su "empleada" Christine Gipping, interpretada por Honor Kneafsey; y la imposible y sutil historia de amor con Mr. Brundish, interpretado por Bill Nighy. Ambos personajes se sienten atraídos por la candidez y el coraje de Florence Green y quieren acompañarla en su aventura. Los dos tratan de ayudar a la protagonista incluso con acciones un poco ingenuas. La interactuación con ambos nos muestra nuevas dimensiones de la protagonista. Para Florence, Christine es una niña lista a la que intenta acercar el gusto por los libros. Es con ella con la que empieza la cruzada para atraer a las gentes del pueblo hacia la lectura a pesar de que manifiestan desde el principio su distancia con los libros. En cambio, Mr. Brundish es un amante de los libros, tanto como Florence, y encuentran de alguna manera un alma gemela por su sensibilidad, su amor por los libros, y por su naturaleza solitaria. Entre Florence y Mr. Brundish surge una sutil historia de amor imposible narrada con delicadeza por la directora.

Dedicada a John Berger

Isabel Coixet dedica esta película al escritor John Berger, que falleció a principios del año 2017. Compartían el gusto por la poesía, las palabras y las historias con crítica social,[7] y estas son algunas de las características de *La librería*.

En esta película hay una presencia explícita de la poesía porque Florence y su marido fallecido se conocieron organizando la sección de poesía de una librería en la que traba-

---

[7] COIXET, Isabel, "Viajando con John", *XL Semanal*, 3 octubre 2017 <https://www.xlsemanal.com/firmas/20171003/isabel-coixet-viajando-con-john.html>

jaban, y él le leía poesía antes de acostarse. Toda la película respira amor a los libros por las palabras con las que describen la lectura, por el modo de manipularlos... son un refugio para Florence y para Brundish. Se hace referencia varias veces a la novela y poesía de Ray Bradbury. Parece que esto pedía una narración con tempo lento. Contribuye a la poesía de la cinta tanto la puesta en escena como el vestuario, la ambientación de los interiores... También está presente la poesía en la fotografía de la película, que está a cargo de Jean-Claude Larrieu (es la sexta película en la que cuenta con su colaboración): contrasta la luz naturalista de paisajes batidos por el viento con la iluminación casi teatral de algunas escenas, por ejemplo, la conversación de Florence Green con Mr. Raven en el muelle.

Rezuma amor a los libros desde el inicio hasta el final. Esta película da importancia a las palabras, a lo que se dice, pero también a los silencios, a las miradas, a las pausas y percepciones. Hay una narradora interna en un *flashback*, que ofrece una focalización[8], un punto de vista concreto: "Me dijo una vez: cuando leemos una historia, la habitamos (...) A ella más que nada en el mundo le encantaba el momento en que terminas un libro y la historia sigue viva en tu cabeza como un sueño muy real".

Esta sencilla historia encierra cierta crítica social por la hipocresía de algunos y la complicidad de otros. La narradora de la historia habla de una división del mundo entre exterminadores y exterminados, y muestra un pueblo que contribuye de manera consciente o inconsciente a que siga siendo así. Los personajes que tienen más poder en el pueblo tratan de manera condescendiente a esta corajosa mujer: el banquero la trata de manera paternalista, la modista la anima a llevar un vestido que desentona con el resto de los invitados a la fiesta de los Gamart, y la mujer más poderosa del pueblo pone todos los medios a su alcance para evitar que Florence logre su objetivo.

Documentación de una mirada

Es de todos conocido el gusto personal de Isabel Coixet por los libros, y quizá por eso no es la primera adaptación literaria que realiza la directora[9].

Tanto la autora del libro como la directora se identifican con la protagonista de la historia. Todo artista tiende a navegar en su propia interioridad -consciente o inconscientemente- como fuente de inspiración, y ese viaje interior queda reflejado en sus obras de

---

[8] *Cfr.* GENETTE, Gèrard, "Discours du récit", en *Figures III*, Le Seiul, Paris 1972, citado en AUMONT, Jaques y MARIE, Michel, *Análisis del film*, Paidós Comunicación, Barcelona 1998, p. 150.

[9] *La propia directora comenta sobre el libro, "era un texto sobre el mundo de los libros, y esa temática tiene para mí siempre un gran interés". TORREIRO, Mirito, cita una palabras de Isabel Coixet en un artículo de Mirito Torreiro del 20/10/2017 en Fotogramas <http://www.fotogramas.es/Cinefilia/La-libreria-Isabel-Coixet>*

modo más o menos patente. Es cierto que "un filme es siempre documentación de una mirada, la grabación de un contacto -posible- entre el autor y el mundo grabado, el mundo de quien mira sus películas"[10]. En este caso es una mirada compartida, ya que Fitzgerald refleja experiencias que ella misma vivió[11] y Coixet -como hemos comentado más arriba- se siente identificada con la protagonista por muchas situaciones de su propia vida.

La mirada personal de la directora de cine se pone de manifiesto en los múltiples detalles que componen la cinta. La propia Isabel Coixet opera la cámara durante sus películas y en este filme ofrece encuadres cuidados y movimientos de cámara con los que quiere hablar sin palabras, con un lenguaje puramente audiovisual.

Tanto el encuadre de Florence Green subiendo las escaleras de la casa de Mr. Brundish como su conversación en la playa hacia el final de la película, están milimetrados. Elige el encuadre y la cercanía de la cámara a los personajes y de los personajes entre ellos para mostrarnos la cercanía interior de ambos.

El uso de los picados y contrapicados para mostrar el estado anímico de la protagonista en sus conversaciones con algunos de los personajes que pueblan la historia, por ejemplo, en las conversaciones en el banco cuando va a pedir el préstamo o cuando va al final de la película.

Aunque personalmente me encanta la elección de encuadres y movimientos de cámara de modo expresivo, hay algunas elecciones en la película que pueden distanciar al espec-

---

[10] COLUSSO, Enrica, "La documentazione di uno sguardo", en BERTOZZI, Marco (ed), L'idea documentaria. Altri sguardi sul cinema italiano, Lindau, Turín 2003, pp. 67-76.
[11] Cfr. DOOLEY, Terrence, Posfacio ilustrado de la edición conmemorativa de FITZGERALD, Penelope, "La librería", ed. Impedimenta 2017.

tador, o incluso romper el pacto de lectura por estar poco justificadas. Por ejemplo, la forma de mostrar las cartas que se escribe durante la película con Mr. Brundish y con su abogado: en los dos casos vemos al personaje hablando directamente a cámara, rompiendo la cuarta pared, y sin una clara justificación expresiva para fundamentarlo.

La música compuesta por Vilallonga para esta película sirve para enfatizar o acompañar, raramente de contrapunto con lo que se muestra en la pantalla.

Es una película de tono intimista que narra en un tempo lento que permite detenerse en numerosos detalles, desde los claroscuros y los colores que marcan la ambientación del entorno de cada uno de los personajes, hasta objetos que descubren o evocan a personajes. Por ejemplo, los libros con los que la protagonista evoca a Mr. Brundish, o el pañuelo de Florence que vemos al principio y al final de la película.

THE BOOKSHOP (LA LIBRERÍA) (2017)
País: **España**
Dirección y Guion: **Isabel Coixet**
Fotografía: **Jean-Claude Larrieu**
Montaje: **Bernat Aragonés**
Música: **Alfonso de Vilallonga**
Diseño de producción: **Miquel Llorenç**
Vestuario: **Mercè Paloma**
Intérpretes: **Emily Mortimer, Bill Nighy, Patricia Clarkson, Honor Kneafsey, James Lance, Harvey Bennett, Michael Fitzgerald, Jorge Squet, Hunter Tremayne, Frances Barber, Gary Piquer**
115 minutos
Distribuidora DVD: **A Contracorriente**
Estreno en España: **10.11.2017**

Filmografía de Isabel Coixet como directora (últimas 10 películas)

- *Proyecto Tiempo* (2018).
- *La librería* (*The Bookshop (La librería)*, 2017).
- *Nadie quiere la noche* (2015).
- *Aprendiendo a conducir* (*Learning to Drive*, 2014).
- *Mi otro yo* (*Another Me*, 2013).
- *Ayer no termina nunca* (2013).
- *Mapa de los sonidos de Tokyo* (*Map of the Sounds of Tokyo*, 2009).
- *Elegy* (2008).
- *Paris, je t'aime* (2006).
- *La vida secreta de las palabras* (*The Secret Life of Words*, 2005).

Land of Mine (Bajo la arena) (Martin Zanduliet)

JOSÉ M. GARCÍA PELEGRÍN

La filmografía sobre la Primera Guerra Mundial se distingue por su carácter antibelicista. Las principales películas de este tema, como *Sin novedad en el frente* (MILESTONE, 1930), *La gran ilusión* (RENOIR, 1937) o *Senderos de gloria* (KUBRICK, 1957), son inequívocos alegatos contra la guerra. En contraposición a esto, en la cinematografía sobre la Segunda Guerra Mundial predomina -durante los primeros decenios posteriores al conflicto- una cierta exaltación del héroe, por supuesto norteamericano. Los filmes más conocidos de esta época, como por ejemplo *Los cañones de Navarone* (THOMPSON, 1961), *El día más largo* (VV.AA., 1962), *La gran evasión* (STURGES, 1963), *Doce del patíbulo* (ALDRICH, 1967), *El puente de Remagen* (GUILLERMIN, 1969) o *Patton* (SCHAFFNER, 1970), pertenecen a un género que podría denominarse "hazañas bélicas", por emplear el título de unos famosos cómics. De esas películas cabría inferir, además, que la Segunda Guerra Mundial fue exclusivamente un conflicto entre Estados Unidos y Alemania, o también entre Estados Unidos y Japón, pues la filmografía sobre la guerra en el Pacífico es asimismo bastante abundante.

En este periodo, las películas críticas con la guerra son una excepción; la probablemente más conocida es, significativamente, una película alemana: *El puente* (WICKI, 1959). Basándose en la novela homónima de Gregor Dorfmeister, Bernhard Wicki narra, con una dramaturgia muy medida y con gran dosis de emotividad, un capítulo funesto de la guerra: cómo un grupo de siete chicos de 16 años se encarga de defender un puente sin importancia estratégica ante al avance de las tropas norteamericanas. De este modo, el director denuncia una educación nazi que sustentó la quimera de creer en la heroica muerte por la patria. Es decir, justo lo contrario de la exaltación del héroe en las películas norteamericanas de la época.

Por otro lado, los países que la Alemania nazi mantuvo ocupados durante cuatro o cinco años, prácticamente no aparecen en el mapa cinematográfico de la Segunda Guerra Mundial, excepción hecha de Francia -recuérdese por ejemplo ¿*Arde París?* (CLÉMENT, 1966) y la reciente *Diplomacia* (SCHLÖNDORFF, 2013)-, más tarde también de Polonia -por ejemplo, *Korczak* (WAJDA, 1990), *El pianista* (POLANSKI, 2002) y *Katyn* (WAJDA, 2007)- y de alguna otra película aislada, como *El noveno círculo* (STIGLIC, 1960), que se desarrolla en Croacia. Del resto de los países que ocuparon los alemanes durante la Guerra apenas hay presencia en la geografía filmográfica del conflicto. Solo en los últimos años se han ido rodando filmes ambientados en esos países europeos que sufrieron la terrible ocupación, y aún así siguen siendo muy escasos: *La lista negra* (VERHOEVEN, 2006) trata de buscar un equilibrio entre el colaboracionismo y la resistencia en los Países Bajos; más recientemente *Operación Anthropoid* (ELLIS, 2016) se centra en el atentado contra Reinhard Heydrich, el "número 2" de las SS y jefe de las tropas de ocupación en Checoslovaquia. *Land of Mine (Bajo la arena)* viene a sumarse a estas películas que, por así decir, descubren un nuevo país en el mapa cinematográfico de la Segunda Guerra Mundial: Dinamarca.

Un "nuevo" país en el mapa del cine sobre la Segunda Guerra Mundial

Dinamarca estuvo ocupada por la Alemania nazi durante más de cinco años, prácticamente toda la guerra: de abril de 1940 a mayo de 1945. Su especial significado geopolítico para el Tercer Reich se apreciará cuando, tras el invierno de 1942/1943, vaya quedando cada vez más patente que Alemania no ganará la guerra: Hitler está convencido que los Aliados, para entrar en Alemania, desembarcarán en Dinamarca y no -como realmente sucedió- en Normandía. Por esta razón, las tropas alemanas sembraron de minas la costa occidental danesa. Al finalizar la guerra se estima que había allí 2,2 millones de minas, más que en todos los demás países europeos juntos. El ejército danés, de acuerdo con el británico, que había liberado el país, decide que sean los prisioneros alemanes de guerra los que se ocupen de limpiar las costas de minas. Teniendo en cuenta que la gran mayoría de esos prisioneros de guerra eran muchachos de apenas 15 y 16 años, procedentes de las juventudes hitlerianas y sin apenas formación militar, una misión prácticamente suicida. Motivo por el cual este episodio de la inmediata postguerra siguió siendo durante decenios un tema tabú, como declara el guionista y director de *Land of Mine (Bajo la arena)*, Martin Zandvliet:

> «Por supuesto que los responsables de esa guerra no eran esos jóvenes alemanes, sino la Alemania nazi. Pero, al proceder del país que provocó la guerra, han de asumir las consecuencias, convirtiéndose en víctimas. La película analiza en cierto modo también la culpa danesa en ese capítulo de la postguerra. Un capítulo que en Dinamarca no se ha tratado nunca realmente en la opinión pública, pues posiblemente nos grava demasiado la conciencia histórica» (ZANDVLIET). «Me parece importante decir que esta película no tiene como fin defender, en ningún caso, a los alemanes. Es muy posible que esos muchachos hicieran cosas terribles antes de ser destinados a retirar la minas. Y, por supuesto, también sabemos que Alemania cometió enormes atrocidades que no se pueden ni comparar con las que sucedieron en el Mar del Norte danés. Pero el quid de la cuestión es que esa mentalidad del "ojo por ojo" nos hace perdedores a todos» (BRASK RASMUSSEN).

El director danés no solo ha roto con un tabú de las postguerra danesa, sino que además presenta en su película a daneses que buscan venganza: no solo el capitán Ebbe Jensen se muestra despiadado; además, en el filme aparece una campesina que también quiere poner su "granito de arena" en la venganza contra los soldados alemanes.

En *Land of Mine (Bajo la arena)*, Zandvliet rescata ahora este capítulo olvidado o reprimido. El director y guionista trabaja desde comienzos de siglo fundamentalmente como editor; como realizador y guionista había rodado hasta ahora dos largometrajes: *Applaus* (2008) y *Dirch* (2011), por las que obtuvo algunos premios europeos e internacionales y fue seleccionado para otros muchos. Su tercer largometraje, que en 2017 fue nominado al Oscar a la mejor película en lengua no inglesa, se centra en un pelotón de doce prisioneros alemanes de 15 a 19 años que -al mando del sargento Carl Leopold Rasmussen (Roland Møller)- es enviado a una playa idílica, pero atestada con 45.000 minas, que han de desactivar a cambio de conseguir la libertad.

Martin Zandvliet introduce en el filme ofreciendo, en una especie de prólogo, unos brochazos con los que se perfila la personalidad del, o mejor, de uno de los protagonistas, el suboficial danés Rasmussen. Al pasar, en dirección contraria, a lo largo de una interminable fila de soldados alemanes, descubre que uno de ellos lleva plegada una bandera danesa. El sargento desciende de su jeep y propina una brutal paliza al soldado alemán: «Esta no es tu bandera -le increpa al quitársela-. Este es mi país: fuera de aquí». En el título internacional de la película en inglés, *Land of Mine*, hay precisamente un juego de palabras: puede significar tanto "mi país" como "país de minas". Esas pinceladas, aun dadas con una cierta "brocha gorda", resultan eficaces: Rasmussen aparece lleno de odio tras haber sufrido -como ha dicho el cartel introductorio a la película- cinco años de ocupación por el ejército alemán.

Para presentar a los otros protagonistas, a esos doce soldados alemanes, Zandvliet recurre a una sucesión de primeros planos: en el compartimento de carga de un camión, en semioscuridad, la cámara va iluminando uno a uno sus rostros. Entre ellos, excepción hecha de los gemelos Ernst y Werner, que se miran entre sí, no hay ni diálogo ni contacto visual; las miradas, vacías. La atmósfera, opresiva y agobiante, hace palpable su inseguridad y su temor. Si bien la cámara, con su cercanía, ha mostrado a algunos de esos muchachos, aún son únicamente un grupo, un grupo además sin pasado. De este no se dice nada, porque para la dramaturgia de la película es suficiente con lo que el espectador puede suponer; lo más probable es que formaran parte del último relevo de Hitler, el llamado Volkssturm ("tropas populares de asalto"), con edades entre 16 y 18 años. Lo que hubieran hecho ellos o sus padres -es muy probable que, al menos en su mayoría, también ellos habían sido llamados a filas- no le interesa a Zandvliet. El guionista y director los presenta como muchachos, por lo demás, normales; los temas de sus conversaciones son los propios de su edad: la profesión que van a seguir cuando vuelvan a Alemania, o la novia que algún día tendrán.

Recuerdan a ese grupito de muchachos de la película antibelicista clásica alemana, antes mencionada, *El puente*. Ahora bien, sus caracteres no están tan desarrollados como los del filme de Bernhard Wicki. En realidad, solo destacan entre ellos Helmut (Joel Basman) y Sebastian (Louis Hofmann), también por tener un temperamento contrapuesto: Helmut es irascible; su único objetivo es escapar. Sebastian, sosegado y pese a ser menor que Helmut, es el más juicioso del grupo, lo que le permitirá ir ganando la confianza del suboficial danés. El propio actor Louis Hofmann describe a Sebastian con las siguientes palabras:

> Por actuar de un modo reflexivo y saber lo que hay que hacer en todo momento, acepta el papel de líder del grupo. Para poder sobrevivir, alguien tiene que ocuparse de los otros. Sebastian no es egoísta, a diferencia de Helmut, que por eso actúa de modo irreflexivo. Por ello son interesantes los momentos en que se enfrentan el uno al otro. Es muy importante la relación con Rasmussen, porque él es el punto de unión entre el danés y los muchachos alemanes. Lo que les une es la fe en la humanidad.

Al término de la Segunda Guerra Mundial, bastantes prisioneros alemanes de guerra -la mayoría, muy jóvenes- son destinados a retirar las minas con las que la ocupación alemana había sembrado las costas danesas.

Sebastian intenta tratarlo con sinceridad, lo que le abre el acceso al suboficial. Pero también Carl Rasmussen, que primero ve a los muchachos únicamente como alemanes, como representantes de esos nazis que tanto odia, comienza poco a poco a tratarlos como individuos (GARCÍA PELEGRÍN).

Aunque Rasmussen comienza a tratar a sus prisioneros como seres humanos, ha de seguir las órdenes del joven capitán Ebbe Jensen (Mikkel Boe Foelsgard), que se muestra inmisericorde con ellos y quien, respecto a la juventud de los prisioneros alemanes, defiende la posición de «quien tiene la suficiente edad para ir a la guerra, también la tiene para desactivar las minas». Además, el suboficial danés está marcado por el odio a los alemanes, tras los cinco años de ocupación. En cualquier caso, la evolución que experimentarán los dos personajes principales de *Land of Mine (Bajo la arena)* tiene mucho que ver con la fluctuante relación que se establecerá entre ellos dos.

En el filme destaca el lenguaje visual sobre los diálogos

Para crear tensión, a Martin Zandvliet le basta con las imágenes de los jóvenes soldados arrastrándose sobre la arena de la playa y explorando con cuidado, con un palo, metro cuadrado a metro cuadrado, una tensión que fácilmente llega al espectador. Cuando el director emplea imágenes de tal impacto, no necesita explayarse en diálogos. Estos, efectivamente, son pocos. *Land of Mine (Bajo la arena)* confía en las imágenes que marcan la dramaturgia de la película: la latente amenaza constante en un bellísimo paisaje, las playas de la costa oeste danesa, que la directora de fotografía Camilla Hjelm Knudsen presenta como un lugar paradisíaco. En el contraste entre los dulces colores pastel de la costa del Mar del Norte y la serenidad que despiden las suaves dunas y la dureza de la historia que está narrando radica buena parte del atractivo de la película.

El filme apenas emplea música

Del mismo modo que Martin Zandvliet no necesita diálogos abundantes, tampoco emplea la música para crear efectos de tensión. *Land of Mine (Bajo la arena)* no precisa suspense añadido -como hacen tantas otras películas, por ejemplo *thrillers*- para mantener una permanente inquietud que se desprende del propio contexto y de los personajes.

Para ello, el director cuenta con dos actores alemanes que, a pesar de su juventud, ya tienen una experiencia notable: el suizo Joel Basman estuvo nominado al Premio Alemán de Cine en 2015 y también ha rodado en Hollywood. Louis Hofmann fue nombrado *shooting star* en la Berlinale de 2017; recientemente ha desempeñado el papel principal en *Dark*, la primera serie alemana rodada para la plataforma Netflix. Sobre el actor danés Roland Møller -al que bien puede considerarse el protagonista del filme- dice Louis Hofmann, en la entrevista anteriormente mencionada: «Tuvimos el gran privilegio de tener a nuestro lado a un actor, Roland Møller, que se mete de lleno en su trabajo. Con él, no había más remedio que tomárselo muy en serio. Él mismo califica de debilidad que a veces pierde un poco el control; pero yo diría que era más bien algo positivo que de vez en cuando, espontáneamente, perdiera un poco los estribos. Así nos hacía confrontarnos con nuestro papel».

A diferencia de otras películas como las señaladas al principio, Martin Zandvliet no cede a la tentación de presentar a los jóvenes alemanes como héroes: si hacen ese peligrosísimo trabajo es porque no les queda otro remedio. Y lo hacen para conseguir la libertad, que es lo que les han prometido a cambio. Con una ingenuidad propia de su edad, los muchachos alemanes se parecen en buena medida a los estudiantes que, en *Sin novedad en el frente*, se presentan voluntarios a la Primera Guerra Mundial, o a los chicos que, en *El puente*, quieren ser por fin soldados. Al igual que en *Sin novedad en el frente* el espectador sigue durante la guerra al soldado Paul Bäumer, de 17 años, quien pierde su vida pocos días antes de finalizar la contienda («un día en que todo el frente estaba tan tranquilo y callado que el parte de guerra se limitó a decir "sin novedad en el frente"»), en el filme de Zandvliet tiene como personaje de identificación a Sebastian. Sin necesidad de postizos énfasis, *Land of Mine (Bajo la arena)* se viene a sumar a esos filmes pacifistas. Aunque al final no ganara el Oscar, la película de Martin Zandvliet ocupa ya un puesto importante en la filmografía sobre la Segunda Guerra Mundial.

UNDER SANDET (2015)
País: **Dinamarca, Alemania**
Dirección y Guion: **Martin Zandvliet**
Fotografía: **Camilla Hjelm**
Montaje: **Per Sandholt, Molly Marlene Stensgaard**
Música: **Sune Martin**
Diseño de producción: **Gitte Malling**
Vestuario: **Stefanie Bieker, Claudia Maria Braun**
Intérpretes: **Roland Møller, Mikkel Boe Følsgard, Louis Hofmann, Joel Basman, Oskar Bökelmann, Emil Belton, Oskar Belton, Leon Seidel, Karl Alexander Seidel, Aaron Koszuta**
101 minutos
Distribuidora DVD: **Sherlock**
Estreno en España: **10.3.2017**

Filmografía de Martin Zandvliet como director

- *Land of Mine (Bajo la arena)* (*Under sandet*, 2015).
- *Dirch* (2011).
- *Applaus* (2008).

Gracias a su sensatez, el joven Sebastian (Louis Hofmann, izqda.) va ganando poco a poco la confianza del sargento danés Rasmussen (Roland Møller).

FUENTES

- BRASK RASMUSSEN, Anita. *Unter dem Sand. Eine dänische Autorin über den Film.* 10-04-2016. Recuperado de <https://weltexpresso.de/index.php/kino/6980-unter-dem-sand-eine-daenische-autorin-ueber-den-film>

- GARCÍA PELEGRÍN, José. Entrevista con el actor Louis Hofmann con ocasión del estreno de la película en Alemania el 07-04-2016. Recuperada de <http://textezum-film.de/sub_detail.php?id=1624>

- MILESTONE, Lewis (Director). (1930). *All Quiet on the Western Front* [Película]. Estados Unidos: Universal Pictures.

- WICKI, Bernhard (Director). (1959). *Die Brücke* [Película]. Alemania: Fono Film.

- ZANDVLIET, Martin. Declaraciones (en alemán). 10-04-2016. Recuperadas de <https://weltexpresso.de/index.php/kino/6979-unter-dem-sand-was-der-regisseur-zu-seinem-film-meint>

La tortuga roja (Michael Dudok de Wit)
SANTIAGO CUBILLO

Michael Dudok de Wit ganó el Oscar al mejor cortometraje de animación en el año 2000 por *Padre e hija*. Es una pieza en blanco y negro, con algún matiz ocre y sin una sola palabra. La historia no las necesita. El silencio de una niña que espera a su padre es suficiente para no llevarla. Una música soberbia acompaña un dibujo sencillo, y con qué resultados. Con suavidad toca las emociones del espectador. Con elegancia habla de grandes temas como la nostalgia o la madurez.

Es imposible comprender hasta qué punto es una maravilla este cortometraje sin verlo. Y el hacer hincapié en esto, aparte de como recomendación, viene por el hecho de que no se puede entender *La tortuga roja* sin esta obra. Y no es por los temas, aunque compartan alguno, ni por el dibujo. Fue *Padre e hija* lo que permitió que este proyecto se formulase.

Cuenta Vincent Maveral que, en una visita al Studio Ghibli, Hayao Miyazaki le enseñó el cortometraje y le pidió que encontrase al director. Aseguró que si Ghibli decidía producir a un animador de fuera del estudio, sería él. Y fue el apoyo del estudio nipón lo que hizo que Dudok de Wit decidiera lanzarse al proyecto. Lo más particular del caso es que la intervención de Ghibli fue bastante escasa. Se hizo en Europa sin un solo animador japonés. La historia y el estilo gráfico fueron propuestos por Dudok de Wit a petición de Isao Takahata.

El asunto es el siguiente: se pueden hacer paralelismos entre *La tortuga roja* y el resto de películas del Studio Ghibli. Se podría hablar de la temática marina que comparte con *Ponyo en el acantilado*. O de la animación de los cangrejos, que recuerda a los espíritus del polvo de *El viaje de Chihiro*. Está claro que hay una influencia. Ahora bien, la realidad es que el director tuvo casi carta blanca en cuestión de forma y estilo. Las similitudes parecen venir, más que de una imposición, de una sensibilidad compartida. Y por ello, mucho más interesantes que los parecidos, son las diferencias.

La naturaleza cruel de la isla

En *La tortuga roja* la naturaleza tiene un papel protagonista, algo frecuente en las películas de Ghibli. Ahora bien, la forma en la que la trata es totalmente distinta. Por ejemplo, en *La princesa Mononoke* y *Nausicaä del Valle del Viento*, el principal conflicto temático es entre seres humanos y naturaleza. Las dos situaciones de guerra presentadas tienen una misma causa: la maldad del hombre. Ambos héroes consiguen una redención para, por así decirlo, los pecados del resto. De esa forma alcanzan la paz.

El papel de la naturaleza en la película que nos ocupa es el de antagonista principal, pero nada tiene que ver con las películas arriba mencionadas. Está libre de cualquier motivo. Más que buena o mala, simplemente es. Y si en *Ponyo en el acantilado* o *Mi vecino Totoro* es una compañera de juegos, aquí es un entorno cruel, repleto de muerte. Jamás se podría ver en una película de Miyazaki una escena en la que al protagonista le dan arcadas mientras quita la piel a una foca muerta.

En esta narración es el hombre el que introduce el bien y el mal. El que comparte su comida con animales, el que se compadece del animal al que acaba de condenar a una muerte cruel. Y es por eso que no solo se vuelve una parte de ese entorno, sino que le da sentido. No solo es una cuestión de supervivencia, también es un arco interior. La historia habla de un náufrago que encuentra su sitio en el mundo. Como señala Dudok de Wit en su entrevista con Kurt Halfyard:

> En *La tortuga roja* tenía varias emociones, una de ellas era una profunda admiración por la naturaleza. No solo animales bonitos y bellos paisajes, sino también el cielo gris y la lluvia. Muerte y crecimiento. Cuando caminamos en la naturaleza, es lo que quería explorar. Era lo que me emocionaba. Pero esto incluye a la naturaleza humana. Quería explorar mi respeto por el ser humano.

Más que una aventura a lo *Robinson Crusoe*, es un viaje a la esencia del hombre. No se trata de supervivencia, sino de lo que se refleja en las situaciones extremas. De la alegría, de la rabia, de la desesperación. La lucha contra la isla, la primera parte, tiene un factor místico. Especialmente relevante es la vuelta del segundo viaje en la que el hombre, exhausto, yace en la espesura. Un milpiés le recorre el pie desnudo sin que reaccione. Como un animal muerto, derrotado.

La muerte es otro aspecto central. La cría de tortuga que no llega al mar es devorada por un cangrejo, que son a su vez alimento de gaviotas. La mosca que se alimenta de un pez muerto termina en la tela de una araña. Ninguna película de Ghibli, con tal vez la excepción de *El viento se levanta*, trata la muerte de una forma tan próxima.

Eso se refleja en el estilo de la película. Colores apagados, dibujo sencillo. Y qué belleza tan elegante consigue. Aunque es visible la influencia oriental, más lo es la europea. En concreto, Hergé.

La mujer tortuga

Las sirenas, criaturas mitológicas fascinantes en todas sus versiones. Las mitad ave, mitad mujer que con sus cantos llevan a los hombres a su perdición entre los escollos del mar. Aquel famoso pasaje de la *Odisea* en la que Ulises pide que le aten al mástil mientras el resto de marineros tienen los oídos tapados. Una llamada tan poderosa que ni el héroe griego pudo resistirse.

La de Andersen, la sirenita enamorada que abandona su vida en el mar para, muda y entre enormes dolores, estar con su amado. La criatura que renuncia a todo, incluso a su vida, por el bien de su amado.

Como señala Mark Kermode en su crítica en *The Guardian*, hay reminiscencias a *La canción del mar*. Una joya de animación estrenada en 2014, es decir, cuando *La tortuga roja* ya estaba en marcha. La versión irlandesa, las *selkies*, mujeres foca. Según la leyenda, basta con robarle la piel para que se quede en forma humana para siempre. En las historias suele recuperar su piel para, abandonando al marido, regresar al mar.

Tres mitos con solo una cosa en común, tienen parte del camino entre hombre y mujer. Cada una es una parte diferente. La de Andersen es un amor no correspondido, muerto antes de nacer. El de las *selkies* es un amor que se gana y se pierde. Las sirenas de Homero son las tentaciones que pueden llevar al desastre. ¿Dónde está la mujer tortuga entre ellas?

Que no deje que el náufrago se marche en la barca podría ser el indicio de un amor prematuro. El hecho de que le rompa la barca recuerda a las que enfrenta Ulises. Es comparable a la mujer foca que se casa con el pescador que la captura. Hay cosas en común. Cuando a Dudok de Wit le preguntaron el porqué de la tortuga en una entrevista a *The Independent*, contestó:

> La tortuga tiene una combinación de significados para mí. Por ejemplo, está claro que es totalmente una con la naturaleza; nadando sola por miles de millas, pertenece al infinito espacio del océano, al infinito, y aún así se puede mover por tierra y respirar aire como nosotros; transmite la sensación de que es inmortal, pacífica, magnífica sin ser dulce, con su caparazón y su cara de reptil.

Parece que la decisión de elegir una tortuga no es una cuestión de estética, sino también de significado. La palabra concreta es trascendencia, lo que la tortuga aporta a la historia. Y es que ésta tiene algo que las otras no tienen. El náufrago y la tortuga, ambos, renuncian a sus mundos para estar el uno junto al otro. Es una decisión libre. Es una historia de un amor completo.

El niño que no sabía hablar

Le duela a quien le duela, un niño es la culminación del amor. No le tiembla la mano al autor cuando introduce al hijo de la mujer tortuga y el náufrago. Una historia de dos pasa a ser una historia de tres. Con rapidez pasan las épocas del infante hasta la madurez. El tsunami que casi le arrebata a su padre se vuelve la prueba de fuego del joven.

Es una película sobre la vida, sobre los ciclos que hay en ella. Que el hijo abandone la isla en busca de su sitio en el mundo, algo que su progenitor nunca hizo. Ya no le hacía falta. El padre que muere tranquilo cerca de su ser amado, de la mujer tortuga que vuelve al mar. Un ciclo que nace, otro que muere y otro que sigue. Y todo sin una palabra.

Si el teatro se construye sobre el diálogo, el cine lo hace sobre la acción. Cuando en pantalla se explica demasiado, se suele caer en contenido basura, un ejemplo son las telenovelas. En las obras maestras, los mejores momentos suelen estar construidos con poco o ningún diálogo. Al decidir lo que el público ve, se puede hablar sin palabras.

En un principio había diálogo en *La tortuga roja*. Dudok de Wit decidió retirarlo ya que consideró que era innecesario, y realmente lo es. No hay una sola escena en la que la ausencia de palabras resulte forzada. Lo que es más, se agradece que la narrativa sea solo con acciones. La mejor consecuencia de esta particularidad es que cada espectador interpreta la película a su manera. Como pasaría ante un cuadro o una sinfonía.

No hay palabras, pero la historia está llena de sonidos. No solo la música y los gritos del náufrago, sino la misma isla, que parece estar viva. La lluvia torrencial que, a lo lejos, parece un monstruo que se acerca. Los insectos por las noches. El incesante arrullo de las olas. No es una isla paradisíaca, pero tampoco inhóspita. Tal vez sea ese realismo el que haga que parezca estar tan viva.

El protagonista tiene varios sueños. En cierto punto casi alucinaciones. Apenas puede dar crédito cuando ve que la tortuga se ha convertido en una mujer. Y ese es el punto inesperado. El comienzo de una historia imposible. Y qué suspensión de la incredulidad más fácil termina resultando. Es una forma de indicar al espectador que no se quede solo con lo que ve, sino que vaya un poco más allá.

Una reflexión sobre el sentido de la vida del ser humano. Y lo consigue sin ser ambicioso. Con pequeños detalles. Los recién conocidos que comen juntos con timidez. La familia alegre en torno al fuego. Las pequeñas cosas que construyen un todo. Y es que más que una película para ser vista, esta hecha para ser contemplada.

LA TORTUE ROUGE (2016)
País: **Francia, Bélgica, Japón**
Dirección y Diseño de producción: **Michael Dudok de Wit**
Guion: **M. Dudok de Wit, Pascale Ferran**
Montaje: **Céline Kélépikis**
Música: **Laurent Perez Del Mar**
80 minutos
Distribuidora DVD: **Karma**
Estreno en España: **13.1.2017**

Filmografía de Michael Dudok de Wit como director

- *La tortuga roja* (*La tortue rouge, 2016*).
- *The Aroma of Tea* -cortometraje- (2006).
- *Padre e hija* -cortometraje- (*Father and Daughter*, 2000).
- *The Monk and the Fish* -cortometraje- (*Le moine et le poisson*, 1994).
- *Tom Sweep* -cortometraje- (1992).

FUENTES

- MIYAZAKI, Hayao (Director). (1984) *Nausicaä del Valle del Viento*. [Película]. Japón: Topcraft.
    — (1988) *Mi vecino Totoro*. [Película]. Japón: Studio Ghibli.
    — (1997) *La princesa Mononoke*. [Película]. Japón: Studio Ghibli.
    — (2001) *El viaje de Chihiro*. [Película]. Japón: Studio Ghibli.
    — (2008) *Ponyo en el acantilado*. [Película]. Japón: Studio Ghibli.
    — (2013) *El viento se levanta*. [Película]. Japón: Studio Ghibli.

- MOORE, Tomm (Director). (2014). *Song of the sea*. [Película]. Irlanda: Cartoon Saloon.

- KERMODE, Mark (2017). *The Red Turtle review - rapturous minimalism from Studio Ghibli*. 28 may. Recuperada de <https://www.theguardian.com/film/2017/may/28/the-red-turtle-review-studio-ghibli-masterpiece>

- LOUGHREY, Clarisse (2017). *The Red Turtle: Director Michael Dudok de Wit on his unique collaboration with Studio Ghibli*. 30 may. Recuperada de <https://www.independent.co.uk/arts-entertainment/films/features/the-red-turtle-studio-ghibli-michael-dudok-de-wit-interview-animation-cannes-2016-release-date-a7763506.html>

- HALFYARD, Kurt (2017). *Interview: THE RED TURTLE Director Michael Dudok de Wit Talks Studio Ghibli and More*. 26 ene. Recuperada de <https://screenanarchy.com/2017/01/interview-the-red-turtle-director-michael-dudok-de-wit-talks-studio-ghibli-and-more.html>

La vida y nada más (Antonio Méndez Esparza)
FERNANDO HERNÁNDEZ BARRAL

"Siempre he estado interesado en las historias sobre el día a día que me hacen cuestionar mi posición para mostrar realidades que me son absolutamente ajenas", declara Antonio Méndez Esparza, el director de *La vida y nada más*. Con su segundo largometraje, el realizador madrileño afincado en Estados Unidos insiste en un cine que se afana en el camino difícil: la creación de películas que también sirvan como instrumento de conocimiento. Se trata por tanto de una propuesta neorrealista.

El filme ha sido galardonado con el premio más importante del cine independiente norteamericano. La noche del 25 de febrero de 2018, víspera de los premios Oscar, en la playa de Santa Mónica se reunieron muchas de las estrellas que al día siguiente participarían del mayor evento de la industria cinematográfica. Sin embargo, en los Spirit Awards ni el posado, ni el vestuario muestran la vanidad del glamour. Sobra el *smoking* y el estilismo recargado. Se trata de unos premios *indie*, etiqueta asumida por un puñado de creadores todavía famosos -Jarmusch, los hermanos Coen, Lynch-, otros olvidados -Hartley, Rudolph, DiCillo-, que insuflaron cierta energía en el fosilizado panorama del cine americano de los ochenta.

El trabajo de Regina Williams podría valer para descifrar las claves de la propuesta de Méndez Esparza.

Cine *indie*

Los Spirit representan quizás el último reducto de un movimiento tal vez superado. El Festival de Sundance, otrora punta de lanza, se ha convertido en un evento burgués. Por otra parte, aquellos directores que encabezaron el movimiento se han visto obligados a integrarse de alguna manera en la industria que vio con buenos ojos la creación de sellos independientes asociados a las grandes productoras para abarcar proyectos de menor presupuesto, pero sujetos por su estrategia comercial. El tiempo demostró que la tan alabada revolución del *indie* quizá no fue más que un recurso de marketing.

Las raíces del cine americano verdaderamente independiente habría que buscarlas en otras tradiciones que las del Festival de Utah. En ese contexto de crisis del modelo del cine independiente norteamericano, los Spirit mantienen un cierto equilibrio entre el mercado y la radicalidad. Para los proyectos más mohicanos quedan galardones como el John Cassavetes Award, un premio que destaca las producciones de menos de 500.000 dólares que resaltan por su potencia fílmica. La nómina de ganadores es espectacular y denota la clave prospectiva con la que el jurado juzga las películas seleccionadas.

Se podría decir que el John Cassavetes es un premio muy influyente por la capacidad que tiene de señalar el cine que viene. En 1999 lo ganó una película que cambió la narrativa -no sólo cinematográfica, sino audiovisual-. *The Blair Witch Project* (*El proyecto de la bruja de Blair*, 1999) supuso la entronización del subgénero del metraje encontrado que dominaría la producción terrorífica en las décadas siguientes; además, marcó el giro del documental televisivo hacía una telerrealidad más ficcionada. Seguirían *The Station Agent* (*Vías cruzadas*, 2003), obra maestra de Tom McCarthy, que ganaría el Oscar doce años más tarde con *Spotlight*, y una película -*Humpday* (2006)- manifiesto de un nuevo movimiento, el *mumblecore*, o cine de bajo presupuesto inscrito en la dramedia que funciona como respuesta a la saturación audiovisual recalentada.

Y la noche del 25 de febrero, la voz de Robert Pattinson anunció que el premio cuyo nombre pertenece al del vate del cine *indie* había recaído en una oscura película española, que no solo muy poca gente había visto sino que aún no se había estrenado en EE.UU. *La vida y nada más*, además, tenía otra nominación que no consiguió, pero que sin embargo mostraba una gran fuerza simbólica. Regina Williams, la intérprete no profesional que protagoniza la cinta, compartió nominación a mejor actriz con luminarias de la talla de Frances McDormand, Margott Robbie, Saoirse Ronan y Salma Hayek. Por la densidad de la propuesta y la calidad del premio, se puede decir que *Life & Nothing More* es la película española más importante de 2017 y quizá una de las diez más notables en lo que llevamos de década.

Neorrealismo puro

El trabajo de Regina Williams podría valer para descifrar las claves de la propuesta de Méndez Esparza. La elección de una actriz no profesional para un papel de madre coraje emparenta la cinta inmediatamente con el neorrealismo italiano. La aplicación del director para la beca Guggenheim que le ha ayudado a llevar el proyecto a buen puerto desvela una afinidad del realizador con los presupuestos de Cesare Zavattini -guionista fundador en los años cincuenta del pasado siglo del movimiento neorrealista-. En concreto asume la pretensión de que la película no ha de contar una historia, sino buscar que la historia surja de la propia realidad. Se trata, por tanto, del neorrealismo más puro, aquel que usa el cine como instrumento de conocimiento.

Si Méndez se cuelga del guionista de *Ladrón de bicicletas* es porque aplica las razones teóricas de aquel a su manera de hacer cine. El currículo del director delata una llegada tardía a la dirección -después de estudiar Derecho-, pero sólidamente enraizada en el núcleo formativo de las grandes universidades norteamericanas -Columbia, UCLA y Florida State, donde Méndez Esparza es profesor-.

Regina Williams es una no-actriz a la cual se le concede -como al resto de actores que tampoco son profesionales- el peso de un filme cuya aspiración es la conquista de "la historia". Se trata, por tanto, con *La vida y nada más* de seguir los presupuestos del ideólogo del Movimiento Neorrealista, ideas que en su momento los directores afines no llevaron hasta las últimas consecuencias excepto en contadas excepciones. Hay que recordar que Rossellini o Pasolini filmaron los dos con una actriz tan poco neorrealista en su método como Ana Magnani, combinando por tanto la interpretación de otros actores no profesionales con la experiencia de la torrencial actriz de *Roma, città aperta*.

Méndez Esparza va más allá y decanta el código neorrealista con precisión *jansenista*. No hay que olvidar que toda la modernidad que venía después bebía del breve movimiento (1945-1952).

Por eso la película es inicialmente ardua en su consideración de espacios e interpretaciones. Domina una actuación sugerida, nunca impuesta por un libreto dialogado. Los actores no recitan las frases del guion, al menos no lo hacen en un tono tradicional. El fraseo surge más de un modo naturalista pero ajeno a la trivialidad del antes citado *mumblecore*. El diálogo es intenso, casi siempre cercano a los dilemas universales.

Diferentes influencias

Hubo en el neorrealismo una pretensión ciertamente pedagógica que Méndez Esparza no esconde. La temática emparenta a la propuesta con realizadores europeos como Laurent Cantet. Aunque la película esté rodada en inglés, la influencia del cine rumano es notable en la elección de un operador como Barbu Balasoiu, un director de fotografía que impone su dominio del "grado cero" de la puesta en escena con sus planos secuencia compuestos de manera sabia a través de elementos de montaje interno. Balasoiu venía de rodar la obra maestra de Puiu, *Sieranevada* (2015), que se mueve por terrenos afines a los del largometraje de Méndez Esparza con el que ya había trabajado en su primer filme, la reveladora *Aquí y allá* (2012). Si bien es cierto que *Life & Nothing More* respira más por los exteriores que la cinta rumana, la condición opresiva de los escenarios naturales emparenta a las dos películas (hay quizás en *La vida y nada más* un mayor gusto por la profundidad de campo tratada de una manera creativa, sin caer en el "todo visible" del filme de Puiu).

La película es ascética y exigente en sus dos primeros tercios, precisamente aquellos que Zavattini definiría como los del *pedinamento*, palabra que precisaba la búsqueda de la historia como una epifanía natural decantada de la realidad social. Finalmente, en el último tercio el filme vuela hacia una conclusión -los últimos diez minutos son prodigiosos- totalmente coherente y a la vez maravillosa. Se diría que Méndez Esparza niega el género y todas las servidumbres que conlleva, lo desnuda, lo pule con ayuda de sus actores, y luego vuelve a él una vez lo ha despojado.

Hay algo muy neorrealista en la conquista de la banalidad cinematográfica que propugna el filme. El argumento, "chico con problemas, madre soltera con más problemas", podría dar para un telefilme. Sin embargo, el decantado del material -la forma- rescata el tema y lo eleva por encima de un tratamiento que podría haber sido superficial. Una vez culminado el viaje, el espectador de *La vida y nada más* también es otro, el desescombrado de la imagen tópica del adolescente problemático purifica la mirada de la audiencia, que de pronto se encuentra en un espacio diferente, mucho más libre.

Sería revelador confrontar las imágenes de la película de Méndez Esparza con la cultura visual que rodea al joven afroamericano en la América actual. En *La vida y nada más* se asiste a un milagro -la película tiene también un claro referente en *Los cuatrocientos golpes*- como el que experimentaba Antoine Doinel. Una epifanía de desnudez y ecología iconográfica. Basta pensar en una serie como *Por trece razones*, de Netflix, o el gran éxito nórdico *Skam*. El culto a las redes sociales, a la satisfacción inmediata de imágenes producidas como apéndices de un pensamiento no reflexivo, chocan contra un muro casi infranqueable en la propuesta de la ganadora del Independent Spirit.

Quizás sea el gran valor del filme, que recupera un espacio bastante maltratado en el cine español más reciente. Ciertamente la cuenta de resultados de las producciones patrias ha experimentado un superávit notable; sin embargo, la cultura visual, la creación de imágenes que representan un momento vital, se ha resentido. Cabe aventurar que dentro de unos años, cuando el espectador patrio trate de recuperar la imagen de este comienzo de milenio a través del espejo del cine español, la orfandad será manifiesta. Méndez Esparza triunfa allá donde otros han fracasado. Curiosamente, *La vida y nada más* es una película muy española, rodada con actores norteamericanos en inglés. Le ocurre un poco como al Wim Wenders de *Alicia en las ciudades* o *París, Texas*, el realizador ha tenido que viajar al territorio que coloniza nuestros sueños para encontrar su verdadera expresión.

LA VIDA Y NADA MÁS (LIFE & NOTHING MORE) (2017)
País: **España**
Dirección y Guion: **Antonio Méndez Esparza**
Fotografía: **Barbu Balasoiu**
Montaje: **Santiago Oviedo**
Diseño de producción y Vestuario: **Claudia González**
Producción: **Amadeo Hernández Bueno, Pedro Hernández Santos, Álvaro Portanet Hernández**
Intérpretes: **Andrew Bleechington, Regina Williams, Robert Williams, Ry'nesia Chambers, Eric Trombley, Kara Fenlon, Charles Dodson**
114 minutos
Distribuidora DVD: **Wanda**
Estreno en España: **1.12.2017**

Filmografía de Antonio Méndez Esparza como director

- *La vida y nada más (Life & Nothing More)* (2017).
- *Aquí y allá* (2012).

Le fils de Joseph (Eugène Green)

CARLOS CHICLANA

Un plano sobre dos manos que se tocan pueden evocar mucho más acerca del deseo amoroso que un abrazo filmado explícitamente sin maquillaje". Estas palabras del director indican que su cine busca la plenitud: de él mismo, de los actores en el momento de la interpretación, y del espectador si así lo desea. No obstante, en el cartel publicitario de promoción en España se refería una propuesta del *Hollywood Reporter*: "Esta película os hará más felices". Y la revista *Fotogramas* titulaba así su crítica: "Para fans del arte impermeable a las modas pasajeras". Ese arte es el que te impacta con su belleza y te facilita preguntarte por la tuya.

Eugène Green es norteamericano y además de Nueva York. Pero está en Francia y parece que piensa en francés, o al menos ama en francés, idioma que le permitió que aflorara su identidad, después de intentarlo con el alemán, el inglés de Gran Bretaña, el catalán o el portugués.

Toda la vida es una búsqueda

Tanto en esta película como en *La Sapienza* y *La religiosa portuguesa*, los personajes están en búsqueda y así se muestra en el guion, en la estructura narrativa, en los giros, en el desenlace y en la epifanía que cada uno de ellos recibe tras emprender una búsqueda más o menos intencionada.

Él mismo explica que "el núcleo de la historia de cada una de mis películas o mis novelas suele surgir como un relámpago, pero luego lo desarrollo de una manera 'mítica'. Para los griegos de la época clásica, un mito era una historia cuyo mero desarrollo narrativo comporta la posibilidad de expresar una o varias verdades".

En *Le fils de Joseph* la narrativa es mítica, al estilo del héroe de los grandes relatos de la humanidad, pero en un ambiente contemporáneo, con circunstancias cotidianas y con el arte como levadura que expande una epifanía amasada en la dinámica relacional de seres humanos que se encuentran. Vincent (Victor Ezenfis), un chico de apenas 17 años, sale de su hogar en busca de su padre. Pero este padre no aparecerá de la forma que él espera, porque en el camino de ida al encuentro con el conflicto que ha de resolver para poder volver a su hogar, se encuentra con diversos asesores, unos a favor y otros en contra, que facilitan el contraste narrativo y permiten diversos giros en la historia.

Ese "mero desarrollo narrativo" que refiere Green, nos presenta a unos personajes que están en búsqueda de la Verdad, se atreven a emprender el viaje del héroe, y consiguen volver al hogar, a su ser-hogar, conscientes de que solos no habrían tenido éxito en su misión, cada uno en la suya, que se complementa y es recíproca con la del otro.

La madre de Vincent, Natacha Regnier, quien ya rodó con él en *Le Ponts des Arts*, había detenido su viaje en una estabilidad serena tras una dura decisión, pero la búsqueda que emprende su hijo le interpela como una llamada a retomar el gusto por la vida. Quizá es una escenificación de lo que pretende Green con el cine: "el cine puede reencantar al mundo, hacer consciente al público del hecho que el mundo sigue siendo un misterio, que él mismo sigue siendo un misterio, incomprensible para sí mismo y eso es algo bueno".

El mundo es de Dios, pero Dios se lo alquila a los valientes

Le fils de Joseph se divide en cinco partes que hacen referencia a algunos pasajes de la Biblia: "El sacrificio de Abraham", "El Becerro de Oro", "El sacrificio de Isaac", "El Carpintero" y "La huida a Egipto". Podría parecer una película religiosa y espiritual, y lo es, pero no al estilo del cine de Hollywood. Es religiosa porque los personajes buscan el modo de *re-ligare*, de volver a unir, lo que estaba separado y se había pretendido escenificar como si fuera verdad mediante el sacrificio y el esfuerzo, el éxito, la negación, la externalización de las responsabilidades o la frivolización en un mundo superficial. Es religiosa porque emplea el teatro como ritual que favorecerá la catarsis de las personas, porque "lo que busco en el cine es la interioridad", después de tener una epifanía como les ocurre cuando están en el Museo del Louvre y contemplan San José carpintero, de Georges de La Tour, y Cristo muerto, de Philippe de Champagne.

Son cinco relatos que expresan verdades de las personas que las viven. Un hijo que está buscando a su padre, un padre que no sabe cuántos hijos tiene porque no se fija en los detalles, un escritor que ha sacrificado el amor en el altar del éxito, una madre que se ha sacrificado a sí misma para que el hijo viva, un hermano que es hecho padre después de malgastar la herencia recibida.

Verdades que hablan de su ser en sí mismos y de su ser en relación. Para desgranar las verdades de los protagonistas, es necesario salir de la centrifugadora cultural contemporánea y contemplar con otro tempo. Los planos y encuadres están medidos al milímetro, en secuencias que te obligan a esperar para ver. Es increíble lo que puedes ver cuando esperas. Esta es una película para observar y contemplar, para fijarse en cada detalle que aparece en escena, para pararse a pensar sobre la paternidad, la maternidad y las relaciones humanas como entes propios más allá de las personas en sí mismas.

No es una película de palomitas, no, ni para ver un viernes por la noche cansado de la semana. Sí es para ver un tranquilo día de verano o en un puente sereno, con amigos a ser posible. Alguien que haya adoptado a un hijo la entenderá muy bien, alguien que haya sido abandonado por su cónyuge sabrá de qué habla Green, alguien que haya transitado por los caminos de la desesperación y vuelto a recuperar la esperanza, llorará de alegría.

Existimos por la lengua

Green ha recibido críticas por la escenificación como teatro hablado, pero él considera que es fácil dejarse llevar por su cine si acudes a él sin prejuicios (sin esperar que vas a ver una serie de Netflix, se entiende): "Desde que empecé a hacer cine con *Toutes les nuits* (2001) he dirigido a mis actores de la misma manera, y pienso seguir explorando esa vía. Ozu hizo muchas películas y siempre utilizó el mismo lenguaje, se podría decir que hago lo mismo. A mis actores les digo que hablen como lo harían normalmente, sin interpretar, sin retórica, conteniendo sus emociones, indicando que sus gestos sean muy precisos, que cada uno cumpla una función narrativa".

La narrativa recuerda a Bresson, pero es Green y él lo explica: "Está claro que es una de mis tres grandes referentes, junto a Antonioni y Ozu. Lo descubrí cuando era estudiante, en París. Él vivía en la isla de Saint Louis, y podía verlo pasear al borde del Sena, porque yo hacía lo mismo. Tuve la suerte de poder trabajar como extra en *El diablo probablemente* (1977), así pude verlo trabajar en directo. Y luego me hice muy amigo de su viuda, Marie-Madeleine Bresson, por lo que he acabado teniendo la sensación de haberlo conocido bastante bien. No me considero su heredero ni nada de eso, porque además él utilizaba actores no profesionales y yo no, aunque es cierto que, como él, intento sacar a la luz algo muy profundo que está en el fondo de ellos mismos".

Quien esté acostumbrado a disfrutar de las palabras se vivificará con los diálogos y las expresiones lacónicas de unos actores que revelan su identidad en ellos así, "la palabra es como la fuente, algo que desbloquea la interioridad de los actores".

Parece que Green, además de ofrecernos planos visuales que nos obligan a acompañar a los protagonistas, quiere también ofrecernos planos verbales porque "la palabra es el concepto mismo de plano cinematográfico". Importante verla en versión original.

Encontrar el Amor a través de la Belleza

En ese afán de la búsqueda de sentido a su ser, la relación con la Belleza del arte en el Louvre, en contraste con la falsa belleza y la superficialidad del mundo de la literatura que se caricaturiza, aporta Luz a las relaciones humanas y al sentido de la propia existencia, así cada uno es y es en relación. Los que crecen de una manera y los que permanecen en su falso yo, como el exitoso escritor Oscar Pormenor, padre biológico de Vincent, y su excéntrica amiga Violette Trefuille, excelentes interpretaciones de Mathieu Almaric y María de Medeiros.

Cuando conoces a los personajes que recorren los cinco escenarios bíblicos en un París contemporáneo, te entran ganas de organizar una cena con los personajes de *La Sapienza*, película anterior de Green, en la que un marido dice a su mujer: "la fuente de la belleza es el amor, la fuente del conocimiento es la luz. En la fuente nos encontramos con la sabiduría".

Estas palabras pueden enmarcar ambas películas en las que los personajes viajan, se rozan con los otros y, al permitirse ser afectados por la belleza, viven una revelación y

Fabrizio Rongione (Joseph) contempla la belleza de su hijo y su esposa.

renacen las personas verdaderas: capaces de amar y de ser amadas, dignas, únicas, válidas, auténticas y bellas.

Las memorias de cada uno de ellos se entretejen con memorias bíblicas y artísticas: hechos pasados que permiten un presente vivido *in the mood for love, in the mood for light, in the mood for beauty*. Al igual que le ocurre a la protagonista de *La religiosa portuguesa*.

Las relaciones humanas que establecen en el viaje favorecen una reciprocidad que co-crea a las personas: el hijo que engendra al padre, el cual se hace esposo de una madre que engendró "sola" al hijo. Distintos amores para diversas intimidades.

"Esta transmisión -dice Green hablando de la reciprocidad en *Le fils de Joseph*, premiada en el Festival Europeo de Cine (Sevilla)- pasa ante todo por la palabra, pero también por el arte, como intermediario que les permite prolongar su relación. No concibo el arte de otra manera. Debe ser vital, debe conectar con la vida de una manera u otra. La visita al Louvre permite un acercamiento entre Joseph y Vincent. Lo que Vincent siente, cuando camina en el Palais Royal y se levanta el viento, es del mismo orden que la revelación que tiene ante los cuadros que ve con Joseph. París se descubre ante él, como un personaje, de la misma manera que Joseph y Marie se le descubren a él y también entre sí".

Revelaciones que cada uno necesita en su vida para ordenar las prioridades de su

La pieza no existe hasta que se interpreta.

amor, de sus amores; tratan del renacimiento del hombre que hace nuevas todas las cosas porque sabe que "alguien empuña su aldabón y no es en vano" (Claudio Rodríguez).

Quiero terminar con un detalle que muestra el fino humor que se refleja en muchos detalles de la narrativa visual de la película y que, además, puede ser de interés para aquellos que defienden los derechos de los animales, que sepan que salen referenciados en los créditos. La rata se llama Gargantua y el asno Nènette.

LE FILS DE JOSEPH (2016)
País: **Francia, Bélgica**
Dirección y Guion: **Eugène Green**
Fotografía: **Raphaël O'Byrne**
Montaje: **Valerie Loiseleux**
Música: **Emilio de´Cavalieri**
Diseño de producción: **Paul Rouschop**
Vestuario: **Agnés Noden**
Intérpretes: **Victor Ezenfis, Natacha Régnier, Fabrizio Rongione, Mathieu Amalric, Maria de Medeiros**
113 minutos
Distribuidora DVD: **Paco Poch**
Estreno en España: **13.1.2017**

Filmografía de Eugène Green como director

- *Como Fernando Pessoa salvou Portugal* (2018).
- *En attendant les barbares* (2017).
- *Le fils de Joseph* (2016).
- *Faire la parole* (2015).
- *La Sapienza* (2014).
- *La religiosa portuguesa* (A Religiosa Portuguesa, 2009).
- *Correspondances* (2009).
- *Memories* (2007).
- *Los signos* (Les signes, 2006).
- *Le pont des Arts* (2004).
- *Le monde vivant* (2003).
- *Le nom du feu* (2002).
- *Toutes les nuits* (2001).

Como todo lo serio de la vida, la película está llena de detalles de humor.

FUENTES

- GREEN, Eugène. *La trascendencia de lo oculto* (2017, enero 10). Recuperado 17 de junio de 2018, a partir de <https://www.ecib.es/camerastylo/2017/01/10/eugene-green-la-trascendencia-de-lo-oculto/>

- *Filho de Joseph* (s. f.). Recuperado 17 de junio de 2018, a partir de <https://www.papodecinema.com.br/filmes/o-filho-de-joseph/>

- *The Son of Joseph* (*Le Fils de Joseph*). Berlin Review | Hollywood Reporter (s. f.). Recuperado 17 de junio de 2018, a partir de <https://www.hollywoodreporter.com/review/son-joseph-le-fils-de-864632>

Los últimos años del artista: Afterimage (Andrzej Wajda)

PABLO ALZOLA

Un mes antes de su fallecimiento, ocurrido el 9 de octubre de 2016, el cineasta polaco Andrzej Wajda estrenaba en el Festival de Toronto *Powidoki*, una película sobre los últimos años de la vida del pintor Władysław Strzemiński. «Ahora que sabemos que este es el último filme de Wajda, es tentador considerarla -apunta Elżbieta Ostrowska- como su 'última palabra' cinematográfica, que cierra simbólicamente su obra» (OSTROWSKA, 2017: 78). Sin embargo, *Afterimage* (me referiré así a esta película) no fue concebida como una suerte de última palabra o testamento fílmico. A sus noventa años, Wajda deseaba seguir haciendo cine; así lo cuenta Agnieszka Holland, su discípula y colaboradora habitual, a quien el director escribió para empezar a trabajar en un nuevo proyecto tras finalizar *Afterimage*. Para él hacer cine no era una conquista personal, sino una necesidad: «Las películas que hago vienen de mi necesidad de comunicarme con el público» (POROS, 2017), afirmaba el cineasta en una de sus últimas entrevistas. En esta línea, Holland escribe: «Andrzej me enseñó [...] que el cine es una conversación con el espectador y que no puede existir sin él. El espectador es un reto y una inspiración en la búsqueda de la verdad creativa» (HOLLAND, 2017: 94).

Wajda ha entablado con su obra -desde *Generación* (1955) hasta *Afterimage* (2016)- una conversación en imágenes, con la gente de su propia generación y también con los más jóvenes, en torno a cuestiones estrechamente relacionadas con el pasado reciente de Polonia, como la libertad, la identidad nacional, la memoria colectiva o el papel de los jóvenes en la construcción de un futuro mejor. Aunque su último largometraje no concluye esta conversación, sí recapitula los términos en los que se ha planteado, así como algunos hitos de su desarrollo; en muchas secuencias de *Afterimage* encontramos alusiones a otros títulos del cineasta, como *Cenizas y diamantes* (1958), *El hombre de mármol* (1977) o *Katyn* (2007), entre otros. Por ello, el análisis que sigue sobre la última película de Wajda tomará como punto de partida algunas de las preocupaciones fundamentales de su cine.

Un drama polaco, de resonancia universal

Afterimage es un relato que habla en polaco y, al mismo tiempo, alcanza una resonancia universal; sigue la estela de todo el cine de Wajda, cuya insistencia en cuestionar la versión oficial de la identidad y la memoria polacas -sobre todo durante los años del comunismo, pero también hoy- ha producido, paradójicamente, películas que despiertan el interés de cualquier espectador. «Aunque todo en él era polaco, hecho de la pasta de la historia y cultura polacas, su fuerte identidad no era un impedimento para contar historias que serían entendidas por todo el mundo», sostiene Holland. «Consiguió, como pocos artistas polacos, traducir la experiencia polaca a un lenguaje universal» (HOLLAND, 2017: 95).

En este sentido, el último filme de Wajda se inscribe en un contexto histórico muy concreto: con la ciudad de Łódź como escenario, narra los últimos cuatro años -entre diciembre de 1948 y diciembre de 1952- de Strzemiński (Bogusław Linda), uno de los grandes artistas de vanguardia polacos del pasado siglo. El conflicto que vertebra el relato, presente desde la segunda escena del filme, es la oposición del pintor a las imposiciones del gobierno comunista polaco y, especialmente, al imperativo de pintar según los cánones del llamado 'realismo socialista'. Según explica Tadeusz Miczka, estos cánones seguían «el modelo soviético de propaganda y de ejercicio de las artes», el cual «daba por supuesto que la imagen del mundo debe ilustrar las distintas formas de lucha de clases» (MICZKA, 1998: 108). Se trataba, en el fondo, de subordinar el arte a la política, dando como resultado un estilo grandilocuente pero hueco: «un realismo plano», en palabras de Strzemiński. Frente a esta concepción hermética -«El mundo ya está definido», le espeta el Ministro de Cultura-, él determina el arte como un 'laboratorio de la forma': «Los que cuentan son los que abren el camino a las nuevas formas», afirma en una escena.

Por medio de un conflicto histórico procedente del pasado polaco, *Afterimage* pone sobre la mesa temas tan universales como son la naturaleza del arte o el papel de la creación artística dentro de un régimen totalitario; podría decirse incluso que demuestra cómo «el gesto creativo es más importante que el propio resultado de la obra. Que la pasión de crear justifica cualquier desgaste personal» (BALLÓ, 2000: 177). Tal y como señala José María Caparrós (2017), la película está salpicada por valiosas reflexiones de hondo significado -puestas en boca del protagonista- que esbozan algunas de las ideas centrales de Strzemiński; a su vez, vemos cómo estas reflexiones no se quedan en el plano teórico, sino que son dramáticamente encarnadas por el artista en su empeño por crear libremente. Entre todas ellas, hay una que destaca de modo especial, repetida dos veces en el filme: «Solo vemos aquello de lo que somos conscientes». Se contrapone así la clarividencia del artista y la capacidad humanizadora de su arte frente a la ceguera de quienes han suplantado el espíritu del hombre por una idea política. Wajda aludía a estas ideas en una entrevista:

> Con esta película tenía intención de advertir contra cualquier intervención en cuestiones de arte por parte del Estado. Como dijo Strzemiński, el arte debería ser valorado no por su utilidad, sino por su potencial creativo, por cómo nos abre a nuevas posibilidades, a un nuevo mundo, a nuevas visiones. Este es el valor del arte, y creo que aún es vigente (GLIŃSKI, 2017).

Entre el realismo y el romanticismo

«Si bien es verdaderamente mimético en un sentido, con su mirada aguda para el detalle, Wajda nunca es completamente naturalista» (ORR, 2003: 3). Todo su cine se encuentra en tensión entre el realismo y el romanticismo. Por un lado, la gran inspiración de Wajda fueron las películas del neorrealismo italiano y, posteriormente, el *cinéma vérité* característico de la *Nouvelle Vague* francesa; su trilogía de la guerra -*Generación*, *Kanal* (1957) y *Cenizas y diamantes*- es seguramente el mejor ejemplo del primer caso, mientras que títulos como *El hombre de mármol* o *El hombre de hierro* (1981) lo son del segundo. Por otro lado, su estilo realista suele estar mezclado con un halo de romanticismo, «legado de la cultura polaca del siglo XIX» (ORR, 2003: 4); esto se advierte en una cierta idealización de los protagonistas, en la victimización (muchas veces legítima) del pueblo polaco o en la representación excesivamente maniquea de los personajes 'malos'. Además, el mismo Wajda ha procurado mantener, hasta sus últimos años, su «posición como un artista nacional en la tradición romántica, retratado como un creador solitario que expresa enfáticamente el alma colectiva de la nación» (OSTROWSKA, 2017:

90). Hay quienes han llegado a equiparar -véase la semblanza escrita por José Enrique Monterde (2016), por ejemplo- su papel en el proceso del poscomunismo polaco con el de Lech Wałęsa o Karol Wojtyła. «Aún tengo el entusiasmo de Solidaridad en mi corazón» (POROS, 2017), confesaba Wajda.

Esta misma tensión entre realismo y romanticismo queda patente en *Afterimage*. La sobria factura visual de la película -semejante a la de *Katyn* o a la de *Walesa, la esperanza de un pueblo* (2013), las tres a cargo de Paweł Edelman- crea una atmósfera de tonos grises y claroscuros que nos habla de la miseria que se vivía en Polonia durante aquellos años. Este realismo adquiere una singular crudeza en algunas escenas, como la que muestra a Strzemiński, falto de comida, lamiendo desesperadamente un plato de sopa; o aquella en la que el pintor, agotado por su enfermedad, se derrumba en mitad de la calle ante la indiferencia de los transeúntes.

Al mismo tiempo, Wajda impregna este crudo realismo con un romanticismo que afecta tanto a la construcción de los personajes como a la lucha titánica del artista contra el sistema totalitario. A este respecto, sobresale la demonización de los personajes del ministro de Cultura (Szymon Bobrowski) o del director de la Escuela de Arte (Aleksander Fabisiak), los cuales «son símbolos de ideas abstractas más que personajes completamente desarrollados» (OSTROWSKA, 2017: 88). El romanticismo queda también manifiesto en el peso que la película da a los jóvenes que rodean al artista; el entusiasmo con el que estos discípulos apoyan a su maestro -no olvidemos tampoco el papel de su hija Nika (Bronisława Zamachowska)- es un signo de esperanza en medio de tanta oscuridad. «Los jóvenes están siempre en contra del mundo que les toca vivir», sostiene el personaje de Strzemiński. «Como en *El hombre de hierro*, Wajda reserva su discreto optimismo en *Afterimage* para los jóvenes: tal vez la generación de Strzemiński sea sacrificada, pero la tenacidad interior de su hija siembra las semillas para una futura rebelión» (BITTENCOURT, 2017).

El héroe trágico

Aunque la expresión romántica más evidente en *Afterimage* es la figura del héroe abocado a un destino trágico. Strzemiński «representa la figura de un varón sufriente que es un emblema recurrente en la obra del director, testimonio de su afinidad con el romanticismo polaco» (OSTROWSKA, 2017: 83). A su vez, este arquetipo lo reconocemos en protagonistas de títulos precedentes, tales como *Tadeusz* (Daniel Olbrychski), el superviviente de un campo de concentración nazi en *Paisaje después de la batalla* (1970);

Nika, la hija de Strzemiński, rodeada por el paisaje del "realismo socialista".

Birkut (Jerzy Radziwiłowicz), el denostado héroe nacional en *El hombre de mármol* o el líder revolucionario Danton (Gérard Depardieu) en el filme del mismo nombre (1983). Por otra parte, Ela Bittencourt habla de un estrecho paralelismo entre Maciek (Zbigniew Cybulski), protagonista de *Cenizas y diamantes*, y el personaje del pintor vanguardista: «Aquellos familiarizados con la filmografía de Wajda reconocerán en la fragilidad y la degradación física de Strzemiński un eco de la famosa escena de la muerte sobre un montón de basura en *Cenizas y diamantes*» (BITTENCOURT, 2017).

Todos estos personajes presentan una peculiar caracterización que combina elementos de personajes mesiánicos -«la filosofía de Dostoievski y la experiencia de haber leído su obra estaban presentes en muchos de los filmes de Wajda» (HOLLAND, 2017: 95)- con rasgos procedentes de la tragedia griega. No obstante, el componente trágico acaba prevaleciendo, especialmente en las historias situadas en un clima de totalitarismo político, entre las que se encuentra *Afterimage*. En el cine de Wajda hay una obstinada voluntad de no olvidar el pasado de Polonia y, por ello, muestra reiteradamente las heridas abiertas por los años de la guerra y por el posterior régimen comunista; «la herida histórica colectiva -escribe Elżbieta Ostrowska- no puede ser curada, sino que necesita ser incesantemente recreada. Wajda ha hecho todo el esfuerzo posible por mantener estas heridas abiertas» (OSTROWSKA, 2017: 84).

En este sentido, los héroes retratados por el cineasta no se caracterizan por ser fuertes o invencibles sino, más bien, por ser débiles y vulnerables. Así se aprecia en el personaje de Strzemiński, cuyo sino trágico parece ser simbólicamente anticipado por la primera escena de la película, en la que rueda colina abajo para reunirse con sus discípulos artistas. Poco después, en una breve escena ubicada en el taller de la Escuela de Arte, encontramos otra anticipación de la tragedia que es, además, un claro homenaje a *El hombre de mármol*: la cámara centra su atención sobre una enorme estatua de yeso que resulta ser una copia exacta de la estatua Birkut, el héroe proletario en el filme de 1977, hundido por el mismo régimen que lo había exaltado.

El compromiso de las imágenes

Wajda, junto con otros cineastas de la 'escuela polaca', desarrolló un lenguaje del desafío basado en las imágenes. Con el fin de eludir la censura, su compromiso político y moral en contra del totalitarismo no fue expresado por medio de palabras, sino a través del lenguaje visual. En los años del régimen comunista, el recurso a las imágenes para «expresar juicios ideológicos -dejando lo más importante entre líneas- se había de convertir en el método creativo dominante» (MICZKA, 1998: 112). El propio Wajda afirma que, de este modo, los espectadores aprendieron a agudizar su mirada: «a leer entre líneas, y a descifrar las metáforas, llenas de un significado oculto» (BITTENCOURT, 2017). Con el tiempo, este predominio de las imágenes sobre las palabras ha reforzado el carácter universal del cine de Andrzej Wajda. Las infernales cloacas de Varsovia en *Kanal*, la figura de un Cristo colgado boca abajo en *Cenizas y diamantes*, la estatua de mármol del héroe olvidada en un almacén o, de nuevo, el Cristo de madera tapado con un capote militar -al modo de un cadáver- al inicio de *Katyn* constituyen esas 'imágenes del silencio' de las que habla Jordi Balló, «en las que parece que el tiempo se dilata, que se produce una suspensión que incita a la contemplación» (BALLÓ, 2000: 13).

En esta misma línea, algunas imágenes del último filme de Wajda sobresalen por su capacidad simbólica y su poder evocador. Posiblemente, la más sugerente de todas -por ser como una síntesis de toda la trama- es la imagen del lienzo blanco que, instantes antes de que Strzemiński pose sobre él su pincel, queda súbitamente teñido por una intensa luz roja, procedente de un gran cartel propagandístico levantado sobre el edificio donde vive el artista. Otra imagen a destacar es la del pintor tiñendo de azul un ramillete de flores blancas y llevándolas a la tumba de su mujer, en un acto lleno de resonancias poéticas. Finalmente, la imagen de Nika frente a la cama de hospital vacía -sobre la que ha reposado su padre- se convierte en una inteligente alusión al lienzo del artista; al tiempo que recapitula el significado de la 'postimagen', explicado por el pintor en la primera escena:

Cuando miramos un objeto, nuestro ojo recibe su reflejo. En el momento en que dejamos de mirarlo y apartamos la vista, una parte del objeto se nos queda en el ojo, un rastro del objeto que tiene su misma forma, pero colores contrarios: la postimagen. Las postimágenes son los colores del interior del ojo que mira un objeto. Porque solo vemos aquello de lo que somos conscientes.

POWIDOKI (2016)
País: **Polonia**
Dirección: **Andrzej Wajda**
Guion: **A. Wajda, Andrzej Mularczyk**
Fotografía: **Paweł Edelman**
Montaje: **Grażyna Gradoń**
Música: **Andrzej Panufnik**
Diseño de producción: **Marek Warszewski**
Vestuario: **Katarzyna Lewińska**
Intérpretes: **Bogusław Linda, Bronisława Zamachowska, Zofia Wichłacz, Krzysztof Pieczyński, Mariusz Bonaszewski**
98 minutos
Distribuidora DVD: **A Contracorriente**
Estreno en España: **25.4.2017**

Filmografía seleccionada de Andrzej Wajda como director

- *Los últimos años del artista: Afterimage* (*Powidoki*, 2016).
- *Walesa, la esperanza de un pueblo* (*Walesa. Czlowiek z nadziei*, 2013).
- *El junco* (*Tatarak*, 2009).
- *Katyn* (2007).
- *Pan Tadeusz* (1999).
- *Korczak* (1990).
- *Los poseídos* (*Les possédés*, 1988).
- *Un amor en Alemania* (*Eine Liebe in Deutschland*, 1983).
- *Danton* (1982).
- *El hombre de hierro* (*Czlowiek z zelaza*, 1981).

FUENTES

- BALLÓ, Jordi (2000). *Imágenes del silencio. Los motivos visuales en el cine*. Barcelona: Anagrama.

- BITTENCOURT, Ela (2017). *Interview: Andrzej Wajda*. Film Comment (8 de febrero de 2017). Recuperado de <https://www.filmcomment.com/blog/interview-andrzej-wajda/>

- CAPARRÓS, José María (2017). *Coloquio sobre Los últimos años del Artista: Afterimage en el BCN Film Fest 2017*. Disponible en el DVD de la película distribuido en España por A Contracorriente Films.

- GLIŃSKI, Mikołaj (2016). *Afterimage: Andrzej Wajda's Swan Song*. Culture.pl (10 de octubre de 2016). Recuperado de <https://culture.pl/en/article/afterimage-andrzej-wajdas-swan-song>

- HOLLAND, Agnieszka (2017). *The Human Voice*. Film Comment, 53(1), 94-95.

- MICZKA, Tadeusz (1998). *El cine bajo presión política: Polonia, 1945-1989*. Comunicación y Sociedad, 11(2), 105-121.

- MONTERDE, José Enrique (2016). *Andrej Wajda: barroco y nacionalista*. Caimán Cuadernos de Cine, 54 (noviembre), 77.

- ORR, John (2003). *At the Crossroads: Irony and Defiance in the Films of Andrzej Wajda*. En J. ORR y E. OSTROWSKA (eds.), *The Cinema of Andrzej Wajda: The Art of Irony and Defiance* (pp. 1-14). Londres y Nueva York: Wallflower Press.

- OSTROWSKA, Elżbieta (2017). *Andrzej Wajda: how to be loved and serve one's country?* Studies in Eastern European Cinema, 8(1), 78-91.

- POROS, Joanna (2017). *I Don't Make Films for Myself: An Interview with Andrzej Wajda*. Culture.pl (9 de octubre de 2017). Recuperado de <https://culture.pl/en/article/i-dont-make-films-for-myself-an-interview-with-andrzej-wajda>

Loving (Jeff Nichols)
MARÍA DEL RINCÓN

Cae la noche en la tranquila y pequeña localidad de Bowling Green, Virginia. Sin un plano largo que sitúe en un contexto, el sonido constante de los grillos nocturnos invita al espectador a adentrarse directamente en el corazón de los personajes principales. El rostro preocupado de Mildred (Ruth Negga), iluminado por una tenue luz trasera del porche, musita una noticia: "Estoy embarazada". Los grillos no reaccionan ante las palabras tímidas y tampoco lo hacen los violines ni los timbales. En el mismo silencio respetuoso, Richard (Joel Edgerton) procesa las palabras. Largos segundos se suceden en pantalla, la reacción llega con la velocidad del personaje, no con la del espectador. Un esbozo de sonrisa y dos palabras sencillas abren la profundidad emotiva de la escena. Sonrisas, dedos entrelazados y una cabeza que busca cobijo sobre el hombro robusto. No necesitamos nada más.

Una primera escena que funciona como declaración de intenciones de Jeff Nichols, director y escritor de *Loving*: en la buena narración cinematográfica, menos es más. Nos encontramos ante una película con algunos ingredientes que podrían funcionar para crear "películas banderín", películas que sirven para gritar mensajes, para convencer o para elevar la voz ante una causa. Pero Nichols no narra una lucha ni una causa, narra una historia de amor que se construye ladrillo a ladrillo, desde ese oscuro porche inundado del ruido de unos grillos.

"Te voy a construir una casa". Una promesa narrativa

Tras esa primera conversación exigua, la historia de amor de Mildred y Richard se nos muestra a la luz del día, a la vista de todos los vecinos. Un amor sincero y sencillo entre dos jóvenes que se miran a los ojos sin reparar en la diferencia del color de su piel. Pocos minutos bastan para que su historia y sutileza nos atrape, y pocas palabras necesita el protagonista para desvelar su sueño y sus intenciones: una parcela comprada, una casa proyectada, una familia deseada. Tras un viaje a Washington, el nuevo matrimonio de los Loving regresa a Bowling Green, dispuestos a construir su nueva vida juntos.

Jeff Nichols va construyendo su propio estilo con cada una de sus películas y, como podemos ver en su última obra, parece que su intención narrativa va más allá de una simple voluntad de expresión. Nichols desea contar historias, teniendo en mente siempre a la audiencia. Y así como Richard busca no solo construir un edificio, sino un hogar, Nichols levanta una película que no solo se mantiene, sino que acoge a quien quiera entrar en su interior. Los cimientos de *Loving* se clavan en la tierra de Virginia, como si allí hubieran estado siempre. Muros firmes, estructura medida y pulida, y habitantes conocidos. En diversas entrevistas podemos comprobar cómo Nichols se siente cómodo haciendo hogar, ofreciendo historias de carne y hueso. Él mismo, en una entrevista para el periódico *The Guardian*, ha reconocido sentirse más cómodo con un estilo narrativo que evite ofrecer todo ya masticado al espectador:

> Vivimos en un tiempo en el que el público ha sido educado en la narración visual, y existe la idea errónea de que la narración comienza cuando las personas empiezan a hablar. No es verdad, no lo creo. Cuando las personas entran en la escena, es cuando comienza la historia. Los personajes entran en la habitación con un comportamiento. Y cuando agregas a otra persona, eso se complica. Y el público es tan bueno mirando las caras de las personas y diciendo "¿Es un buen tipo? ¿Es un tipo malo? ¿Cómo están relacionados el uno con el otro?"... Es una herramienta realmente fascinante como cineasta, solo tienes que ejercitarla (NICHOLS, 2017).

Loving es una hermosa casa levantada por un Nichols que, ya desde el guion, elige cuidadosamente cada ladrillo de su película antes de comenzar a colocarlos. Todas sus obras están escritas por él mismo, y parecen moverse hacia un fin común: mostrar el núcleo emocional de la historia y que sea este el que dirija el movimiento de la película, como reconocía el director en una entrevista:

> En cada película intento buscar un núcleo emocional. Algo que siento que es palpable [...] Cosas que llevo en mí y que siento que si puedo construir al menos un momento en la película que las represente, de alguna manera se transferirán a la audiencia (NICHOLS en ACADEMY CONVERSATIONS, 2016).

Esos núcleos emocionales "palpables" -el temor a la muerte del hijo en *Midnight Special*, ante la posibilidad de herir a la familia en *Take Shelter*, o el amor no correspondido de *Mud*- conforman el fondo de sus películas y dan también cuerpo a *Loving*. El director opta por acercar una emoción real al público y, para ello, hace que la forma siga con respeto a ese corazón emotivo, haciendo que el ritmo cardiaco narrativo se adecue a la vida de sus protagonistas. Así, la historia de los Loving, protagonistas del caso que llevado al Tribunal Supremo cambiaría la prohibición de los matrimonios interraciales en Estados Unidos, se sustenta sobre una promesa de Richard a Mildred, una promesa de un hogar.

"Soy su esposa". Una historia verdadera

El detonante de la trama no tarda en llegar y la historia de amor que comenzaba a construirse pronto encuentra un obstáculo externo que se levanta como un muro difícil de franquear: las leyes del Estado consideran un crimen las relaciones entre personas de razas distintas, por lo que Richard y Mildred son detenidos y juzgados. *Loving* es la primera película de Nichols que no parte de un guion original, sino que se construye sobre unos sucesos verdaderos y ayudándose de la viveza del documental de Nancy Buirsky, *The Loving Story* (2011). Este documental, con el metraje de los protagonistas en su propio hogar o frente a los juzgados, transmite una cercanía y una sencillez llenas de candor. De esas grabaciones proceden parte de los diálogos de la película, poniéndonos frente a los personajes reales mediante una especie de encantamiento reforzado por la recreación de las imágenes fotográficas tomadas en el hogar de los Loving y publicadas en la revista *Time*.

Decía Rudyard Kipling que si la historia se enseñara en forma de historias, nunca se olvidaría, y parece que ese fue el proyecto que emocionó al director de *Loving*. Todo un reto cuando nuestras carteleras se llenan una y otra vez de la frase "basada en hechos reales", como un reclamo de taquilla. Pero Nichols no se achica ante la historia, sino que la observa con respeto y profundidad, buscando el punto clave que le permita construir su relato con legitimidad. Como señala Joel Edgerton, el actor que encarna a

Richard, la decisión de Nichols es «sencilla a la vez que poco común: narrar una historia verdadera de forma verdadera» (EDGERTON en ACADEMY CONVERSATIONS, 2016). El director y escritor consigue transmitir su fascinación por la historia real sin que en ningún momento deje de lado su punto de partida, la historia de amor que está levantando. Resulta loable esa fidelidad al punto de partida presentado que evita tomar el caso como un manifiesto lleno de pancartas y banderines. La historia mostrada en pantalla es, realmente, la historia de Richard y Mildred, no un relato apropiado y re-contado con una mirada del siglo XXI. La apuesta de Nichols es un acierto, su realismo delicado compacta la obra, tanto en lo narrativo, como en lo formal. Nichols lo hace por respeto a la audiencia y por respeto al matrimonio Loving.

"Dígale al juez que quiero a mi mujer". Un conflicto en voz baja

Acostumbrados a las películas sobre conflictos raciales como *Criadas y señoras* (TAYLOR, 2011), *12 años de esclavitud* (McQUEEN, 2013), *Amazing Grace* (APTED, 2006) o *Figuras ocultas* (MELFI, 2016), puede llamar la atención la poca intensidad otorgada a la subtrama judicial o la ausencia de una postura marcada de lucha por los derechos civiles. Estamos hablando de un caso que llegó hasta el Tribunal Supremo de los Estados Unidos, creando precedentes en las leyes raciales y discriminatorias del país. El caso Loving vs. Virginia, un comprendido por Richard y Mildred Loving, como un modo de poder amarse con libertad y de poder regresar a su hogar.

Hay quienes echan en falta una postura más aguerrida, una toma de posición que mueva al espectador a la acción desde su butaca. Así, el crítico Peter Bradshaw recrimina a la película «una debilidad al mostrar la batalla legal, así como se muestra reticente a dramatizar la intimidad de los personajes centrales» (BRADSHAW, 2017). Sin embargo, esos aspectos no hacen sino reforzar los pilares anteriormente clavados, haciendo justicia a la historia de los Loving y no aprovechándose de ella. Nichols trata con nobleza la historia que le ha sido legada, reconociendo que la fuerza que desprende está en los personajes, no en el barniz que él pueda darle. Y por eso, toda la producción mira con admiración a los orígenes y toma decisiones con respeto, como afirma el propio director:

> En esta película o estaba mi historia, era la historia de Richard y Mildred, con la que yo sentía una conexión palpable: el amor de Mildred por su lugar de origen, la inhabilidad de Richard para cuidar de su familia... Son emociones que se clavan [...] Tenía la responsabilidad de respetar, de no glorificar algo que no estaba ahí. Porque lo que

"El relato se construye con silencio y con grises equilibrados".

había era tan poderoso y sencillo que realmente no necesitaba pulirse, solo tenía que ser sincero con ello y eso ya sostendría el peso (NICHOLS en ACADEMY CONVERSATIONS, 2016).

El respeto por la historia pasa por convertir un suceso en un relato puramente humano, donde no hay blancos ni negros, sino una gran escala de grises. *Loving* no quiere gritar, no quiere luchar, y por eso nunca plantea el conflicto de la pareja como una fuerza maligna superior a sus capacidades, ni como el fruto del actuar de un antagonista malvado. Los personajes de la película son hombres y mujeres sencillos, personas marcadas por la educación, la cultura y la familia. Un largo proceso de casting seleccionó a un discreto elenco de actores, con rasgos muy parecidos a los de los personajes reales de los eventos que contribuyen a rendir homenaje a esa pareja valiente y enamorada. No hay actuaciones estridentes: ni un sheriff cerril, ni unos abogados ávidos de éxito. Son humanos que interactúan unos con otros, que hablan con acento local y tan solo cuando lo necesitan. En *Loving* no hay personajes que declamen en un diálogo forzado la moraleja del director, ni otros que alaben a los héroes. En *Loving* no hay tampoco rechinares de cuerda rasgada que eleven la carga afectiva de las escenas. En *Loving* la tensión crece con el sonido de un coche que se acerca pausado a la casa y las luchas se dejan entrever en la mueca sutil de Richard o el brillo de los ojos de Mildred. El punto de vista de los personajes informa toda la narración y la estética de la película, ofreciendo un producto de colores poco saturados, personajes que susurran y música que se oculta. Una película silenciosa que imita la voz de la pareja protagonista.

"Puedo cuidar de ti". Una ternura palpable

El respeto del director por el matrimonio Loving afecta principalmente al modo en que están representados los personajes en pantalla. Todos los elementos narrativos, visuales y sonoros se dirigen a un único objetivo: imitar la relación de Richard y Mildred. Dos personas sencillas, calladas y hogareñas que comparten su intimidad mediante un silencio locuaz. Hacía tiempo que no veíamos en pantalla un amor tan profundo y tan delicado. La película no tiene miedo al vacío ni al silencio, espera, con voluntad de captar esa ligera brisa que parece fluir entre los ojos de los protagonistas: frases sin terminar, elipsis que dejan a la imaginación los momentos emotivos, música que solamente se eleva hasta el volumen de la voz de los Loving. Los silencios largos que esperan respuesta, los sentimientos que se comunican con mayor fuerza sin ser dichos, recuerdan a esa deliciosa escena de la película *Los mejores años de nuestra vida* (WYLER, 1946), en la que la delicadeza al abrochar el pijama de un hombre mutilado en la guerra supera a cualquier declaración de amor encendida.

Loving es un maravilloso ejemplo de sutileza, de delicadeza y de una comprensión honda de la belleza de lo cotidiano en las historias de amor. Los personajes nunca dicen que se aman, no lloran, ni estallan en risas de emoción, pero en ningún momento dejamos de palpar ese amor sólido y sincero. La abundancia de primeros planos, lejos de captar gestos evidentes, funcionan en cierto modo como los ejercicios de montaje cinematográfico de Kuleshov: rostros neutros que invitan a proyectar un sentido en función de la narración. El modo de actuar de los personajes y el modo en que la cámara se acerca a ellos, recuerdan a las primeras obras de Malick. El espectador ha de acercarse con una actitud sencilla a la obra, para poder captar grandes emociones en los delicados movimientos de los ojos de los personajes, en los sonidos lejanos fuera de cuadro, en las escenas ordinarias y costumbristas. El buen espectador trabaja ante la pantalla y ha de inferir esos "te quiero" escondidos en mil lugares por Nichols:

> No hubo una fase de eliminación de "amor" en el guion. Pero estoy casado. Desde hace siete años. Cuando comienzas a sumar tiempo, empiezas a entender de dónde viene el amor real, y no procede de tópicos. Le digo a mi esposa que la amo todo el tiempo, normalmente con estas demostraciones de amor en momentos muy pequeños [...] Supongo que mientras estaba diseñando las escenas, tomé una aproximación innata a lo que yo considero los ejemplos reales de "Te amo". Simplemente hacer que lo digan no es lo suficientemente bueno para la audiencia, y tal vez no sea lo suficientemente justo con la representación de cómo se sentían el uno con el otro (NICHOLS en JACOBS, 2016).

Nichols acompaña a los Loving unos años, les observa frente a las batallas judiciales y no olvida que Richard hizo una promesa de amor en un campo. Una promesa que unifica toda la cinta y la dota de un brillo conocido y deslumbrante.

LOVING (2016)
País: **EE.UU., Reino Unido**
Dirección y Guion: **Jeff Nichols**
Fotografía: **Adam Stone**
Montaje: **Julie Monroe**
Música: **David Wingo**
Diseño de producción: **Chad Keith**
Vestuario: **Erin Benach**
Intérpretes: **Ruth Negga, Joel Edgerton, Terry Abney, Bill Camp, Nick Kroll, Jon Bass, Michael Shannon**
123 minutos
Distribuidora DVD: **Vértigo**
Estreno en España: **20.1.2017**

Filmografía de Jeff Nichols como director

- *Loving* (2016).
- *Midnight Special* (2016).
- *Mud* (2012).
- *Take Shelter* (2011).
- *Shotgun Stories* (2007).

Una promesa que vertebra el relato de forma palpable.

FUENTES

• ACADEMY CONVERSATIONS (2016). *Academy Conversations: Loving. Loving discussion with actors Joel Edgerton and Ruth Negga, writer/director Jeff Nichols, producers Colin Firth and Nancy Buirski, and hair department head Kenneth Walker*. October 22. Recuperada de <https://www.youtube.com/watch?v=jd8JkQUxpJ8>

• BRADSHAW, Peter (2017). *Loving Review - Ruth Negga is this film's beating heart*. The Guardian. 2 Feb. Recuperada de <https://www.theguardian.com/film/2017/feb/02/loving-review-ruth-negga-joel-edgerton-jeff-nichols>

• FAGERHOLM, Matt (2016). *Words don't come first: Jeff Nichols on "Loving"*. RogerEbert.com. 31 Oct. Recuperada de <https://www.rogerebert.com/interviews/words-dont-come-first-jeff-nichols-on-loving>

• IDE, Wendy (2017). *Loving review - a marriage that changed history*. The Guardian. 5 Feb. Recuperada de <https://www.theguardian.com/film/2017/feb/05/loving-review-marriage-changed-history-ruth-negga-joel-edgerton-jeff-nichols>

• JACOBS, Matthew (2016). *How 'Loving' Tells The Quiet Story Of A Monumental Supreme Court Case About Interracial Marriage*. Huffington Post. 16 Sept. Recuperada de <https://www.huffingtonpost.com/entry/loving-jeff-nichols_us_57daf822e4b04a1497b32212?guccounter=1>

- MERRY, Stephanie (2016). *'Tell the judge I love my wife': The brilliant simplicity of 'Loving'*. The Washington Post. 10 Nov. Recuperada de <https://www.washingtonpost.com/lifestyle/style/tell-the-judge-i-love-my-wife-the-brilliant-simplicity-of-loving/2016/11/08/b08bc28e-a530-11e6-8fc0-7be8f848c492_story.html?utm_term=.df76cae473bc>

- NICHOLS, Jeff (2017). *Jeff Nichols on Loving: 'Everyone's picking a side'* - video interview. Film Talk theguardian.com. 31 En. Recuperada de <https://www.theguardian.com/film/video/2017/jan/31/jeff-nichols-on-loving-everyones-picking-a-side-video-interview>

- APTED, Michael (Director). (2006). *Amazing Grace* [Película]. Estados Unidos, Reino Unido: Bristol Bay Productions.

- BUIRSKI, Nancy (Director). (2011). *The Loving Story* [Película]. Estados Unidos: Augusta Films para HBO Documentary Films.

- McQUEEN, Steve (Director). (2013). *12 years a slave* [Película]. Estados Unidos, Reino Unido: Regency Enterpises, River Road Entertainment, Plan B Entertainment.

- MELFI, Theodore (Director). (2016). *Hidden Figures* [Película]. Estados Unidos: Fox.

- TAYLOR, Tate (Director). (2011). *The Help* [Película]. Estados Unidos: Dreamworks.

- WYLER, William (Director). (1946). *The Best Years of Our Lives* [Película]. Estados Unidos: Samuel Goldwyn Company.

¡Lumière! Comienza la aventura (Thierry Frémaux)

MARÍA NOGUERA

Lumière! Comienza la aventura podría ser una película, pero en realidad son 108 películas. Se trata de un documental entre histórico y divulgativo, entre el filme de montaje y un buen reportaje, que versa sobre los orígenes del cine y reúne un centenar de copias de los hermanos Lumière digitalizadas en 4K a partir de los negativos originales en 35 mm. Este maravilloso proyecto, que tiene tanto de apasionamiento personal como de curaduría y recuperación archivísticos, se debe a uno de los prohombres del cine de nuestro tiempo. Thierry Frémaux, director del Festival de Cannes, del Instituyo Lumière de Lyon, y del Lumière Festival, da aquí el paso de cinéfilo a cineasta y no solo dirige el documental, sino que también ejerce de productor -junto a Bertrand Tavernier-, es montador -labor que comparte con Thomas Valette- y hace además las veces de narrador.

Entre 1895 y 1905, y tras la invención del cinematógrafo, Louis y Auguste Lumière, con la colaboración de su equipo de camarógrafos, filmaron más de mil cortometrajes que son espejo y representación del acceso del mundo al siglo XX. En tan solo una década, estas peliculitas de género diverso, que son un tesoro de apenas 50 segundos de duración y 17 metros de longitud, sentaron las bases de un nuevo arte, con su propio lenguaje compositivo y con su particular dimensión narrativa. A partir de este legado fundacional, Frémaux propone un viaje a los fascinantes orígenes del cine que con toda probabilidad tendrá más entregas, pues el Instituto Lumière ha anunciado que ya ha concluido la restauración de otras 300 nuevas copias.

Más que una técnica

Con motivo de los 120 años del surgimiento del séptimo arte, este documental, que no es sino un diálogo con la ficción, devuelve a los Lumière a la gran pantalla y certifica que sus películas fueron algo más que un simple descubrimiento técnico. El propio Frémaux ha explicado su intención de rendir tributo a los primeros cineastas mediante la resurrección de su extensa pero también desconocida filmografía:

> El cine de los Lumière siempre ha sido ignorado. Nunca se les ha considerado más que meros inventores que básicamente copiaron y mejoraron la tecnología de sus predecesores. Nunca se les valora como cineastas. Esta película demuestra que en su cine había muchísima creatividad. Ellos inventaron la puesta en escena; ellos fueron los primeros que usaron el primer plano. Ellos rodaron la primera persecución de coches de la historia del cine (SALVÁ, 2017).

La historia del cine da testimonio de cómo toda consecución tecnológica lleva consigo una consecución estética, algo evidente en el paso del silente al sonoro, o del blanco y negro al color. *¡Lumière! Comienza la aventura* desmonta esa teoría tantas veces coreada de que la casa Lumière -una fábrica de aparatos fotográficos de Lyon- no supo intuir las posibilidades estéticas del cinematógrafo, razón por la cual dedicó poco esfuerzo a la explotación artística y comercial de su nueva máquina. Si bien se asume que en la carrera por ser el primero en reproducir fotografías en movimiento que, a finales del XIX, enfrentó al kinetoscopio de Edison y al cinematógrafo de los Lumière, el invento de los franceses resultó vencedor, también es verdad que este logro tecnológico fue el corolario de una búsqueda de carácter internacional difícil de dirimir. En cualquier caso, al cinematógrafo no solo se le debe la inauguración de esa nueva forma de organizar la mirada que iba a ser el cine, con la consecuente proyección pública de las imágenes sobre una superficie plana, sino sobre todo el tratamiento -primitivo aún- de la capacidad expresiva del espacio, la luz y el movimiento dentro de un mismo marco. "Inventores hubo muchos. El mérito de los Lumière no estuvo en perfeccionar una técnica sino en crear un lenguaje" (IGLESIAS, 2017).

No resulta extraño que Frémaux considere a los Lumière como los últimos inventores y los primeros cineastas, en el sentido en el que también Benet entiende que la profundidad de campo de sus películas, dado el rodaje en exteriores y la buena iluminación ambiental, ofreció al espectador la posibilidad de vagar por la pantalla sin dirigismos como una experiencia visual absolutamente novedosa (2004, 30). En tanto que persigue la animación de la imagen estática, el cinematógrafo es un artilugio que se sitúa en la estela del zootropo, la linterna mágica o la cronofotografía. Pero, una vez logrado este efecto, en el cine de los Lumiére se advierte una verdadera pulsión estética que abre la puerta a la experimentación, a la creatividad y, en definitiva, al arte. Así lo explica Frémaux a propósito del dominio que demostraron en el uso del primer plano, el gag, el travelling y hasta el *remake*, con idéntica inquietud formal que otros maestros posteriores del lenguaje fílmico como Griffith o Eisenstein. En el talento, en el genio y en el empeño de Louis Lumière -de los dos hermanos, quien se situaba detrás de la cámara-, Frémaux encuentra el afán de cualquier director de cine:

> Lumière creó las tres preguntas para cualquier director, qué historia quieres contar, cómo lo vas a hacer y cuál es la posición de la cámara. El acto de Lumière es un acto total. Fue una idea genial, increíble, audaz (ZURRO, 2017).

Desde Francia al mundo

Para dar cuenta del calado de la obra de los Lumière, Frémaux estructura la filmografía seleccionada en once capítulos a los que da títulos como "Lyon, ciudad de los Lumière", "Infancias", "Por todo el mundo" o "Un nuevo siglo". Algunas de las vistas Lumière -por mencionar el tecnicismo que alude a la doble noción de única toma y único punto de vista (PINEL, 2004: 7-10)- que aparecen en el documental son de sobra conocidas por el público aficionado, pues son la fuente de nuestra memoria fílmica. *La salida de los obreros de la fábrica*, *El desayuno del bebé* o *La llegada del tren a la estación de La Ciotat* adquieren, no obstante, nuevos significados gracias al comentario de Frémaux, una lección magistral de historia del cine que combina rigurosidad científica con un buen puñado de anécdotas a cada cual más hermosa. Respecto a los cortometrajes de los Lumière hasta ahora inéditos o menos accesibles, el espectador se llevará una grata sorpresa al comprobar que incluso se iniciaron en géneros como el suspense o el cine surrealista y de abstracción, una exageración -obviamente- que sin embargo contiene una cierta verdad. El tono que transmite el documental es el de un amor absoluto por la creación fílmica. Todo ello acompañado de un criterio lúcido y revelador sobre el desarrollo y el alcance de los primeros pasos del arte cinematográfico. "Thierry Frémaux -escribe Loureda- transmite su pasión por el cine de una manera absolutamente apasio-

Las comedias de los Lumière hablan del sentido lúdico de la vida y del cine.

nante, con un verbo ilusionado y una mirada inteligente, escucharle hablar de cine y de los hermanos Lumière es ya todo un acontecimiento en sí mismo" (LOUREDA, 2017).

La restauración de los filmes ha respetado el formato original de los fotogramas en 1:33 y sus bordes redondeados, mientras que el recurso a la música de Camille Saint-Saëns, quien tuvo a gala haber sido de los primeros compositores en crear acompañamiento musical para cine en 1908, no hace sino reforzar la sensación de estar adentrándose en otro tiempo en el que, como en las primeras películas, la magia y la realidad parecen ir de la mano. El resultado es una antología sin par de temática familiar, social y también histórico-política, gracias a la que se asiste a la construcción del mundo moderno en la Francia del siglo XX. Estampas como la concurrida Place des Cordeliers del Lyon en la que crecieron los Lumière, las fábricas metalúrgicas y los astilleros de La Ciotat, el trabajo de asfaltado de París, o las minas de los altos hornos de Carmaux, nos hablan de un país en ebullición, lleno de gente y de calles, de vapores y cambios. En consonancia con el despertar de la cultura del ocio en la que se integrará el espectáculo del cine, también las aficiones y los nuevos deportes, como el juego de las bolas lionesas, las carreras de sacos, el fútbol cuyas reglas acababan de ser fijadas, o las tardes de recreo en la Grande Plage de Biarritz, que poco después fotografió Lartigue, fueron objeto de filmación para los Lumière. El cinematógrafo se concibe así como una máquina más en el contexto de la nueva industrialización, en una época de progreso, oficios de reciente aparición y grandes construcciones civiles, sin olvidar el ambiente despreocupado de la Belle Époque y esa inusitada atmósfera cultural avivada por el estallido de las vanguardias artísticas.

Pero este cine de alma *proustiana* no había nacido para quedarse en casa, sino que pronto emprendió un viaje que, según la expresión feliz de Bertrand Tavernier recuperada de *Las películas de mi vida* (2016), sirvió para "mostrar el mundo al mundo". Revestidos del espíritu de Verne y a partir de 1896, Alexandre Promio -conocido por haber sido el primero en rodar películas en España-, Gabriel Veyre, Francesco Felicetti, Constant Girel, Félix Mesguich o Charles Moisson, y demás operarios de los Lumière, emprendieron su particular vuelta al globo para filmar el Big Ben y el Puente de Londres, las góndolas en el Gran Canal de Venecia, el Bósforo de la Turquía de Kazan, una caravana de camellos en Jerusalén o las aguas caribeñas de la isla de Martinica. Entre otros logros de encuadre y composición, el documental subraya la maestría en la captación de la perspectiva en la Avenida Madison de Chicago y de la concurrencia en el Broadway neoyorquino, por ejemplo. También se aprecia el acierto al desarrollar una suerte de cine de artes marciales en Japón o al transmitir la cara oculta del colonialismo con títulos como *Niños anamitas recogiendo sapeques ante la pagoda de las damas*. "La proyección de las imágenes capturadas en el celuloide reflejan la existencia de un mundo al que un dispositivo mecánico -la cámara- y un sujeto -el operario- han podido tener acceso" (QUINTANA, 2003: 13). Precisamente el acceso del cinematógrafo a tantos países, a tantas ciudades y tantos pueblos, muchos de ellos desconocidos hasta entonces por el ciudadano medio, volvió el mundo un poco más pequeño, más abarcable, si acaso menos ignoto. En *¡Lumière! Comienza la aventura* toma cuerpo, en definitiva, la idea del "cine primitivo como conocimiento del mundo" (CASAS, 2017).

Entre lo viejo y lo nuevo

En *La historia del cine: una odisea* (2011), otro gran documental que ningún amante del medio audiovisual en general debería dejar escapar, Mark Cousins comienza con una advertencia: "al cine no le mueven ni la taquilla ni el entretenimiento, sino la pasión por la innovación". Algo de esto subyace en la forma en la que Frémaux glosa la contribución de los Lumière (sobre todo la de Louis) al nacimiento de la gran aventura que es el arte cinematográfico. En un momento en el que, recordemos, el cinematógrafo carecía de visor, por lo que se hacía preciso encuadrar de memoria, las películas de estos pioneros ya confirmaban la máxima de R. Walsh según la cual solo hay un lugar para poner la cámara. "Su principal aportación formal -sostiene Camporesi- fue la fijación del mejor punto de vista para captar personas y objetos en movimiento con claridad y en condiciones que aseguran la mayor nitidez fotográfica posible" (2014: 22).

Más que como padres del cine documental -que también, por el "efecto de lo real" consustancial a la representación fílmica (SÁNCHEZ NORIEGA, 2006: 229)-, Frémaux estima que los Lumière deberían pasar a la historia como artífices de un cine exacto, intuitivo, sin pretensiones, pero a la vez con la osadía suficiente para romper las reglas cuando se hizo necesario, con rodajes que iban más allá del guion y que dieron cabida al azar como parte integrante de lo real. Como ya se ha dicho, los Lumière experimentaron con las posibilidades del lenguaje y advirtieron la riqueza del encuadre, la fotografía y el fuera de campo. También llegaron a regular la difícil relación entre la cámara, la película y la acción, lo que significa "saber calcular y planificar la duración de esta última" (AUMONT, 2008: 100), en una clara demostración de que el cine es el arte del movimiento pero también del tiempo. Llama la atención, por último, cómo a pesar del blanco y negro, sus películas reflejan una cierta pretensión cromática, sobre todo en las que el humo y el movimiento difuminan la imagen a través de una escala de grises. La destreza en su dirección queda por tanto probada en la heterogeneidad de su obra, tanto en las escenas de su archiconocido cine doméstico como en las que provienen de parajes lejanos y exóticos. Cabe destacar aquí esa preciosa película rodada en 1900 en Namo, Vietnam, que sirve para poner fin al documental por considerarla Frémaux la más bella de todas, y que atrapa tanto por el efecto del travelling en retroceso como por el rostro hipnótico de los niños que miran a cámara.

Paradójicamente, a través de todo este modo sencillo de captar la realidad en su estado más puro, los Lumière accedieron, sin darse cuenta quizá, al universo de la ficción. No habrá que esperar, por tanto, a Méliès y a sus transformaciones para emprender el camino de la puesta en escena y del ejercicio imaginativo que después serán el cimiento de la industria cultural más importante de nuestro tiempo. Es incuestionable, en este sentido, cómo en algunas comedias como *El regador regado* o *El enamorado atrapado*, además del sentido lúdico con el que los Lumière se acercaron a la vida y al cine, se adivina el carácter performativo y de espectáculo de lo fílmico. Y es que Frémaux se esfuerza -a veces hasta con insistencia- en presentarles como verdaderos hijos de su tiempo: inventores, creativos, bromistas y divertidos.

¡Lumière! Comienza la aventura pone a prueba al público actual, pues esta defensa de la pantalla grande demanda comportarse de otro modo como espectador: más paciente, más tranquilo, más ingenuo tal vez. Al mismo tiempo, en esta selección de lo mejor de la obra de los Lumière, uno se va encontrando con destellos del Gordo y el Flaco, de W.C. Fields, de Chaplin. También con Kiarostami, Renoir, Visconti, Ozu, Cassavetes o

Los Lumière captaron en Vietnam algunas de las imágenes más bellas de la historia del cine.

Scorsese, quien por cierto protagoniza el epílogo del documental con su particular homenaje a *La salida de los obreros de la fábrica* y a la inocencia de la primera vez en el escenario de la Rue du Premier Film de Lyon. Como una constatación de que el cine sigue vivo, y que debe ser compartido, Frémaux termina por dedicar este documental a todos los "lumieristas", palabra agraciada que pone de manifiesto que atender a la naturaleza de la filmografía de los Lumière supone ante todo atender a la naturaleza del cine.

LUMIÈRE! L'AVENTURE COMMENCE (2016)
País: **Francia**
Dirección y Guion: **Thierry Frémaux**
Montaje: **T. Frémaux, Thomas Valette**
Música: **Camille Saint-Saëns**
Producción: **T. Frémaux, Bertrand Tavernier**
90 minutos
Distribuidora DVD: **Caramel**
Estreno en España: **20.10.2017**

Filmografía de Thierry Frémaux como director

- *¡Lumière! Comienza la aventura* (*Lumière! L'aventure commence*, 2016).

FUENTES

- AUMONT, Jacques (2008). Lumière. En J. TALENS y S. ZUNZUNEGUI (coords.), *Historia general del cine. Volumen I. Orígenes del cine* (pp. 79-107). Madrid: Cátedra.

- BENET, Vicente José (2004). *La cultura del cine*. Barcelona: Paidós.

- CAMPORESI, Valeria (2014). *Pensar la historia del cine*. Madrid: Cátedra.

- CASAS, Quim (2017). *¡Lumière! Comienza la aventura: elogio del cinematógrafo*. 19-10-2017 Recuperada de <https://www.elperiodico.com/es/ocio-y-cultura/20171019/critica-lumiere-comienza-la-aventura-thierry-fremaux-6359312>

- IGLESIAS, Jaime (2017). *Thierry Frémaux: "Los Lumière crearon un lenguaje"*. 24-10-2017. Recuperada de <http://www.elmundo.es/metropoli/cine/2017/10/19/59e89808268e3edd0c8b4614.html>

- LOUREDO, Carlos (2017). *Lumière! L'Aventure commence (¡Lumière! La aventura comienza): Una espectacular inmersión en lo más antiguo del cine para comprender lo más actual*. 18-09-2017. Recuperada de <http://www.fotogramas.es/Festival-de-San-Sebastian/2017/Lumiere-Thierry-Fremaux-San-Sebastian>

- PINEL, Vincent (2004). *El montaje. El espacio y el tiempo del film*. Barcelona: Paidós.

- QUINTANA, Àngel (2003). *Fábulas de lo visible. El cine como creador de realidades*. Barcelona: El Acantilado.

- SALVÁ, Nando (2017). *Thierry Frémaux: "Necesitamos 'blockbusters' aunque no nos gusten"*. 25-09-2017. Recuperada de <https://www.elperiodico.com/es/ocio-y-cultura/20170925/festival-de-san-sebastian-thierry-fremaux-hermanos-lumiere-cannes-6310199>

- SÁNCHEZ NORIEGA, José Luis (2006). *Historia del cine. Teoría y géneros cinematográficos, fotografía y televisión*. Madrid: Alianza Editorial.

- ZURRO, Javier (2017), *Thierry Frémaux: "En Cannes no hay cine español porque no me invitan a verlas"*. 25-09-2017. Recuperada de <https://www.elespanol.com/cultura/cine/20170925/249475326_0.html>

Manchester frente al mar (Kenneth Lonergan)

JUAN PABLO SERRA

Manchester frente al mar se preestrenó en el Festival de Sundance en enero de 2016 y no se exhibió en salas comerciales hasta final de año. Entre medias, fue sumando presentaciones en distintos certámenes, encuentros de guionistas, asociaciones profesionales y pases de prensa a lo largo de todo el país. La dilatada exposición que tuvo la película fue estableciendo un consenso generalizado entre críticos, espectadores y personal de la industria en torno a su alta calidad artística y suscitó una discusión llena de matices acerca de la singular aproximación que su historia propone al tema del sufrimiento, en general, y al tormento interior de su protagonista, en particular.

Al terminar el año, *Manchester frente al mar* aparecía en todas las quinielas de películas premiables y, en la ceremonia de los Oscar, ganó los galardones que casi todos daban por sentados: a Casey Affleck como actor principal y al guion original firmado por el dramaturgo Kenneth Lonergan, también director del filme. Y... claro, para entonces, había que decir algo nuevo acerca de la película. De esta guisa, aparecieron reportajes y críticas a ambos lados del Atlántico que, con más o menos precaución, intentaron ofrecer lecturas epocales, políticas y sociológicas de una cinta que a duras penas resiste ese tipo de análisis.

Si quieren un consejo, sáltense estos filtros y vean la película. Procuren tener la experiencia de su visionado sin avisos, advertencias y juicios ajenos. Pues no es cierto que las ideologías hayan muerto. Han mutado su morfología pero no sus pretensiones ni sus efectos generales, que siempre han pasado por erigirse en una plantilla que aplicar a la vida antes de la vida, reduciendo toda complejidad, identificando causas y proponiendo objetivos que muevan a la acción. La recepción de *Manchester frente al mar* es una prueba elocuente de que uno de los dramas más inadvertidos de nuestro tiempo es la sustitución de la experiencia por los filtros ideológicos: el público que se asomó a esta película durante 2016 pudo plantearse algunas cuestiones radicales sobre la existencia humana que, para finales de ese mismo año y durante el siguiente, fueron paulatinamente silenciadas por discursos más banales, bobalicones y/o trillados acerca de la masculinidad del relato (MARTÍNEZ MANTILLA 2017), la marginalización de las mujeres (SCOTT 2016), el privilegio de los blancos que pueden rumiar su dolor (VANDERWERFF 2016) o el espejo que sus personajes representarían de una clase social trabajadora, desesperanzada y propensa a votar a líderes extremos.

Es cierto, como sostienen Orellana y Martínez (2010: 11-12), que el valor de una obra de arte y su perdurabilidad, en gran medida, tienen que ver con su relevancia para explicar al espectador el momento en que vive. Pero no todas las películas se prestan con la misma facilidad a funcionar como atajos con que conocer la realidad social y cultural actual. Y el caso que nos ocupa, como procuraré argumentar, es un buen ejemplo de una obra de un autor a quien no interesa pronunciar una tesis acerca de nuestra situación más que en sus contornos más generales. Fíjense, si no, lo que concluía Lonergan al ser preguntado acerca de su filmografía:

> Lo que realmente me interesa son las personas que lidian con situaciones más grandes que ellas mismas y que les abruman. También me interesa la disparidad de la experiencia, la variedad de la experiencia humana, y cómo una persona puede tener un tipo de vida mientras su vecino tiene otra distinta en cada aspecto (EAGAN 2016).

Las tres películas que ha dirigido hasta la fecha dan fe de este interés. En la formidable *You Can Count on Me*, por ejemplo, asistíamos a la historia de dos hermanos que, huérfanos tras perder a sus padres en un accidente de coche, terminan por llevar vidas muy distintas, más convencional la de ella, más errática la de él. La gente metaboliza una experiencia común de formas muy distintas pero, en gran medida, los seres humanos podemos compensar esa disparidad de la experiencia gracias a nuestra irreprimible capacidad para amar, que abre nuestro entendimiento para hacernos cargo de lo que ocurre a otra persona. Más aún, como afirmaba Lonergan en una entrevista acerca de

Manchester frente al mar, "el amor es el único arma que tenemos contra la muerte" (WGAE 2016). Si acaso, es la honestidad de Lonergan con su propia experiencia -con sus dudas y también con sus certezas- lo que fuerza al espectador a tener que confrontarse con la película. Si es que quiere sacar algún rédito para su propia vida, claro.

Un hombre voluntariamente sombrío...

Manchester frente al mar es la historia de una vuelta al hogar, la de Lee Chandler, que debe regresar a la ciudad del título para encargarse de su sobrino tras la muerte de Joe, su hermano mayor. Huyó de allí a una localidad cercana por una tragedia personal y, con ello, cambió una vida familiar en una pequeña comunidad de trabajadores de cuello azul por una vida solitaria y taciturna como conserje y "chapuzas" de varios edificios.

En el lapso de tiempo transcurrido, Patrick, su sobrino, ya no es el niño con quien solía pescar junto a su hermano en el barco de este último. Ahora es un adolescente que sobrelleva el duelo a su manera -busca consuelo en sus amigos antes que en su familia- y que, por momentos, parece más interesado en su grupo de música, sus novias y entrenar con el equipo de hockey que por reconectar con su tío poco hablador. El meollo de la trama aparece a la hora de metraje, cuando informan a Lee que su hermano le nombró tutor legal de Patrick. La lectura del testamento -que Lonergan alterna con un largo *flashback* en que se desvela el motivo que llevó a Lee a salir de Manchester-by-the-sea- supondrá un momento clave... para el espectador, que a partir de entonces puede resituar las acciones más insólitas del protagonista -como su querencia por las peleas de bar- y dar sentido a su carácter, el de un hombre consumido por el dolor e incapaz de superar el peso del pasado, la culpa y la fatalidad.

"No me gusta el hecho de que, hoy en día, parece que no esté bien visto dejar algo sin resolver", decía Lonergan durante la presentación de la película en Sundance.

> ¿Qué demonios significa cerrar algo? Hay gente que jamás lo logra. Algunos viven con su trauma durante años. No me interesa restregar el sufrimiento por la cara de la gente ni tampoco soltarles un «estos son los hechos difíciles de la vida que yo conozco y tú no». Pero tampoco me gusta la mentira de que todo el mundo supera las cosas tan fácilmente. Algunas personas no pueden superar lo grave que les haya ocurrido de ninguna manera. ¿Por qué no pueden tener *su* película? ¿Por qué no puede haber una película sobre alguien que no se recupera mágicamente? (FEAR 2016).

Como decía antes, no estamos ante un filme que lance algún tipo de mensaje sociopolítico o sociohistórico. Más bien, pretende recoger un hecho importante como es la muerte de un familiar y, a partir de ahí, desgranar la diversa experiencia que de ello hacen un adulto y un adolescente y, aún más concretamente, un adulto que arrastra un trauma y un adolescente que conserva cierta esperanza en las posibilidades de la vida.

Ahora bien, que Lonergan opte por centrarse expresamente en la experiencia de unas personas concretas, no significa que el espectador y el crítico no puedan establecer conexiones de sentido entre el mundo del relato fílmico, su propia vida y la existencia humana en general. Como he explicado en otro lugar (SERRA 2007: 145), el mejor servicio que puede ofrecer quien analiza una película es ayudar a *ver lo que la película ve* y cuál es la realidad de la existencia que quiere iluminar, así como cuánto y cómo nos aclara acerca de quiénes somos. Empleando los términos de McKee (2009: 19), la pregunta fundamental que debería inspirar un buen análisis narratológico, entonces, no es otra que ¿nos permite este relato encontrarnos a nosotros mismos?

Bajo esta clave, podrían leerse con atención los comentarios que han tendido a ser más críticos con la película, pues de alguna manera -tosca a veces- lo que reprochan a Lonergan es su opción por el particularismo. Para explicar esto, debo desvelar el misterio de la película, por lo que sugiero al lector que vaya al siguiente apartado si su idea es verla sin más información. El dolor que arrastra Lee es fruto de un accidente estúpido. Salió a comprar cerveza de madrugada. Dejó la chimenea encendida. Olvidó colocar el salvachispas. La casa ardió y, con ella, sus tres hijos pequeños. Su esposa, Randi, no quiso saber nada más de él. Y, esperando ser condenado o castigado por tamaña negligencia, la policía no encontró motivos para tal cosa, lo que condujo a Lee a un fallido intento de suicidio. Poco a poco, la magnitud de estos acontecimientos fueron convirtiendo a Lee en una persona "funcional", refractaria de todo tipo de trato con el resto más allá de lo necesario.

Pues bien, pese a que, ciertamente, la película golpea fuerte en su primer visionado, al meditarla con más detenimiento podemos ensayar cómo trascender el fragmento de experiencia humana que recoge su trama. Y acaso sea cierto que los padres "casi matamos a nuestros hijos" todos los días, como titulaba provocadoramente su crítica Ben Kuchera (2017). Si es así, ¿no sería el sufrimiento de Lee algo voluntario y no meramente causado por las circunstancias? Lo que indignaba a este crítico era el hecho de que, si Lee puede regurgitar (cómodamente) su pena, es por ser varón, blanco y, sobre todo, por influencia de una masculinidad tóxica que vetaría a los hombres la expresión de sus sentimientos y la solicitud de ayuda. En suma, Lee expondría una cierta imagen de lo que significa ser varón, una imagen narcisista de un ser humano que se regodea en la autotortura, que expulsa a los demás, que se libera de responsabilidades y hace daño a quienes se preocupan por él.

Tal como escribía Kuchera,

> en la película no hay más desafíos que la posible redención de Lee. No le preocupa perder su trabajo o encontrar otro. Tiene comida suficiente. Resuelve un conflicto [con Patrick] vendiendo las muy costosas escopetas de su hermano y así compra un motor nuevo para un barco pesquero que ya está pagado. La casa del hermano también está pagada [...]. El mundo real nunca se inmiscuye en el dolor de Lee o en su respuesta ante ello [...]. [Lee] no debe reaccionar ante el mundo tras los eventos trágicos del pasado; el mundo tiene que reaccionar ante él. Y le intenta ayudar de manera abrumadora solo para que él ignore o rechace cualquier tipo de apoyo. Su propio sufrimiento es lo más importante de su vida.

Ahora bien, ¿es justo un juicio tan severo? Para averiguarlo, habría que valorar si es Lee una persona tan autocentrada como le supone Kuchera, y si es cierto que "el mundo" no se inmiscuye de ninguna manera en su vida. A ello dedicamos el resto de este capítulo.

... y un hombre conscientemente atareado

¿Puede alguien empatizar con un personaje central que no evoluciona significativamente? Esta era la pregunta que, a la hora de valorar la interpretación de Casey Affleck, se hacían muchos espectadores en sus comentarios acerca de esta película. Y es cierto que Affleck compone un personaje derrotado, monótono y relativamente incapacitado para la relación con los demás. En una de las escenas más emotivas de la película, Lee y Randi se cruzan por la calle y ella -que acaba de tener un bebé de un segundo matrimonio- insiste en hablar con él para pedirle perdón. Pero el encuentro no parece llevar a ninguna parte, las frases sin acabar se solapan y Lee termina cortando la situación. Lo mismo ocurre con la historia de la película, que no parece avanzar hacia una resolución.

Sin embargo, al igual que sucede en la vida real, en *Manchester frente al mar* sí hay lugar para pequeños clímax, solo que no se dan cuando el espectador los prevé ni en

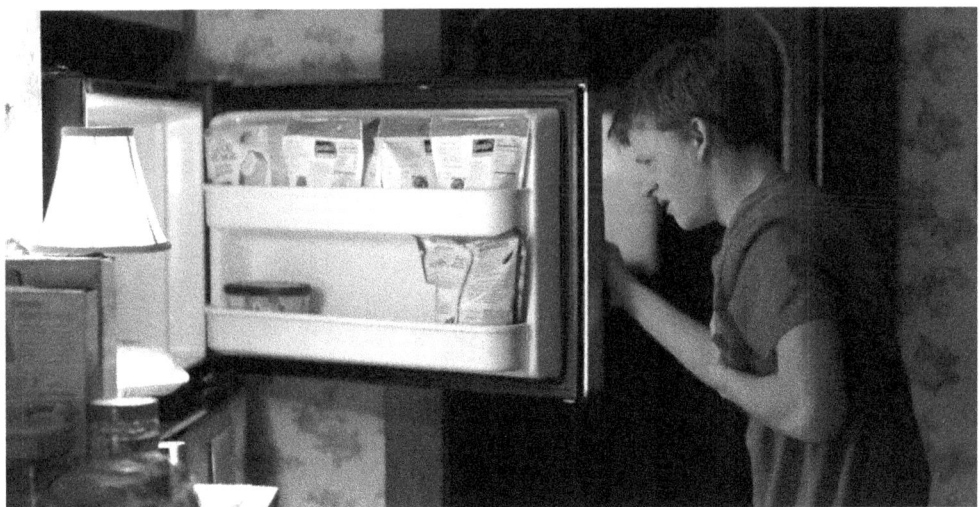
La comida en el congelador, un símbolo que destapa el dolor.

la forma en que los espera. Así, por ejemplo, el momento en que Lee comunica a su sobrino la muerte de su padre nos es presentado desde la distancia, y Patrick no se "desmorona" hasta mucho después y a raíz de un accidente casero, cuando se choca con la puerta de la nevera y ello le recuerda el estado de su padre, cuyo cadáver permanece en un congelador a la espera de que pase el invierno y pueda ser enterrado. Al ver a Patrick consternado, Lee opta por mudarse y quedarse unos cuantos meses más con él. Otro ejemplo de reacción en diferido acontece al final de la película, cuando Lee rompe a llorar en casa de un amigo de la familia tras el encuentro con Randi. A ella le dijo que "ya no hay nada" (que lamentar del pasado, se entiende), pero todos sabemos que su corazón "siempre estará destrozado", tal como le dijo Randi en la calle.

La sensibilidad de Lonergan para con la realidad de la experiencia y la interacción humanas -con las formas, los tiempos, el lenguaje y los modos en que acontece- acercan su mirada de autor al humanismo de tantos que han procurado contemplar los dramas humanos en su concreta espesura, sin censurar los pequeños detalles, los gestos espontáneos de los actores y hasta los accidentes imprevistos del rodaje. Por algo se le ha comparado tanto con los neorrealistas italianos como con Yasujirō Ozu (BRODERSEN 2017; FEAR 2016). La simpatía cariñosa del autor hacia sus personajes no solo explica el sentido del humor que, sutil, destilan algunas escenas. También da cuenta del desarrollo de la historia que, en palabras de Lonergan, empezó versando sobre la pena para terminar siendo una película acerca del amor y el cuidado familiar (FEAR 2016; WGEA

2016). Y, si me permiten, explica también que quienes toman demasiado en serio los silencios y la incomunicación del protagonista no están leyendo la película más que epidérmicamente.

Lee no es el epítome del narcisismo, sino un hombre común que intenta hacer bien las cosas sin tener mucha idea de cómo hacerlo, y que aprendió del hermano a ser insistente y permanecer al lado de la gente que ama. Quizá no es capaz de pasar página, es cierto, ni de realizar grandes cambios en su vida pero, a cambio, la historia sí muestra que "el mundo" afecta la vida de Lee. Le fuerza, por ejemplo, a abandonar el cuchitril en que vivía para instalarse -siquiera temporalmente- con su sobrino y a buscar nuevos trabajos, quizá insípidos, pero necesarios para sus clientes, pues Lee es, esencialmente, un arreglador de cosas (aunque, después de solucionar el problema, sea menos ducho a la hora de vivir en la incertidumbre de la vida). Pero, sobre todo, "el mundo" le fuerza a hacer memoria de un pasado que no puede superar pero tampoco negar en su positividad: el amor incondicional de un hermano y una familia, la confianza de una comunidad conocida.

Además, narrativa y cinematográficamente, "el mundo" se cuela en la vida de Lee y en la del resto de personajes de un modo más sutil pero omnipresente, y es a través del imprevisto, de todo aquello que no controlamos y que es ocasión para despertar nuestra humanidad. Y no se trata solo de los accidentes trágicos que, en ocasiones, sacuden nuestra vida, sino también de hechos más triviales como una camilla que no entra en la ambulancia a la primera, el coche aparcado que no encuentro, la puerta del congelador con la que me choco, la conversación infructuosa que intento mantener en una habitación concurrida. Tal y como se decía en otra crítica mucho más comprensiva del filme,

> El universo, sugiere sutilmente Lonergan, no se acomodará a tu crisis personal. Incluso en tu punto más bajo, todavía te seguirá golpeando con molestias ordinarias, con las pequeñas cosas que te hacen sudar cuando no estás lidiando con las cosas grandes. Además, las personas disponibles para ayudarte en tu hora más oscura pueden no ser perfectas para ello. Literal o figurativamente, pueden tener problemas con la camilla (DOWD 2016).

El que, finalmente, Lee no pueda cumplir en su integridad la voluntad de su hermano fallecido, puede ser objeto de un juicio moral más o menos grave para el observador externo. El espectador que participe del mundo posible que se erige en *Manchester frente al mar*, si acaso, podrá lamentar que ciertas situaciones no se cierren siguiendo un ideal humano más completo, pero no podrá negar que la trama sí resuelve lo importante (que no es la congoja de Lee sino el futuro de Patrick) y solo deja "en suspenso" la consolidación definitiva de la relación entre tío y sobrino. No obstante, la imagen que cierra la película -con Lee y Patrick pescando de nuevo en el barco- y la secuencia que la precede -con ambos pasándose descuidadamente una pelota de béisbol- contienen un ingrediente de esperanza que no es nada desdeñable.

MANCHESTER BY THE SEA (2016)
País: EE.UU.
Dirección y Guion: **Kenneth Lonergan**
Fotografía: **Jody Lee Lipes**
Montaje: **Jennifer Lame**
Música: **Lesley Barber**
Diseño de producción: **Ruth De Jong**
Vestuario: **Melissa Toth**
Intérpretes: **Casey Affleck, Michelle Williams, Kyle Chandler, Lucas Hedges, Tate Donovan, Erica McDermott**
135 minutos
Distribuidora DVD: **Universal**
Estreno en España: **3.2.2017**

Filmografía de Nanni Moretti como director (seleccionada)

- *Manchester frente al mar* (*Manchester by the Sea*, 2015).
- *Margaret* (2011).
- *Puedes contar conmigo (You Can Count On Me)* (*You Can Count On Me*, 2000).

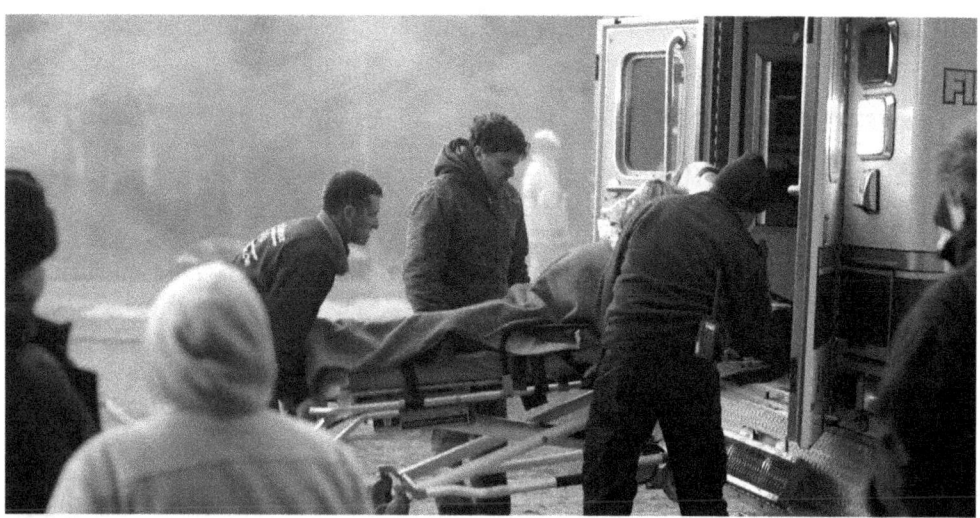

La camilla que no entra, el imprevisto que no se controla.

FUENTES

• BRODERSEN, Diego (2017). *El cuento del tío*. 19 febrero. Página12. Recuperada de <https://pagina12.com.ar/20837-el-cuento-del-tio>

• DOWD, A. A. (2016). *Casey Affleck has a hard homecoming in the masterful, moving Manchester By The Sea*. 17 noviembre. AV Film. Recuperada de <https://film.avclub.com/casey-affleck-has-a-hard-homecoming-in-the-masterful-m-1798189721>

• EAGAN, Daniel (2016). *Interview: Kenneth Lonergan*. 11 noviembre. Film Comment. Recuperada de <https://www.filmcomment.com/blog/interview-kenneth-lonergan-manchester-by-the-sea/>

• FEAR, David (2016). *'Manchester by the Sea': The Story Behind Sundance 2016's Best Movie*. 1 febrero. Rolling Stone. Recuperada de <https://www.rollingstone.com/movies/news/manchester-by-the-sea-the-story-behind-sundance-2016s-best-movie-20160201>

• KUCHERA, Ben (2017). *Manchester by the Sea and the everyday act of almost killing your children*. 6 marzo. Polygon. Recuperada de <https://www.polygon.com/2017/3/6/14827946/manchester-by-the-sea-casey-affleck-toxic-masculinity>

• MARTÍNEZ MANTILLA, Daniel (2017). *'Manchester frente al mar': la importancia de retratar que los hombres también lloran*. 3 febrero. Vanity Fair. Recuperada de

<http://www.revistavanityfair.es/actualidad/cine/articulos/manchester-frente-al-mar-casey-affleck-oscar-kenneth-lonergan-lucas-hedges/23450>

- MCKEE, Robert (2009). *El guion*. Barcelona: Alba.

- ORELLANA, Juan y MARTÍNEZ, Jorge (2010). *Celuloide posmoderno: narcisismo y autenticidad en el cine actual*. Madrid: Encuentro.

- SCOTT, A. O. (2016). *'Manchester by the Sea' and the Tides of Grief*. 17 noviembre. The New York Times. Recuperada de <https://www.nytimes.com/2016/11/18/movies/manchester-by-the-sea-review-kenneth-lonergan-casey-affleck.html>

- SERRA, Juan Pablo (2007). *Notas para un aprovechamiento antropológico del relato fílmico*. Revista de Comunicación, 6, 142-153.

- VANDERWERFF, Todd (2016). TIFF 2016: Sad White Person movies don't get much better than Manchester by the Sea. 9 septiembre. Vox. Recuperada de <https://vox.com/2016/9/9/12853092/manchester-by-the-sea-tiff-sad-white-person>

- WGAE (2016). *Interview: Kenneth Lonergan*. OnWriting: A Publication of the Writers Guild of America, East. Recuperada de <https://www.wgaeast.org/2017/01/interview-kenneth-lonergan-manchester-by-the-sea/>

Maravillosa familia de Tokio (Yoji Yamada)

MARÍA CABALLERO

Maravillosa familia de Tokio (2016) es el título español de una "deliciosa comedia de Yoji Yamada", según los rótulos con que se ha comercializado en nuestro país. La carátula del DVD presenta una foto en color con los ocho personajes que integran esta "maravillosa familia": abuelos, padres... faltan los dos nietos para redondear el clan de tres generaciones que deleitará al espectador con sus aventuras, más o menos protagónicas. Como pie de foto, una frase que resume el argumento del filme: "la abuela quiere un único regalo de cumpleaños: el divorcio". No destripa nada porque ya en una de las primeras secuencias salta la sorpresa: la matriarca ha rellenado su papel de divorcio y lo plantea ante el estupor del clan, como un merecido regalo a su dedicación de toda una vida.

Yamada (Osaka, 1931) es un director más que consagrado tanto en su país, como a nivel internacional: una larga y fructífera vida en torno al cine cuajó en múltiples premios a su cuidada filmografía de casi ochenta títulos (más de 40 nucleados en torno a la saga de Tora-san, la trilogía del samurái y algunos dramas posteriores) que, en los últimos años parece retornar a dos ejes: el homenaje a maestros como Ozu y el tema de la familia.

Se ha escrito mucho sobre la importancia de la familia en el cine oriental, incluso por mi parte, al examinar uno de los últimos filmes de Kore-Eda (*Nuestra hermana pequeña*), en el libro coordinado por Alberto Fijo bajo el título *Cine Pensado 2016* (CABALLERO, 2017: 185-194). Puede entonces darse por supuesta toda una tradición con la que enlaza el cine de Yamada y que se está intensificando en la década actual: *Verano de una familia de Tokio* (2017), *Maravillosa familia de Tokio* (2016), *La casa del tejado rojo* (2014) y *Una familia de Tokio* (2013). Esta última es un "respetuoso *remake*" homenaje en el cincuenta aniversario de *Tokyo Monogatari* (Ozu, 1953), lanzada en España como *Cuentos de Tokio* y ganadora de la Espiga de Oro en la 58 Semana Internacional de cine de Valladolid (2013). En la película de 2016 que vamos a comentar, también hay un homenaje explícito a Ozu: el viejo protagonista está visionando el final de *Cuentos de Tokio*, donde el viudo da las gracias a su nuera por haber permanecido a su lado. Ahora, en una nueva reescritura del final, la mujer elegirá permanecer fiel, junto al viejo cascarrabias con el que comparte la vida hace más de cuarenta y cinco años. No sin antes recibir una implícita declaración de amor... Pero no adelantemos acontecimientos.

La devoción por Ozu no es excepcional. El pasado 2017 *Cuentos de Tokio* fue elegida como la mejor película de la historia por la revista *Sight & Sound*. Este tipo de cuestiones suelen ser más que discutibles, pero la nómina de directores que participaron en la elección no lo es: Woody Allen, San Mendes, Tarantino, Oliveira, Scorsese, Branagh, Coppola, Kore-Eda, Bayona, Agnieszka Holland, Guillermo del Toro... Kore-Eda ya le había dedicado su particular homenaje en *Still Walking* (2008).

Una comedia que pudo ser tragedia

El tono, junto al foco de la cámara desde el que se cuenta y filma, es más que central en un relato escrito o cinematográfico. Aquí y frente a lo que el tema implica (la tragedia de un divorcio que pudiera producir un cataclismo familiar), se ha optado por el tono ligero, humorístico e irónico de la comedia. Tal vez porque el mundo cultural japonés se ha occidentalizado de tal modo que el divorcio se contempla como una posibilidad. Aún así, en una familia tradicional, suele implicar un drama y en este filme, cuando la sorpresa estalla, la familia se tambalea. El mensaje parece estar en boca del hijo pequeño a punto de casarse, cuando en una conversación casual con el padre le advierte que las disonancias matrimoniales deben arreglarse día a día. No en vano es músico y el espectador lo ve afinando pianos, labor con que se gana la vida. Y añade:

"trata bien a mamá", algo que en la filmografía oriental era impensable, la mujer valía muy poco ante los ojos masculinos.

Yamada había recalado en el drama en la trilogía sobre el samurái, describiendo melancólicamente cómo sus valores ya no tienen cabida en el mundo contemporáneo. También había dirigido los dramas *Kabei: nuestra madre* (2008) y *Ototo* (2010). En esta trayectoria volvió a reescribir Ozu en *Una familia de Tokio*, siempre desde el tono serio, con ribetes melancólicos y fondo trágico. Los ancianos que llegan desde el campo a la capital para visitar a los hijos descubren que, de hecho, son un estorbo para la vida acelerada de su familia en la gran urbe en que se sienten perdidos. Lo suyo es una tragedia, su tiempo desapareció; ese pasado, vivido con lentitud campesina que el director refleja en un ritmo lento y dilatado metraje.

Podría concluirse que de Ozu al Yamada de *Una familia de Tokio* no hay un salto cualitativo: los temas son de calado y, en consecuencia, se deriva hacia el drama teñido de melancolía y soledad. Tampoco lo hay en *La casa del tejado rojo* (2014), adaptación de una novela femenina de Kyoko Nakajima, que recibió en 2010 el premio Naoki. Con varios niveles narrativos y temporales, rinde culto a una serie de mujeres siempre a la sombra de los demás y continúa la reflexión intergeneracional iniciada en *Una familia de Tokio*. Muy "japonesa" en su lirismo, tiene una magnífica fotografía y está muy bien acompañada por la música, manteniéndose en el tempo lento de la narrativa oriental (ORELLANA, 2015: 10-11).

El cambio de tono se produce en *Maravillosa familia de Tokio*, ambivalente desde el título irónico sin duda. Porque esa "maravillosa" familia amenaza con desintegrarse cuajada de problemas, por otra parte habituales en nuestro mundo. Hay quien ha escrito que "el filme de Yamada prefiere al mismo tiempo tomar distancia en relación a la carga dramática de ambos títulos (el de Ozu y el de Carey, a quien este reescribe) para envolver de una pátina ligera y festiva, no exenta de ironía, la historia". La ironía como eje escondido. ¿Hasta dónde deben llegar el humor y las secuelas cinematográficas sin perder calidad? -deberíamos preguntar-. El resultado -siempre según la crítica de SensaCine.com (4/7/2018)- es "una película pequeña, voluntariamente alejada del fulgor dramático de *Una familia de Tokio*, *La casa del tejado rojo*, o sus tres filmes de samuráis sin señor a quien servir". Uno podría preguntarse: ¿una película pequeña? o ¿una película sobre la vida cotidiana que ha decidido instalarse en el tono desengrasante y despreocupado de la fragmentaria posmodernidad que alcanzó las grandes ciudades del Oriente?

Yamada suele trabajar con los mismos actores pero estos filmes funcionan con independencia, no son una saga si bien el espectador "se familiariza con la familia". A la que volverá a encontrar en *Verano de una familia de Tokio* (2017), con guion de Emiko Hiramatsu y el propio director. Una comedia secuela de la anterior que reproduce con exactitud la tipología de los personajes: Shuzo y su esposa Tomiko arrastran problemas matrimoniales mientras envejecen. Los hijos se inquietan por la decadencia paterna y deciden no dejarle conducir más, lo que desencadena un trauma al viejo cascarrabias. En el medio reaparece un viejo amigo, provocando escenas sorprendentes. La melancolía, el paso del tiempo, las lágrimas y el amor siguen ahí pero siempre en tono de comedia menor, lo que ha generado algunas críticas del tipo: "Es el escalón más bajo de una saga que comenzó aspirando a la quietud, el humanismo y la depuración estilística de Ozu y ha acabado soltando añejos improperios para las nueras" (Javier OCAÑA, El País, 2018). O: "Ya no funciona con la precisión de la primera. Se imponen demasiados chascarrillos, caídas tontas y humor bufo en las nuevas andanzas del descontrolado padre y su conservadora descendencia" (Quim CASAS, El Periódico, 2018). Aunque también hay quienes han declarado que "Yamada sabe reinventar los gags para evitar que nos topemos ante un auto-plagio". Nunca llueve a gusto de todos y no cabe duda de que es difícil mantener el nivel cuando se continúa en una línea temática. Sin olvidar los más de ochenta años de un director magnífico, pero...

Un universo familiar: la casa como ámbito vital de los personajes

"¡Cuántos zapatos!" -exclama el conductor de la ambulancia al tropezar con ellos en el umbral de la casa-. Efectivamente, son tres las generaciones que integran los diez miembros del clan familiar del viejo Irata; una familia patriarcal, donde la autoridad la imponen los varones (el viejo, el hijo mayor). En un barrio de casitas de clase media que podría estar situado en Occidente (por los muebles, vestidos y costumbres) se desarrolla la vida cotidiana de los ejecutivos (el hijo mayor) o músicos (el pequeño) enfocada al trabajo acelerado y asfixiante de la civilización actual. Pero ahora ellas están al mismo nivel: la hija mayor trabaja en una agencia fiscal y mantiene con sus abundantes ganancias al inútil de su marido, coleccionista aficionado. La novia del pequeño es una enfermera cualificada. Incluso la abuela se ha "liberado" en parte de sus obligaciones en la casa a través de su participación en un taller de escritura: algo ridiculizado por el viejo cascarrabias, pero que le permite dejar volar la imaginación con sueños compensatorios y amigas que la valoran.

El espacio central es la casa, ámbito que integra sin igualar las vidas de todos. El espacio define a los personajes, que parecen tener su lugar específico en él. No solo en la casa, pero desde luego en ella: el viejo, en el dormitorio y frente a la tele, servido por las mujeres, en especial su esposa; la nuera entre la cocina y la escalera, corriendo como ama de casa diligente arriba y abajo. La cocina y los desayunos congregan aglutinando el hogar. Y el salón sirve para los actos más protocolarios, como la presentación de la novia o las decisiones familiares de relevancia.

Pero el hogar puede estar desplazado como le sucede al patriarca, siempre rodeado de amigos en el golf y sobre todo en el bar, hogar vicario que reconoce como casa propia y en el que, al calor del sake y apoyado en la camarera por quien se siente muy comprendido, es feliz. ¿El resultado? Siempre llega a su casa borracho y dando gritos, insultando a quienes encuentra en su camino, sobre todo mujeres. De alguna forma, el bar congregará a los desahuciados, a los que, con razón o sin ella, se sienten parias, como el detective abandonado por su mujer, viejo amigo de Shuzo Irata. Una función que literatura y cine siempre coparon. De hecho, en esta película, es donde él desnuda su corazón: su mujer le ha tirado -así lo siente, asombrado ante el hecho-. Me parece interesante la gradación situacional que describe el guion; primera secuencia en el bar: el viejo, muy seguro de sí mismo, despreciativo con el entorno especialmente femenino, declara no querer ya a su esposa, con el super-ego muy alto. En la segunda, las cosas han cambiado: afirmará haber sido abandonado, algo en absoluto previsto por quien se considera buen marido. Y que le duele tras sorprenderle al máximo: "quiere librarse de mí!". Algo incomprensible para hombres como el yerno, e incluso el hijo mayor, ambos bastante ineptos, que no imaginan que sus mujeres pudieran tirarles nunca: "si siempre ha aguantado, ¿por qué no ahora?"-dice uno de ellos refiriéndose a la abuela-. Pero, el espectador se pregunta: ¿acaso se trata de aguantar? ¿Qué filosofía es esta para el siglo XXI?

Llama la atención, como novedad en el sumiso panorama oriental, la presencia de mujeres que toman la iniciativa e incluso abandonan a sus maridos: la madre de la novia del hijo pequeño, la bellísima mujer del detective... Las cosas han cambiado y no siempre para bien, como reconocen implícitamente la novia e incluso la abuela. Pero se acabó la sumisión sin reconocimiento. Porque el amor es otra cosa, y lleva a la entrega, como se pondrá de manifiesto en el final de *Maravillosa familia de Tokio*.

Si la casa y la escalera (arriba/abajo) es el ámbito de la obsequiosa y asustadiza nuera, auténtica ama de casa (y al respecto, la cámara es inmisericorde, resalta los desencuentros, las meteduras de pata femeninas), el taller es el espacio en que se esponja la personalidad de la abuela, siempre hermética. La escritura le proporciona una personalidad vicaria, triunfadora e independiente, segura de sí misma porque queda reconocida por el entorno (el profesor y las amigas del grupo).

Los niños/adolescentes van y vienen al cole o a sus deportes, encantados de liberarse del padre (el hermano mayor). La hermana pequeña aparece reiterativamente amenazando con un divorcio en el que nadie cree. El hermano mayor y el yerno son los más tradicionales, torpes e inoportunos, muy en la línea del viejo machismo. Se trata de auténticos tipos, los más caricaturescos, sin evolución alguna a lo largo de la historia. Por el contrario, el hermano pequeño demuestra mayor entidad: enamorado, decide abandonar la casa para iniciar su propio hogar, aun sabiendo que su presencia en el clan siempre fue una garantía de estabilidad; lo hace sin dejar de preocuparse por los suyos. Su novia muestra también hondura psicológica: desde el pudor que conlleva la vergüenza al verse descubierta en una situación íntima con su novio, hasta el cariño a su futura familia política, teñida de abnegada profesionalidad y eficacia como enfermera. Los actores han sido bien seleccionados y son convincentes en su actuación.

En realidad los viejos están en la cabeza de la pirámide, pero no parecen hacer cabeza en las decisiones familiares: la autoridad la detenta el hijo mayor y el manejo del hogar, la nuera. No deja de ser simbólico el cigarro que fuma habitualmente el patriarca, siempre con su larga colilla de ceniza a punto de caer: eso es su vida. Porque, si hablamos de tipos, los abuelos se llevan la palma. El viejo cascarrabias en muchas de sus actuaciones roza la caricatura y provoca la risa: su falta de sensibilidad es ridícula. Ejemplifica

el *pater familias* tradicional, convencido de sus derechos y al que nunca se le ocurrirá plantearse deberes o las carencias afectivas de los suyos, en especial su esposa. Esta nunca habla, aparentemente sumisa ("siempre tiene el baño del esposo y la ropa preparados"). En este contexto, choca y es símbolo de nuevos tiempos la petición de divorcio. Un divorcio que no responde a grandes problemas (infidelidad o graves injurias del otro), sino al desgaste engendrado por la convivencia diaria. Esos roces desintegran la unión afectiva, apagan la hoguera del amor. En ese ámbito, la mujer, caracterizada desde los otros como elegante y moderna (va al centro cultural, al taller de escritura…), quiere reconocimiento a su sacrificio, no una revolución feminista.

Las secuencias: estructura circular y vida cotidiana

El filme combina una estructura circular, cerrada, con el fragmentarismo propio de la vida cotidiana en una familia, que es su eje argumental. Las secuencias primera y última focalizan al perrito en la caseta, el teléfono sonando y los gritos del grupo corriendo hacia el trabajo. Así la estructura se cierra sobre sí misma. De hecho, el filme avanza las secuencias iniciales (llamada de teléfono del abuelo, golf con los amigos, menosprecio femenino en el bar con la premonición de ellos -"a ver si te acaba echando de casa"-…) para introducir la cotidianidad familiar que se prolonga al llegar al hogar. Allí estalla el escándalo (la petición de divorcio por parte de su esposa) y se abre el nudo. Tras ese boom psicológico entran los créditos, marcando con ironía la paradoja de la situación: la maravillosa familia no es tal. La música, alegre, entra con fuerza porque en absoluto se pretende dramatizar la situación: predomina más bien la sorpresa en el asombrado marido que lo considera una broma.

Las secuencias van sucediéndose paulatinamente y la cámara sigue a los personajes desde la mañana en un día rutinario. Al bar y a la casa se suman el hospital y el conservatorio o similar, porque la historia de amor del hijo pequeño generará una subtrama (relato dentro del relato), tal vez como paréntesis compensatorio: se abre una nueva historia de amor con perspectivas óptimas; no todo matrimonio estará destinado a naufragar en el desencanto. Precisamente será la novia quien desbloquee el asunto en su conversación de despedida con el viejo, en un parque inundado de melancolía por las hojas que caen y la música extradiegética *ad hoc*: no solo los sentimientos, las palabras son importantes en la relación amorosa. Aunque le cueste aceptarlo, el viejo lo tendrá en cuenta con la esposa ("tras 45 años me alegro de haberme casado"), generando un final feliz.

La dinámica de las secuencias sugiere una cotidianidad (casa, bar, taller literario...) en la que se insertan nuevos personajes (el detective Numata, la reunión familiar) como fruto de la crisis matrimonial de los abuelos con la amenaza de divorcio. El punto álgido en este sentido se alcanza con el ataque del abuelo y el ingreso en el hospital, que genera expectativas de muerte, velatorio, funeral y casi herencia. Una parodia proléptica (nunca llegará a suceder nada de ello en pantalla) que transparenta una realidad muy actual en el caso de las personas mayores, a las que a veces, "se mata" antes de tiempo. Falso final, bluff para los personajes y sonrisa para el espectador con el que juega el guion.

Una comedia para pasar el rato pero bien construida, sin moralinas, aunque impulsa a la reflexión a veces irónica sobre nuestro mundo contemporáneo.

KAZOKU WA TSURAIYO (2016)
País: **Japón**
Dirección: **Yoji Yamada**
Guion: **Y. Yamada, Emiko Hiramatsu**
Fotografía: **Shinji Chikamori**
Montaje: **Iwao Ishii**
Música: **Joe Hisaishi**
Diseño de producción: **Tomoko Kurata**
Intérpretes: **Satoshi Tsumabuki, Yu Aoi, Yui Natsukawa, Kazuko Yoshiyuki, Masahiko Nishimura, Isao Hashizume, Tomoko Nakajima, Shozo Hayashiya, Takanosuke Nakamura**
108 minutos
Distribuidora DVD: **Sherlock**
Estreno en España: **12.5.2017**

Filmografía de Yoji Yamada como director (seleccionada)

- *Verano de una familia de Tokio* (*Kazoku wa tsuraiyo 2*, 2017).
- *Maravillosa familia de Tokio* (*Kazoku wa tsuraiyo*, 2016).
- *Nagasaki* (*Ha ha to kuraseba*, 2015).
- *La casa del tejado rojo* (*Chiisai ouchi*, 2014).
- *Una familia de Tokio* (*Tokyo kazoku*, 2013).
- *Kyoto uzumasu monogatari* (2010).
- *Ototo* (2010).
- *Kabei: nuestra madre* (*Kaabee*, 2008).
- *Amor y honor* (*Bushi no ishibun*, 2006).
- *La hoja oculta* (*Kakushi ken oni no tsume*, 2004).
- *El ocaso del samurái* (*Tasogare Seibei*, 2002).
- *Es duro ser un hombre* (*Tora-san*, 1969-1995).

FUENTES

• CABALLERO, María (2017). "Nuestra hermana pequeña (Hirokazu Kore.Eda)", en *Cine Pensado 2016. Estudios críticos sobre 31 películas estrenadas en 2016*. Sevilla: FilaSiete, 185-194.

• CASAS, Quim. *El Periódico*, 2018.

• FIJO, Alberto (Ed.) (2017). *Cine Pensado 2016. Estudios críticos sobre 31 películas estrenadas en 2016*. Sevilla: FilaSiete.

• OCAÑA, Javier. *El País*, 2018.

• ORELLANA, Juan (2015). *La casa del tejado rojo* en FilaSiete, 174, pp. 10-11.

• SensaCine.com (4/7/2018).

Muchos hijos, un mono y un castillo (Gustavo Salmerón)

MIGUEL OLID

El caso de *Muchos hijos, un mono y un castillo* es bien singular en el cine español por varios motivos. En primer lugar, se trata de una producción con un gran éxito de crítica, de público y numerosos premios, que no contó con ninguna subvención porque los miembros de la comisión encargada por el Ministerio de Cultura para estudiar los proyectos y decidir cuáles son los mejores, en función de la calidad de los mismos, entendieron que no era merecedora de una.

> Voy a pedir una subvención (...). Ah, se me olvidó un pequeño detalle, la anterior fue denegada. No entiendo por qué. Pero no me dejaré llevar por estos pequeños infortunios (MONTAÑEZ, 2017)[1].

Tampoco ha contado con el respaldo de televisiones o plataformas digitales; en sus créditos iniciales tan solo figuran la distribuidora española, Caramel Films, la londinense Dogwoof y una única productora, Sueños despiertos, la misma con la que Gustavo Salmerón realizó su anterior trabajo, el cortometraje *Desaliñada* (2001), con el que ganó el Goya.

Es cierto que con el notable abaratamiento de los costes de producción, debido a la

---

[1] *Como afirma en este mismo texto un poco más adelante, la solicitud de subvención volvió a ser rechazada.*

revolución tecnológica vivida los últimos años, producir una película en la actualidad tiene unos costes infinitamente más bajos que cuando era preceptivo rodar en negativo y recurrir a un laboratorio de cine. Pero de la ingente cifra de películas rodadas en España con tan pocos medios, son muy contados los casos que desembocan en un estreno en salas y más cuando solo hay una productora detrás, como es el caso.

Gustavo Salmerón eligió el prestigioso, pero poco conocido en España, Festival de cine de Karlovy Vary, en la República Checa, para estrenar su película en lugar de optar por el de San Sebastián o la Seminci de Valladolid, escenarios propicios para estas producciones o directores noveles, que buscan el eco de estos certámenes para poder dar a conocer sus trabajos, conseguir algún premio o buenas críticas con las que poder acceder a las salas. En cualquier caso, es cierto que esta arriesgada apuesta tuvo su recompensa porque logró el premio al mejor documental, lo que seguramente facilitó que se le abrieran las puertas, un par de meses después, para dos importantes citas: la sección oficial del Festival internacional de cine de Toronto y la reconocida sección Zabaltegi-Tabakalera, de San Sebastián.

Sin duda, lo que hace aún más especial este documental es el gran respaldo que ha obtenido del público. Según los datos oficiales del Instituto de la Cinematografía y de las Artes Audiovisuales, ICAA, ha sido vista por más de 90.000 espectadores y ha obtenido una recaudación superior a los 500.000 euros, todo un éxito en el cine documental. Además de estas cifras, que ponen de relieve el éxito indiscutible de esta producción, hay otro hecho inaudito en el cine español en general, y también dentro del documental, y es el tiempo que la película ha permanecido en cartel: se estrenó el 30 de noviembre y hay constancia de que al menos ha estado proyectándose hasta el 10 de mayo en el cine Alameda de Sevilla, es decir, prácticamente cinco meses y medio, algo absolutamente inédito no solo para un documental sino para cualquier película, salvo contadísimas excepciones.

Interrelación entre autor y protagonista

El profesor norteamericano Bill Nichols enumera cuatro modalidades o formas de representar la realidad que cita al clasificar a los documentales: expositivos, observadores, reflexivos e interactivos (NICHOLS, 1997: 65-66). *Muchos hijos, un mono y un castillo* se enmarcaría claramente en este último grupo porque el realizador "actúa, participa, defiende, acusa, provoca a los actores sociales reclutados... con el objetivo de darles la autoridad textual y de continuidad en el montaje" (NICHOLS, 1997: 79).

Se puede afirmar que prácticamente todo el documental se estructura en un diálogo entre la protagonista del mismo, Julita Salmerón, y su hijo Gustavo, que mantiene una permanente actitud de extraer recuerdos, reflexiones y opiniones de la primera. En algunas ocasiones esa interrelación se da con los dos en plano, y en otras, tan solo se oye la voz en *off* de Gustavo Salmerón, situado tras la cámara. Este diálogo del autor (con funciones de director, coguionista y operador de cámara) con la protagonista y algunas de las reflexiones de ésta conducen a que en varias secuencias se produzca la ruptura de la "cuarta pared". Tanto Gustavo Salmerón como su madre se refieren al documental en sí en algunos momentos, como al principio del mismo cuando éste confiesa no saber cómo empezarlo o cuando ella dice que no quiere que lo haga porque no es una película para el público.

Una prueba muy palpable de esta decidida apuesta por un documental interactivo se encuentra en el propio cartel, en el que aparece Julita Salmerón sentada en el lado izquierdo mientras que a su derecha, y de pie, se encuentra Gustavo Salmerón, cámara en mano. Sin embargo, no se encuentra mirando a través del visor sino que, a modo de retrato, mira al frente, curiosamente a diferencia de su madre, como señal inequívoca de su apuesta por la permanente ruptura de la "cuarta pared".

Muchos hijos, un mono y un castillo se estrenó apenas dos meses después que otro notable documental español interactivo y con el que hay ciertos paralelismos, *Converso* (ARRATIBEL, 2017). En ambos títulos la implicación del director en la narración de la historia es absoluta porque se introduce él solo, con la única compañía de una pequeña cámara, en la intimidad familiar. En la película de David Arratibel se recogen los testimonios de sus hermanas, su madre y su cuñado en el proceso de conversión; es decir, se cuenta algo bastante específico y la presencia de la madre no adquiere tanto protagonismo como en el documental de Gustavo Salmerón, donde no prima un hecho en sí (como podría haber sido el vaciado, y posterior recolocación, de la infinidad de objetos del castillo) sino el carácter y la forma de afrontar la vida de la madre del realizador. *África 815* (MONSELL, 2014) es otro documental español, bastante menos conocido pero con una notable presencia en festivales de cine internacional, en el que su autora narra la fascinación y el descubrimiento de su padre cuando hizo el servicio militar obligatorio en la antigua colonia del Sáhara en 1964. En este caso se trata de una obra entre dos, padre e hija, sin más presencia familiar y en el que el tono poético es muy diferente al empleado por Salmerón y Arratibel. Además, la directora Pilar Monsell adopta un rol más alejado y sin tanta implicación, por lo que hay una menor interactividad.

En el cine español de ficción también hay destacados casos en los que, al igual que en *Muchos hijos, un mono y un castillo*, el director recurre a la madre para articular una historia en torno a ella. Tal vez el ejemplo más paradigmático y que, quizás, sirvió de inspiración a Gustavo Salmerón es el de Paco León (también estamos ante un actor con inquietudes por dirigir), que dedicó no una sino dos películas al peculiar universo de su madre, *Carmina o revienta* (LEÓN, 2012) y *Carmina y amén* (LEÓN, 2014). En ellas creó dos ligeras tramas que puso al servicio del modo de expresarse y actuar (no en el sentido de interpretar) de su madre. Otro ejemplo que puede resultar significativo es el de *El mundo entero* (QUINTANILLA, 2016), en el que su director recurre a una actriz de contrastada solvencia como es Loles León para que dé vida a su madre, fallecida hace unos años. En los créditos finales se puede ver el extraordinario parecido físico de ésta y Loles León, que aparece en la película con un vestido exactamente igual al de la madre del director. La historia que narra, explícitamente autobiográfica, está coprotagonizada por el director, que hace de sí mismo. Julián Quintanilla prepara ahora su primer largometraje, titulado *La vida entera*, y en el que seguirá contando la historia de su madre soltera y la de él mismo.

Un material ingente

Catorce años empleó Gustavo Salmerón en dar forma a las más de 400 horas grabadas en formato MiniDV; es decir, registró una media de casi dos horas y media al mes durante algo menos de una década y media.

> Sí, 14 años grabando. Porque si Plinio el Viejo tenía un lema, "Nulla dies sine linea", ningún día sin una línea, Gustavo el Joven también: "Nulla dies sin adnotatione", ningún día sin grabar (MONTAÑEZ, 2017).

Se podría afirmar que, del mismo modo que la sombra del Síndrome de Diógenes planea sobre la costumbre de Julita de querer conservarlo todo (hasta los 25-30 paraguas guardados, muchos en mal estado), su hijo Gustavo Salmerón no ha permanecido ajeno, en su condición de realizador, a esta influencia de conservar/grabar todo. Ha acumulado tantas grabaciones durante tanto tiempo que al final de este proceso se ha encontrado con un material ingente en el que la labor de descarte ha sido descomunal. No es de extrañar, por tanto, que el montaje haya requerido dos años de trabajo en los que se han dado 74 versiones distintas hasta llegar a la definitiva[2]. A diferencia de otros direc-

---

[2] Así lo afirma en una entrevista, de algo menos de 12 minutos, incorporada entre los contenidos extras de la edición en dvd. En la entrevista es el propio Gustavo Salmerón, ataviado con unas gafas, quien se pregunta a sí mismo. No lo hace como si se desdoblara en actor/entrevistador y director, sino que adopta el rol de un periodista impertinente que expone opiniones y formula preguntas incómodas, rayanas en la insolencia, como cuando afirma que la carrera de Salmerón como actor está "prácticamente destruida, digamos que es inexistente" o cuando pregunta si la película "le ha salido de chiripa porque su madre es muy graciosa".

Julita rodeada de objetos.

tores como Javier Fesser, que prefiere asumir también la labor de montaje, Gustavo Salmerón es partidario de trabajar siempre con montadores; tenía muy claro que quería recurrir a una mirada externa. «A mí me enriquece tener otra visión» (GUERRA, 2017). Esta necesidad es la que llevó a Salmerón a organizar más de 30 visionados para unas 200 personas y que más de seis montadores (MONTAÑEZ, 2017) tuvieran en sus manos el ingente material grabado; solo dos figuran con tal condición, Dani Urdiales y Raúl de Torres. Por cierto, es muy significativo que éste aparezca también como guionista. Aunque se trata de un caso poco común, confirma la idea, asumida dentro del cine documental, de que en este formato el guion se escribe en la sala de montaje. A estos dos nombres, hay que añadir también el de la periodista y presentadora de televisión, Beatriz Montañez, que también figura en los títulos de crédito como guionista. Además de ellos, aparecen seis personas como "asesores de guion": el citado Dani Urdiales junto a los también montadores Ángel Hernández Zoido y Martin Eller, el guionista y director Vicente Peñarrocha, el guionista Carlos Molinero y el director de documentales Javier Corcuera.

En la película de Salmerón no hay en ningún momento un rótulo identificativo de, al menos, a qué año pertenece la grabación, tampoco hay referencias temporales, más allá de la abdicación del rey Juan Carlos I. En cualquier caso, Salmerón ha optado por construir una historia donde prima lo que se narra en cada secuencia (la obsesión por la muerte, la relación entre la madre y el padre, la búsqueda de la vértebra, que funciona perfectamente a modo de "MacGuffin", o el vaciado de objetos del castillo, por ejemplo) en lugar de construir un relato narrado cronológicamente. Esta apuesta, arriesgada porque la madre ha cambiado físicamente en estos catorce años, resulta finalmente un acierto y el espectador sigue con tanta atención el discurso divertido, e hipnótico a la vez, de Julita Salmerón, que en ningún caso le perturba el hecho de que en una secuencia aparezca más cambiada en relación con la siguiente.

Sin necesidad de casting

A lo largo de sus 25 años de carrera como actor, Gustavo Salmerón ha participado en numerosas pruebas de casting y sabe bien lo difícil e ingrato que es. Tras debutar con el cortometraje *Desaliñada* (2001), para el que contó con un reparto de jóvenes y talentosos actores[3], a la hora de abordar su primer largometraje estaba claro que no tendría necesidad de buscar protagonista alguna porque la tenía bien cerca. Probablemente el personaje de Julita Salmerón sea uno de los mejores que se ha podido ver en el cine español y prácticamente todo el peso y gran parte del mérito del documental recae sobre ella. Junto a la madre del director está su padre, otro personaje maravilloso, del que se habla menos pero sobre el que Gustavo Salmerón afirma en la entrevista, incluida en la edición en dvd, que le habría encantado dedicarle el documental.

> Mi padre es como el contenedor de los excesos de la familia, la propia fábrica donde están todos los trastos familiares es una muestra de ello (…) La película funciona porque está mi padre, si mi padre no estuviera, la película (…) se caería (SALMERÓN, 2018).

Las secuencias protagonizadas por esta pareja se encuentran entre las mejores. Salmerón acierta de pleno en cómo retrata las interioridades de una pareja con muchos años de convivencia a las espaldas, de un modo diametralmente opuesto a como lo hacía Bergman, por ejemplo. Aquí hay mucho humor y ternura hasta en los momentos en los que puede haber reproches o (auto)críticas: desde temas más trascendentales (la discusión sobre la forma de gobierno o la reacción del marido cuando su esposa le confiesa que es masona) hasta aspectos más nimios o domésticos (cuando ésta le dice que monte la "thermomix" ya que él es ingeniero mecánico). Y en varias ocasiones en las que éste no aparece en la secuencia, hay referencias a él, de nuevo entre el humor (ese tenedor extensible para pinchar a su marido y comprobar si ha muerto) y la ternura (el hecho de mirar la foto de él antes de dormir para que, en caso de morirse, sea lo último que vea).

---

[3]*Candela Peña, Ernesto y Malena Alterio, Guillermo Toledo, Roberto Álamo y Secun de la Rosa, entre otros.*

A pesar de la afirmación de Salmerón sobre el papel de su padre en la película, la que ha acaparado toda la atención ha sido ella, cuyo nombre ha figurado en titulares de artículos de opinión y de críticas[4], con alguna que incluso relaciona a Julita Salmerón con lo mejor del cine español:

> Esta explosiva señora y ese mundo tan particular serían inmediatamente reconocibles para creadores como Buñuel, Azcona, Berlanga, García Sánchez, el Ferreri español (BOYERO, 2017).

La omnipresencia de la madre la hizo merecedora de acudir, junto al director, a recoger el Goya, en un momento que resultó para muchos espectadores el mejor de la larga ceremonia. Los extras del dvd editado por Cameo no solo incluyen un saludo de Julita Salmerón, sino que también aparece en el apartado de los premios, mostrando y comentando algunos de los conseguidos hasta el momento. Algo que se hace evidente en todas sus intervenciones fuera de la película es que su actitud es la misma en el documental que en el día a día; ahí reside uno de los principales méritos de Gustavo Salmerón como director, el haber conseguido ofrecer un retrato lo más ajustado a la realidad de su madre, un personaje que ha encandilado a un público rendido a sus pies.

> ¿Por qué nos gusta Julita? (...) Porque nos encanta ver a una mujer verdadera, rica en anécdotas, a la que no le importa contar que por dejadez no se dio de baja en Falange, que asume su excentricidad y toda la vida ha embaucado a su marido y a sus hijos en sus deseos de aventura. Es una persona real, pero también un personajazo que se sale de la norma y por eso nos reconforta. Julita nos demuestra que se puede ser madre y estar un poco loca, se puede ser imperfecta y ser amada (LINDO, 2018).

---

[4] Baste reseñar la crítica de Carlos Boyero, "A sus pies, surrealista Julita", y el artículo de Elvira Lindo, "Lo que Julita nos enseña", ambos publicados en El País, en diciembre de 2017 y enero de 2018, respectivamente.

Julita y su marido.

MUCHOS HIJOS, UN MONO Y UN CASTILLO (2017)
País: España
Dirección y Fotografía: Gustavo Salmerón
Guion: Beatriz Montañez, G. Salmerón, Raúl de Torres
Montaje: Raúl de Torres, Dani Urdiales
Música: Nacho Mastretta
Intérpretes: Julita Salmerón, Antonio García Cabanes, Ramón García Salmerón, Paloma García Salmerón, David García Salmerón, Ignacio García Salmerón, Julia García Salmerón, Gustavo Salmerón
90 minutos
Distribuidora DVD: Cameo
Estreno en España: 15.12.2017

Filmografía de Gustavo Salmerón como director

- *Muchos hijos, un mono y un castillo* (2017).
- *Desaliñada* (2001).

FUENTES

- BOYERO, Carlos (2017). *A sus pies, surrealista Julita*. El País. Recuperada de <https://elpais.com/cultura/2017/12/14/actualidad/1513276376_962124.html>

- GUERRA, Andrés (2017) *Muchos hijos, un mono y un castillo: la historia de una familia surrealista y tres deseos*. La Vanguardia. Recuperada de <http://www.lavanguardia.com/cultura/20171219/433757996698/gustavo-salmeron-goya.html>

- LINDO, Elvira (2018). *Lo que Julita nos enseña*. El País. Recuperada de <https://elpais.com/cultura/2018/01/06/actualidad/1515253326_408406.html>

- MONTAÑEZ, Beatriz (2017). *El "show" de Julita y familia*. El País Semanal. Recuperada de <https://elpais.com/elpais/2017/11/30/eps/1512060770_363883.html>

- NICHOLS, Bill (1997). *La representación de la realidad. Cuestiones y conceptos sobre el documental*. Barcelona: Paidós.

- SALMERÓN, Gustavo (2018). Entrevista en los extras de la edición en dvd de *Muchos hijos, un mono y un castillo*. Barcelona: Cameo.

Paddington 2 (Paul King)
JUAN PEDRO DELGADO

Era un día frío y casi seguro lluvioso. La víspera de Navidad de 1956. Un señor llamado Michael Bond se apena de un oso de peluche abandonado en la estantería de una tienda y lo compra para su esposa. Como vivía cerca de la estación londinense de Paddington, decide que ese será el nombre del osito. El señor Bond imagina una historia para Paddington y en diez días escribe un libro sobre él.

Aquí podía terminar esta pequeña historia, pero ese libro no terminó en la papelera del editor que recibió el manuscrito. Se publicó apenas dos años después, el 13 de octubre de 1958, con el título *A Bear Called Paddington*, enriquecido por las ilustraciones de Peggy Fortnum. La editorial William Collins & Sons acertó y el libro se vendió bien.

Lo que no sabían el señor Bond ni la editorial es que de aquel personaje llamado Paddington no nacería un sólo libro, sino muchos. Todos de gran éxito, convirtiéndose *Paddington* con el paso del tiempo en un clásico de la literatura infantil británica. Se hicieron series de televisión, como la que comenzó a emitirse en 1975, dirigida por Ivor Wood, que alcanzó los 56 episodios. *Paddington* se convirtió en un icono en el Reino Unido y llegarían juguetes, peluches, puzles, llaveros...

Aquel hallazgo navideño del señor Bond, que vio abandonado un juguete en una es-

tantería, sirvió como estímulo para que su imaginación construyera un personaje entrañable, educado, gentil y extremadamente cortés, cercano, cómico, carismático y muy querido por los niños ingleses.

Paddington al cine

Sorprende que una serie de libros de gran éxito haya tardado tanto en ser adaptada al cine. Rosie Alison, productora ejecutiva para la Warner en las películas de *Harry Potter*, tuvo la idea de trasladar la historia de *Paddington* a la gran pantalla. Ella había leído los cuentos y le "encantaba la idea que transmitían de Londres, la gran ciudad y este oso educado, que se descubre la cabeza, habla inglés y camina, viaja en metro, se sube al autobús... Es ese aspecto de pez fuera del agua el que siempre me atrajo cuando era pequeña y pensé que estaba maduro para el cine moderno y una nueva generación".

A Alison le acompañó en esta primera película el productor David Hayman, que trabajó igualmente en la saga de *Harry Potter*. Hayman, que también se había divertido mucho con los cuentos del oso del sombrero, botas y chubasquero azul, piensa que, "*Paddington* es, en esencia, una historia universal sobre un extraño que busca un hogar y un personaje con el que todos podemos sentirnos identificados".

Los productores ponen a los mandos de esta película a Paul King (*Bunny and the Bull*), con el encargo no solo de dirigirla, sino también de escribir el guion. King, gran seguidor en su infancia de toda la saga, trata el proyecto con ilusión y mimo, consiguiendo una película prodigiosa, una pequeña joya, con gran nivel técnico y visual.

En la escritura del guion, al estar los libros compuestos con pequeños relatos fragmentarios, se opta por hacer una historia original, que toma parte de las anécdotas y vivencias de los libros, si bien deja de lado el tono episódico de cada uno. Dado su cariño por el personaje de su infancia, King es capaz de tomar el alma del personaje creado por Bond y consigue que las dos películas (dirige y escribe ambas) sean una lectura fiel: el relato fílmico es para mi gusto (el gusto de un lector voraz de literatura juvenil y escritor, espero que con el tiempo, prolífico de novelas juveniles) incluso mejor que el de los libros. Además, pienso como editor de una revista de cine que los valores de producción de *Paddington* son muy notables: pocas veces se ha integrado mejor la acción real con la digital, muy pocas veces Londres ha lucido más hermoso que en *Paddington 2*, con un realismo muy hermoso que tiene, a la vez, el brillo de la recreación aventurera donde todo resplandece más y mejor.

Quizá el mayor problema de *Paddington* estriba en que podría, al ser un cuento tan intensamente *british*, no despertar el interés de quien no lo conoce; por el contrario, quien haya leído los libros verá que han sido trasladados a la gran pantalla de forma admirable: "todas las famosas frases del comienzo del primer libro están presentes -explica King-, desde el descubrimiento en la estación sin nada de ropa excepto su sombrero y el cartel, hasta una visita llena de percances al salón de té, su desastroso primer encuentro con un baño y su viaje en metro. Y, aunque conocemos a Paddington antes en la película que en el libro, nuestro relato es fiel a todo lo que Michael Bond desarrolló en las historias posteriores".

La primera película tiene un prólogo en los recónditos bosques del Perú, donde un explorador británico descubre a una familia de osos inteligentes que caminan erguidos y aprenden a hablar inglés con facilidad. Al despedirse, les promete acogerlos con mucho gusto si viajan a Londres. Años después, un sobrino de estos dos primeros osos viaja a Londres y acaba en la estación de Paddington con un cartel colgado que dice: "Por favor, cuide de este oso. Gracias". El matrimonio Brown va a recoger a su hija Judy, que vuelve de viaje, encuentra al pequeño oso, se apenan porque está solo y abandonado, y deciden acogerlo provisionalmente en su casa. Como su nombre en el lenguaje de los osos no hay forma de pronunciarlo, la señora Brown lo bautiza como Paddington.

Luego, en el desarrollo de la historia, Paddington deberá buscar al famoso explorador que llegó al recóndito Perú. Pero no será fácil, entre otras cosas porque en Londres, en el Museo de Historia Natural, hay una peligrosa y malvada taxidermista llamada Millicent (Nicole Kidman) que se propone disecar a Paddington, al que ve como pieza imprescindible para su colección.

Una secuela mejorada

Dado que la primera película tuvo un gran éxito de taquilla internacional (más de 200 millones recaudados con un presupuesto de 55 millones de euros), Warner decide poner en marcha una secuela de *Paddington* y de nuevo Paul King vuelve a tomar los mandos y escribe la segunda historia junto a su colaborador y amigo, Simon Farnaby. Y ambos logran una película que rebosa ternura y que ves con una sonrisa desde el principio hasta el final.

La segunda entrega de este oso oriundo del recóndito Perú es un prodigio, posee una factura brillante, una excelente dirección artística y tiene la capacidad de gustar a niños y adultos por igual. El director de *FilaSiete*, Alberto Fijo (2017), escribió sobre *Paddington 2*, y no puedo estar más de acuerdo con algunas de sus apreciaciones:

> Con un gran guion, inteligente y sutil, y una realización portentosa, las aventuras de Paddington Brown y de su familia adoptiva son un derroche de imaginación costumbrista, que añade a los personajes ya conocidos a un malo buenísimo, que interpreta un Hugh Grant memorable. El retrato de Londres, la trama carcelaria, la aventura en estado puro se sirven con una estética bellísima, que cuida hasta los mínimos detalles de la puesta en escena para implementar el carisma de todos los personajes.
>
> En el cine lo que no es imitación es copia: y aquí la inspiración en obras maestras precedentes (Chaplin, Keaton, Tati, Capra, Sturges, las comedias de Ealing dulcificadas) da como resultado una película sobresaliente, una proeza del cine para todos los públicos. La secuencia de apertura ya vale el precio de la entrada. Hay una docena de gags de paseo de la fama (la lavandería, la peluquería, el tren, la limpieza de cristales).
>
> Hay en *Paddington 2* un equilibrio excelente que aprovecha que los principales personajes ya están presentados, para meter un ritmo magnífico a la vida cotidiana del oso de la trenca azul. En ese sentido, el primer acto es un prodigio, en parte gracias a la música de un grande, Dario Marianelli, un *allegro molto vivace* embriagador. La manera de plantear el segundo punto de giro es muy brillante y, a partir de ese momento hasta un final que recuerda a la monstruosa *Monster Inc.*, no cesa la brillantez de una historia llevada en volandas, con situaciones diseñadas con un ingenio efervescente. No sería justo terminar sin un reconocimiento al trabajo de Ben Whishaw,

una Sally Hawkings chispeante, un divertido Hugh Bonneville. El vestuario de Timothy Everest y el diseño de producción de Gary Williamson son gloria bendita.

Por favor, cuiden de este oso

Paddington es un personaje que se hace querer. Cierto es que todo lo enreda, que es un desastre, que provoca catástrofes allá donde va, pero a la vez tiene un gran corazón, es amable, simpático y con muy buenos modales. Y, sobre todo, es un personaje que tiene la peculiaridad de que siempre intenta buscar lo mejor de cada persona... ¡y lo encuentra!

Paul King explica que de Paddington podemos aprender que "los pequeños actos de amabilidad hacen que el mundo sea un lugar mejor". Y Paddington, "representa la inocencia en medio de un mundo enorme y aterrador. Cuando nos preparábamos para escribir el guion, buscamos inspiración en muchas películas de Frank Capra, en donde colocan a un personaje con buenas intenciones en el mundo real, para poder destacar cómo su amabilidad y su bondad le ayudan a sobrevivir al cinismo del mundo" (MARTÍNEZ, 2017).

Para King, la clave está en que "en algún momento de la vida, todos nos hemos sentido fuera de lugar. No hace falta que seas uno de esos evacuados sentado en el andén de una estación, o haber escapado del peligro como el señor Gruber, el amigo de Paddington, o haber cruzado el mar como los inmigrantes del Windrush que se estaban instalando en Notting Hill en la misma época en que Michael Bond escribió los primeros cuentos".

Por cierto, me resulta genial la decisión de que las dos películas estén aderezadas en diversos momentos con música caribeña, que recuerda a los miles de inmigrantes del Caribe que vinieron sobre los años 50 y 60 a Reino Unido, los *windrush*, para ayudar en la reconstrucción del país.

Este osito que tanto llama la atención, como acostumbra, y se hace notar, ha pasado un tanto inadvertido por las salas de cine españolas, en gran medida porque su popularidad está en Gran Bretaña y aquí es más bien desconocido.

Lo aventuró Fernando Gil-Delgado (2015) en su crítica para *FilaSiete*, tras el estreno de la primera película:

> Ciertamente *Paddington* tiene magia, y el espectador que supere el rechazo inicial que le puede provocar la historia, acabará encontrándola, y hasta se dejará seducir por la pequeña intriga que existe, y por el encanto de los Brown. Pero existe la posibilidad de que *Paddington* no llegue lejos fuera de su ámbito natural británico.

Y así ha sido, tanto que las dos películas no suman siquiera un millón de espectadores en España. Concretamente 700.436 personas han pasado por las salas de cine en España, contabilizando *Paddington* 441.875 entradas vendidas (estreno el 6 de enero de 2015) y 258.561 entradas en *Paddington 2* (estreno el 24 de noviembre de 2017).

Una pena, porque las dos películas merecen ser vistas, son memorables: dos joyas que gustarán a niños y mayores.

Paddington's Finest Hour, publicado en enero de 2017, fue el último libro de la saga de este singular osito. Y ya no habrá más. Michael Bond, padre de Paddington, falleció el 28 de junio de 2017, a los 91 años de edad. Deja atrás un personaje entrañable y querido, cuyos libros han vendido más de 35 millones de ejemplares y han sido traducidos a más de 40 idiomas. Descanse en paz.

PADDINGTON 2 (2017)
País: **Reino Unido**
Dirección: **Paul King**
Guion: **Michael Bond, Simon Farnaby, P. King, Jon Croker**
Fotografía: **Erik Wilson**
Montaje: **Jonathan Amos, Mark Everson**
Música: **Dario Marianelli**
Diseño de producción: **Gary Williamson**
Vestuario: **Lindy Hemming**
Intérpretes: **Hugh Grant, Hugh Bonneville, Sally Hawkins, Jim Broadbent, Brendan Gleeson, Peter Capaldi, Julie Walters, Daniel Stisen, Samuel Joslin, Ben Miller, Sanjeev Bhaskar**
95 minutos
Distribuidora DVD: **Warner**
Estreno en España: **24.11.2017**

Filmografía de Paul King como director

- *Paddington 2* (2017).
- *Paddington* (*Paddington Bear*, 2014).
- *Bunny and the Bull* (2009).

FUENTES

- FIJO, Alberto (2017). Crítica de *Paddington 2*. FilaSiete nº 192 - diciembre 2017. Disponible en <https://filasiete.com/peliculas/paddington-2/>

- GIL-DELGADO, Fernando (2015). Crítica de *Paddington*. Disponible en <https://filasiete.com/peliculas/paddington-65/>

- MARTÍNEZ, Valeria (2017). Entrevista a Paul King. Metrópoli. Suplemento de El Mundo. 23 de noviembre de 2017. Disponible en <http://www.elmundo.es/metropoli/cine/2017/11/23/5a1592a2268e3e053a8b4593.html)>

Silencio (Martin Scorsese)
JOSÉ MARÍA CONTRERAS

En 1989 Martin Scorsese leyó la novela *Silencio* (1966) de Shūsaku Endō y decidió que la llevaría al cine. El guion, escrito junto a Jay Coks, tardó 15 años en alcanzar su versión definitiva. Diversos motivos fueron demorando la producción hasta que, finalmente, a finales de 2016, la película se estrenó en Estados Unidos. Largo recorrido pues de la que, hasta la fecha, tras *La última tentación de Cristo* y *Kundun*, es la tercera película de temática religiosa del realizador neoyorkino. Como en las anteriores, pero de forma más rotunda, más sabia, *Silencio* ahonda -y lo hace hasta el fondo- en los abismos de la fe y en su relación con la debilidad del espíritu humano.

Fiel adaptación

Aunque hay una adaptación anterior (Masahiro Shinoda, 1971), el propio Endō renegó de ella; cosa que, de haber estado vivo para verla, estamos seguros no hubiera hecho con la versión de Scorsese dada su extrema fidelidad. Y fidelidad no únicamente en el contenido, sino también en el tono.

La novela se sitúa en el siglo XVII japonés, más concretamente en la zona de Nagasaki. En el año 1637 estalló la Rebelión de Shimabara: los campesinos se levantaron contra los señores feudales por los altos impuestos y sus duras condiciones de vida. Cuando la Rebelión fue sofocada a comienzos del año siguiente, se sospechó que los católicos habían tenido parte en el proceso. Se prohibió el comercio con Portugal y la práctica del cristianismo. Empezaron las persecuciones y los martirios. Respecto a los sacerdotes, las autoridades buscaban más la apostasía (lo que se realizaba pisando el *fumie*, una imagen de la Virgen o Jesús) que la muerte, ya que, con vistas a secar las raíces de aquella fe, más convenía un cura renegado que un cura mártir. Hasta aquí lo histórico.

Dos jóvenes sacerdotes portugueses, el padre Rodrigues (Andrew Garfield) y el padre Garupe (Adam Driver), reciben la noticia de que su mentor en el seminario, el padre Ferreira (Liam Neeson), ha apostatado y vive como un japonés más. Los jóvenes no dan crédito y piden permiso para viajar de incógnito a Japón, tanto para sostener clandestinamente a las comunidades de criptocristianos, como para comprobar la verdad sobre Ferreira, pues toda la ejemplaridad que hasta entonces había demostrado, se convertiría en estrépito de confirmarse su caída.

Greene vs. Endō

El arranque guarda un innegable parentesco con la novela *El corazón de las tinieblas* (1899), de Joseph Conrad. Sin embargo, el desarrollo se lo debe todo a *El poder y la Gloria* (1940) de Graham Greene, donde un sacerdote ejerce su ministerio en la clandestinidad en el estado de Tabasco durante las Guerras Cristeras. Al igual que en *Silencio*, aunque con anterioridad, la novela de Greene ahonda en las dificultades del ministerio sacerdotal en tiempos de persecución y la tentación de claudicar para salvar la vida.

Las deudas de la novela de Endō con la del escritor británico son abundantes. Con todo, hay una diferencia en el planteamiento, una divergencia germinal que marca necesariamente el espíritu de cada una de ellas. En la novela de Greene, el periplo del sacerdote es una huida: intenta abandonar las tierras de la persecución, solo que la Providencia frustra cada uno de sus intentos, como si cada vez que estuviera a punto de escapar, cayera en el cepo de la Gracia. Padre pecador, sabe perfectamente qué es lo correcto, pero opta por apartar ese cáliz. Siguiendo la definición de Josef Pieper (2017: 463-65), es el pecado de la acedía: renunciar a la grandeza a la que Dios obliga, preferir la pequeñez:

El padre Rodrigues (Andrew Garfiel) oficia misa clandestinamente.

La acedía, finalmente, es una *franca detestado boni divini*, lo cual significa la monstruosidad de que el hombre tenga la convicción y el deseo expreso de que Dios no le debería haber elevado, sino "dejado en paz" (PIEPER, 2017: 466).

Por el contrario, la itinerancia en el caso japonés es una búsqueda, tanto de *Kakure Kirishitan* (cristianos clandestinos) como del padre Ferreira. A diferencia del mejicano, los portugueses son ejemplares. Quieren, con todas sus fuerzas, hacer la voluntad de Dios; sin embargo, el discernimiento de esa voluntad es lo que entra en crisis. Las dudas, espoleadas por un meticuloso plan de erosión psicológica por parte de las autoridades niponas, empiezan a agusanar la certeza imprescindible en un periodo de pruebas y tribulación.

Y quizás la mayor de las pruebas sea presenciar el martirio de los campesinos. En la película, las escenas de tormento tienen cierta grandeza gracias a la mirada de Scorsese, que resulta transparente y al mismo tiempo personal. En el libro, sin embargo, está mucho más afilado ese aguijón: la aparente sordidez del martirio ante el cual el cielo no se resquebraja ni Dios abre la boca al ver sufrir horriblemente a los suyos y por su causa.

Y sin embargo, el martirio de ese campesino, el martirio real que acaba de ver, era algo escuálido y lastimoso, como las chozas en que esos pobres vivían, como los harapos con que se cubrían (ENDŌ, 2009: 112).

Martirio de tres campesinos cristianos.

Dos personajes

Si bien el protagonismo recae sobre los padres jesuitas (principalmente en Garfield -Rodrigues- y, en menor medida, en Driver -Garupe-), hay dos personajes japoneses cuya participación en la trama es angular y muy significativa. Primero, Inoue Masashige (Issey Ogata), comisionado para la persecución de los rescoldos cristianos que quedaran en la zona de Nagasaki.

Su aparición en pantalla sigue un mecanismo análogo al del personaje de Harry Lime (Orson Welles) en *El tercer hombre* (CAROL REED, 1949). Durante la primera parte de la película está omnipresente, pero siempre en boca de otros, de forma que las expectativas crecen con la impaciencia de ver al personaje del que todo el mundo habla. En el caso de Inoue, el temor que insufla en los cristianos lo anticipa como un inquisidor temible, una figura diabólica en el sentido más obvio del término. Pero he aquí que lo realmente diabólico no es la obviedad, y cuando finalmente su identidad se revela, a la hora y media de metraje, resulta un anciano reverente, afable, cuyos gestos y movimientos bordean el ridículo; un personaje que ya habíamos visto con anterioridad, pero cuya apariencia no respondía a esa reputación que ha ido creciendo a lo largo de 90 minutos.

Aunque a menudo delega su papel -especialmente en Ferreira, el apóstata, reflejo del futuro del propio Rodrigues-, Inoue es el demonio en el desierto, el tentador. Un san Pablo a la inversa: criado en el seno del cristianismo, bautizado por los jesuitas, deviene perseguidor. Su marchamo diabólico está primero en su agudísima inteligencia y, segundo, en sus métodos de tortura psicológica, que si bien van acompañadas de indecibles tormentos físicos, basa su fuerza principal en la tergiversación -discreta, plausible- de los principios cristianos. No le pide que apostate para salvar la vida, sino por imitar a Cristo en la senda del amor. No dice verdad, tampoco miente.

El otro personaje es Kichijirô, interpretado por Yōsuke Kubozuka. Es el traidor, un Judas recalcitrante. Vende a los padres y vuelve pidiendo la absolución, y no una, sino varias veces. He ahí otra de las grandes pruebas: el amor a lo miserable, asemejarse a Cristo en dar la vida, no solo por lo digno que haya en el ser humano, sino por el hombre al completo, apurando hasta las heces la copa de sus bajezas:

> Entre las personas que aparecen en la Escritura, Cristo fue detrás [...] de seres cuya vida no tenía encanto ni belleza, como las rameras que la gente apedreaba por la calle. Dejarse ganar el corazón por el encanto, por la belleza, eso lo puede hacer cualquiera. Eso no tiene nada de amor. Amor es no rechazar una vida humana, un ser humano ajado, convertido en harapo. El padre lo tenía muy claro en la cabeza, pero todavía le resultaba imposible perdonar a Kichijirô (ENDŌ, 2009: 108).

Además, Kichijirô, al contrario que Judas, no desespera, sino que encadena sus traiciones con sus peticiones de perdón. Cae y se arrepiente y vuelve a caer y vuelve, arrastrándose, a pedir misericordia. Como un crisol de la caridad, obliga al padre Rodrigues a perdonarle por haberle entregado, de la misma forma, creemos, que Cristo hubiera perdonado a Judas si éste, en lugar de considerarse sentenciado, hubiera implorado perdón en lugar de anticipar su juicio.

El silencio de Dios

No es *Silencio*, desde luego, una de las películas taquicárdicas de Scorsese. Tampoco la más estridente, lo que no quita que el sonido tenga un papel fundamental. La cinta empieza en negro, con cerca de treinta segundos donde solo se escucha el ruido de los insectos, el bordón de la naturaleza. La ausencia de música extradiegética deja el absoluto protagonismo al incesante coro de insectos y aves, a la naturaleza que no calla. Porque el que calla, el silencio al que se refiere el título, es el silencio de Dios, que, en medio del suplicio de los justos, permanece impasible:

> Dios mío, Dios mío,
> ¿por qué me has abandonado?
> a pesar de mis gritos,

mi oración no te alcanza.
Dios mío, de día te grito,
y no respondes;
de noche, y no me haces caso (SALMO XXI).

Así arranca el salmo cuyo primer verso recitaría Cristo mismo en la cruz. El abandono de Dios, la bonanza del malvado, la desdicha del fiel... desde Job, es un interrogante que cruza la historia del creyente. Es un escándalo. Por más que teológicamente se pueda argumentar que si Dios abandonara su discreción, atentaría contra nuestra libertad, en el momento de la injusticia y del horror, el silencio llaga el alma de los creyentes. Cómo Dios, al contrario por ejemplo del padre Garupe, puede presenciar el martirio y mantenerse ajeno. Y ya no solo en el suplicio físico; en el discernimiento del padre Rodrigues sobre la conveniencia o no de la apostasía, Dios no le auxilia, nada opone a la astuta erosión del inquisidor. Si al menos, habría de pensar Rodrigues, me señalaras el camino correcto... aunque, ya en el desenlace, se abre la puerta a una intervención que, sin embargo, aún se presta a interpretaciones.

La madre de los macabeos

No sé cómo aparecieron ustedes en mis entrañas; no fui yo quien les dio la vida y el aliento, ni quien organizó su cuerpo. Es el creador del mundo, que hizo todas las cosas, quien forma al hombre desde el primer momento. Él, en su misericordia, les devolverá la vida y el aliento, pues ustedes, por las leyes de Dios, no piensan en ustedes mismos (II MACABEOS, 7, 22-23).

Así animaba la madre de los macabeos a sus hijos para que prefirieran la muerte a violar la ley, en este caso de comer carne de cerdo. El rey, tras martirizar a seis de los siete hermanos, se dirige a la madre para que medie y salve la vida del más pequeño. Ésta le dice a su hijo: "No temas a este verdugo; muéstrate digno de tus hermanos y acepta la muerte, para que por la misericordia de Dios yo te recobre junto con ellos" (II MACABEOS, 7, 29). Por el contrario, el apóstata Ferreira, en la noche más oscura, mientras cinco cristianos están recibiendo el tormento de la fosa, le habla a Rodrigues de la siguiente manera:

FERREIRA: Eres como yo, ves a Jesús en Getsemaní y crees que tu prueba es la misma. Esos cinco cristianos también sufren como Él, pero no tienen tu orgullo. Ellos jamás se compararían con Jesús. ¿Tienes derecho a hacerles sufrir? Yo también escuché esos lamentos y actué.

Inoue preside un interrogatorio al padre Rodrigues.

RODRIGUES: ¡Se está excusando! Es el espíritu de la oscuridad.

FERREIRA: [...] Solo tú puedes poner fin a su sufrimiento, no Dios.

Salen de la celda y contemplan el martirio de los cinco.

FERREIRA: Puedes salvarlo. Dios está callado, pero tú no tienes por qué.

RODRIGUES: Deberían apostatar. ¡Apostatad!

FERREIRA: Pero ya han apostatado numerosas veces. Están aquí por ti, Rodrigues. Mientras tú no lo hagas, no podrás salvarles. Un sacerdote debería actuar a imagen y semejanza de Cristo. Si Cristo estuviera aquí, habría apostatado por su bien. [...] Ahora vas a consumar el acto de amor más doloroso que haya existido nunca.

La argumentación no es abiertamente anticristiana, sino de una tergiversación casi imperceptible de sus principios. Si al principio de la conversación Ferreira le acusa de ser orgulloso por compararse con Cristo, luego le pide que actúe a su semejanza. Es el procedimiento característicamente diabólico que vimos en Inoue.

Finalmente, tras apostatar, en el epílogo de la película, vemos la más clara divergencia entre la versión cinematográfica y la novela de Endō. Scorsese introduce indicios inequívocos, ausentes en la fuente literaria, de que el padre Rodrigues, pese a la secularización y apostasía, seguía siendo cristiano en secreto. Lo que, como defendió Juan Manuel de Prada en *L'Osservatore Romano*, puede remitir a la disciplina de arcano según la establecía san Agustín:

El apóstata Ferreira anima al padre Rodrigues para que también él apostate.

El propio San Agustín recomendaba a sus fieles que, para evitar la reacción furibunda de los paganos, ocultasen por prudencia sus creencias. Dios no quiere que rehuyamos el martirio; pero mucho menos quiere que nos arrojemos al martirio insensatamente, o que nuestra insensatez arroje al martirio a nuestros hermanos (PRADA, 2017).

¿Hace esto que la versión de Scorsese sea más o menos católica que el original de Endō? Pues ha habido tantas opiniones como opinadores, lo que ya señala su naturaleza escurridiza, ambigua, rugosa. Desde luego no es una película blasfema ni heterodoxa, pero tampoco catequética. Es algo mejor: una película viva y, por eso precisamente, imposible de clausurar con una moraleja.

SILENCE (2016)
País: **EE.UU.**
Dirección: **Martin Scorsese**
Guion: **M. Scorsese, Jay Coks**
Fotografía: **Rodrigo Prieto**
Montaje: **Thelma Schoonmaker**
Música: **Kim Allen Kluge, Kathryn Kluge**
Diseño de producción y Vestuario: **Dante Ferreti**
Intérpretes: **Andrew Garfield, Adam Driver, Liam Neeson, Ciarán Hinds, Issei Ogata, Tadanobu Asano, Shinya Tsukamoto, Ryo Kase, SABU, Nana Komatsu, Yôsuke Kubozuka, Yoshi Oida, Ten Miyazawa**
159 minutos
Distribuidora DVD: **DeAPlaneta**
Estreno en España: **6.1.2017**

Filmografía de Martin Scorsese como director (últimas 10 películas)

- *Silencio* (*Silence*, 2016).
- *El lobo de Wall Street* (*The Wolf of Wall Street*, 2013).
- *La invención de Hugo* (*Hugo (Hugo Cabret)*, 2011).
- *Shutter Island* (2010).
- *Infiltrados* (*The Departed*, 2006).
- *El aviador* (*The Aviator*, 2004).
- *Gangs of New York* (2002).
- *Al límite* (*Bringing Out the Dead*, 1999).
- *Kundun* (1997).
- *Casino* (1995).

Detalle del *fumie*.

FUENTES

- CONRAD, Joseph (2010). *El corazón de las tinieblas*. Madrid: Castalia.

- ENDŌ, Shūsaku (1996). *Jesús*. Madrid: Espasa.

— (2009). *Silencio*. Barcelona: EDHASA.

- GREENE, Graham (2001). *El poder y la gloria*. Barcelona: EDHASA.

- PIEPER, Josef (2017). *Las virtudes fundamentales*. Madrid: RIALP.

- PRADA, Juan Manuel de (2017). *Un silencio muy elocuente*. L'Osservatore Romano. 11 de enero. Recuperada de <http://www.osservatoreromano.va/es/news/un-silencio-muy-elocuente-spa>

- REED, Carol (Director). (1949). *El tercer hombre* [Película]. Inglaterra: London Fims.

- SHINODA, Masahiro (Director). (1971). *Silencio* [Película]. Japón: Hyogensha-Mako International.

The Square (Ruben Östlund)
LAURA POUSA

El filósofo alemán Peter Sloterdijk, en la primera obra de su trilogía *Esferas*, plantea la disposición del ser humano de crear vínculos sociales desde una teoría media de la coexistencia. En su pensamiento, la conformación de un espacio propio y la creación de un refugio capaz de compensar emocionalmente el trauma de la salida del seno materno suponen el inicio de una nueva fase para todos los individuos, desde una concepción vital del drama. Esto implica la creación de lugares donde la fascinación de proximidad y el contacto con el otro determinan nuevos encuentros que conllevan otras formas de relación y, a su vez, ayudan a conformar espacios habitables diversos. De esta manera, los nuevos lugares que surgen devienen en esferas histórico-colectivas que, con el tiempo, se convierten en complejos y particulares modos donde reside la experiencia vital.

"¿Dónde estamos cuando estamos en el mundo?", se pregunta el filósofo. "Estamos en un exterior que sustenta mundos interiores" (Sloterdijk, 2013). Habitar el lugar supone crear esferas habitables. Por eso y sin querer profundizar en cuestiones de carácter metafísico (al menos en este texto), tomamos las esferas de Sloterdijk como punto de partida estructural para entender cómo *The Square* plantea una reflexión sobre los instintos, los prejuicios y las relaciones con el otro a través de una ficción donde el arte contemporáneo y la dimensión de la obra artística devienen en motor de su drama.

El arte

"El cuadro es un santuario de confianza y afecto. Dentro de sus límites todos tenemos los mismos derechos y obligaciones". Esta es la definición de la obra de arte que, en *The Square*, la artista argentina Lola Arias[1] presentará en el museo de arte contemporáneo sueco que dirige Christian, el protagonista de la película. Pero además esta frase es la pieza narrativa clave que contiene la esencia del relato cinematográfico y que artísticamente ayuda a configurarlo y a estructurarlo.

El arte contemporáneo está presente en toda la película no solo a través de las obras y del espacio del museo que las alberga, sino también a través de una puesta en escena donde la *performance* marca un estilo y el *happening* es utilizado como elemento dramático que estructura acciones. La secuencia del inicio de la historia en la que a Christian le roban está planteada de esta manera. Decenas de personas caminan por una de las calles de Estocolmo cercana a una salida del metro en la misma dirección, a una distancia casi equidistante los unos de los otros, abstraídos, ignorándose, mirando el móvil. Un grito les hace volverse. Alguien pide ayuda. Al no ver nada continúan caminando. Parece que no importa. De nuevo el grito desgarrado. Pero la gente sigue caminando. Una chica entra en plano y aborda a uno de los hombres. Muy nerviosa, llorando, explica que alguien le quiere hacer daño. La mayoría sigue caminando. Christian, al lado, se ve envuelto en la situación. La confusión es máxima. Ella dice que la quieren matar. Otro grito, parece animal. Es él. Christian y el hombre que caminaba protegen a la chica de un tercer hombre que llega hasta ellos cargado de violencia y agresividad. En cuestión de segundos todo se arregla. El peligro se disipa. La chica y el tercer hombre desaparecen. Christian siente la excitación, la adrenalina y la emoción de haber colaborado a frenar el desastre. Se alegra de que el hombre que caminaba le haya obligado a actuar. Ha podido sacar su instinto. Se siente un héroe de la comunidad. Los dos hombres se abrazan. El resto continúa caminando, sin mirarse. Parece que nada hubiera ocurrido. Instantes después, Christian se da cuenta de que le han robado la cartera y el móvil.

Este momento experiencial del personaje provoca que salga de su burbuja -de su

---

[1] *Lola Arias es una artista que existe en la realidad, pero no es la autora de "The Square". Tal y como cuenta ella misma en una entrevista concedida al diario "Clarín", iba a hacer el papel de la artista con otro nombre, pero finalmente esa escena se eliminó y la producción utilizó su nombre sin su consentimiento.*

no esfera- activando también la excusa dramática que pone en marcha el mecanismo narrativo de la película. Christian querrá encontrar su cartera, utilizará el localizador de su Iphone y, tras saber que se encuentra en un edificio de las afueras, un barrio obrero, de inmigrantes, dejará una nota amenazante a todos los vecinos exigiendo su devolución. Más allá del interés que puede suscitar esta historia, lo verdaderamente interesante de la trama es cómo se vincula, complementa y adquiere sentido con la otra gran trama de la película: la de la exposición The Square, siendo ésta la que estructura temporalmente el relato desde su anuncio hasta su supuesta inauguración. De esta manera, ambas avanzan como si fueran una incluyendo subtramas que articulan un artefacto narrativo y que conecta con el clasicismo en sus funciones narratológicas. Como dice el propio director: "I wanted to make an elegant movie, with visual and rhetorical devices to provoke and entertain viewers"[2].

El cuadrado y la esfera

La obra The Square consiste en un cuadrado luminoso en el suelo de cuatro por cuatro, situado en la entrada del museo donde antes había una estatua de un hombre montado a caballo que, en el proceso de sustitución -modernidad frente a tradición- se cae y rompe con decapitación. En el interior de la exposición, hay otras obras vinculadas temática y conceptualmente que dialogan con The Square. Con la teoría relacional de Nicolas Borriaud como referencia -corriente artística que sitúa en el centro la relación que se establece entre los sujetos y la obra-, los futuros visitantes antes de entrar al espacio expositivo deben definirse. Tienen que elegir una de las siguientes opciones: 'I mistrut people' o 'I trust people'. Este cuestionamiento íntimo a modo de juego inocente que les hace acceder a la exposición por lugares distintos, esconde la contradicción (a veces, dilema) en la que vivirá el protagonista a lo largo de toda la película.

Christian apuesta teórica y estéticamente por una obra y una artista que cuestiona las relaciones del ser humano con su entorno social. Como curador, entiende la obra y sabe explicarla, pero no le traspasa ideológicamente hasta que las consecuencias de sus actos diarios rompen su perfecto, artístico y ordenado mundo. Con un estudiado y perfecto *storytelling* y un estilo propio del *coaching* emocional -tan presente en los discursos contemporáneos actuales-, explica The Square a los inversores y mecenas del museo animándoles a que imaginen que están en un gran espacio abierto de Esto-

---

[2] *Declaraciones de Ruben Östlund pertenecientes al dossier de la película del Festival de Cannes.*

colmo. La ciudad como lugar social forma parte de la obra y, en un plano físico, supone un marco vacío esperando su contenido. "Un acuerdo social, un acuerdo que obliga a velar los unos por los otros, a ayudarnos", explica el personaje. Todo el que pase por delante está obligado a ayudar al que se encuentre encerrado en su interior. El cuadrado determina así un nuevo tipo de relación convirtiéndose filosóficamente en una de las esferas de Sloterdijk capaz de redefinir no solo el espacio cotidiano de la ciudad, sino al propio individuo a través de las relaciones que establece.

Elitismo cultural, prejuicios e inhibición

Tanto la pieza de videoarte que vemos en el museo -donde un hombre desnudo mira a cámara simulando ser un animal-, como las obras contemporáneas que rodean a los personajes -que, en ocasiones, llegan a pautar el ritmo de la dramaturgia-, construyen una suerte de geografía creativa e intelectual que articula la ideología de la película. Más allá de la presentación de los personajes en escenarios sofisticados, este contexto cultural permite la creación de un discurso que pone en evidencia el elitismo, la mercantilización y el carácter pseudo-reflexivo que la institución museística plantea en torno al arte contemporáneo.

Los personajes que se muestran vinculados al museo pertenecen a una élite social, a un grupo que ante todo quiere preservar su estatus. Todos son privilegiados y así lo demuestran en cada una de sus acciones. Östlund los presenta como seres desconectados de la realidad social, caprichosos, excéntricos, preocupados por cuestiones superficiales y materiales aunque también vinculados a lo artístico. En este sentido, no es de extrañar que la génesis del proyecto The Square fuera la creación en 2008 de la primera comunidad con un área residencial solo autorizada para los miembros. Este aislamiento voluntario, que esconde el desprecio por el otro y su invisibilización, en la película se presenta ligado al arte. El museo se presenta como un búnker cultural para la élite que, mediante obras políticamente correctas, disimulan su clasismo, sus prejuicios, su inhibición y su xenofobia.

Estos temas también están presentes en otras películas del director. Por ejemplo, en *Turist* (2014) -en la que además de conectar estéticamente con *The Square* por el ritmo y por una puesta en escena y planificación, en ocasiones, performántica-, los personajes habitan en un hotel de lujo situado en unas hermosas montañas nevadas desplazándose con la trascendencia de saberse únicos en el lugar. Este paraje natural -otro espacio en blanco- es donde se dibujan las relaciones de los protagonistas y donde el conflicto se

The Square, la obra.

plantea a través de la anatomía de un instante: los segundos en los que, ante una avalancha de nieve, el padre de familia se pone a salvo abandonando a su mujer y a sus dos hijos pequeños. Podemos entender así que la montaña en *Turist* plantea el mismo drama que el museo en *The Square*, y el alud (que lo cambia todo) corresponde con el cuadrado o, podríamos decir, con la nueva esfera.

Pero mientras en *Turist* el enemigo es el propio individuo, las conexiones que *Play* (2011) o *De ofrivilliga* (2008) establecen con *The Square* tienen que ver con la idea del otro, con el desconocido como amenaza. Así, en la primera, el racismo, la venganza y la pasividad ante el sufrimiento y el maltrato ajeno configuran la esencia dramática del relato -con un interés narrativo también puesto en los media (Stigsdotter, 2013)-; mientras que en el segundo caso, el egoísmo, la mentira y la doble moral ayudan a crear el retrato de una sociedad, la sueca, donde late la individualidad y la violencia.

El otro

En la ficción de *The Square* la amenaza del otro se representa de formas diferentes: real, mediática y metafóricamente. La real aparece representada por los mendigos que duermen en las calles de Estocolmo, que piden comida con malos modales, que intentan robar coches, pero especialmente por un niño extranjero, moreno de piel, no rubio. El niño es el único que se atreve a enfrentarse al adulto. Tras haber recibido la nota de Christian acusándole de haberle robado, le obliga a disculparse con él y su familia.

Christian muestra a sus hijas la exposición, mientras ensaya un discurso.

La forma mediática se muestra a través del vídeo viral que dos *millenials* crean para la promoción de la exposición y en el que se ve cómo una niña pequeña, muy rubia, que vive en la calle y se presenta como pobre, entra en The Square y estalla en pedazos. En el último caso, la forma metafórica se desarrolla en una cena de gala a la que asiste toda la élite vinculada al museo, en la que en una *performance* del hombre/animal (el que previamente vimos en la pieza de videoarte), entra en la sala atemorizando a todos los comensales. El animal se vuelve real, se hace con el territorio y les domina. El miedo les puede, la obediencia y sumisión aparecen. Los comensales aceptan el código artístico y, cuando el animal agrede a una mujer, varios hombres se le echan encima con la intención de matarle. Sin contemplaciones.

Esta brillante secuencia muestra cómo para preservar su espacio, su lugar, sus formas y a los suyos, la élite se comporta igual que el animal, con la misma agresividad, con la misma visceralidad. Lo único que les diferencia es el esmoquin. Los límites han desaparecido, el pacto social también y con ello, la idea del otro como enemigo resurge. El salón se convierte en una esfera metafórica de lo que ocurre en la sociedad. De ahí que Ruben Östlund utilice esta dramática situación como contrapunto satírico, cínico y perverso a la obligación posterior de Christian de renunciar a su cargo en el museo por la polémica generada en torno al vídeo viralizado de la niña rubia explotando. Tanto las agrupaciones de inmigrantes como los propios suecos entienden el vídeo como una provocación, instando públicamente al museo a posicionarse ante el drama de 'los otros'.

La hipocresía, la anulación de la libertad artística y la moralidad más rancia hacen que la dirección del museo acabe sacrificando el trabajo de su director y la propia exposición. The Square ha llegado a su fin y con su desaparición, la posibilidad de construir nuevos lugares de convivencia, de autocrítica y reflexión. A partir de ahora, todo seguirá igual o peor, las esferas estarán dominadas por la élite y la capacidad de disimulo y de falsas vanguardias prevalecerán, en ocasiones, también artísticamente.

THE SQUARE (2017)
País: **Suecia, Alemania, Francia, Dinamarca**
Dirección y Guion: **Ruben Östlund**
Fotografía: **Fredrik Wenzel**
Montaje: **R. Östlund, Jacob Secher Schulsinger**
Música: **Rasmus Thord**
Diseño de producción: **Josefin Åsberg**
Vestuario: **Sofie Krunegård**
Intérpretes: **Claes Bang, Elisabeth Moss, Dominic West, Terry Notary, Christopher Laessø, Marina Schiptjenko, Elijandro Edouard, Daniel Hallberg, Martin Sööder**
142 minutos
Distribuidora DVD: **Avalon**
Estreno en España: **10.10.2017**

Filmografía de Ruben Östlund como director

- *The Square* (2017).
- *Fuerza mayor* (*Turist / Tourist / Force Majeure*, 2014).
- *Play* (2011).
- *Involuntario* (*De ofrivilliga*, 2008).
- *The Guitar Mongoloid* (*Gitarrmongot*, 2004).

Una de las obras temporales que expone el museo.

FUENTES

- SLOTERDIJK, Peter (2003). *Esferas I*. Madrid: Siruela.
- STIGSDOTTER, Ingrid (2013). *'When to push stop or play' The Swedish reception of Ruben Östlund's Play* (2011). Volume 3. Number 1.
- SCHOLZ, Pablo O. (2017). Lola Arias y "The Square": "Todo es un disparate". <https://www.clarin.com/espectaculos/cine/lola-arias-the-square-disparate_0_HkE52JTJf.html>
- The Square. Dossier para el Festival de Cannes.

Un hombre llamado Ove (Hannes Holm)

ARTURO A. SEGURA

Basada en la exitosa novela homónima de Fredrik Backman, *Un hombre llamado Ove* es una producción diseñada para un público muy amplio. De hecho, buena parte de su accesibilidad estriba en su apariencia convencional, asequible. Una elección creativa que la emparenta con esa banal *koiné* audiovisual, característica de tanta publicidad, cine y series televisivos. No obstante, la película de Hannes Holm también alberga otros aspectos formales y nucleares más interesantes, que en última instancia la entroncan con el mejor acervo cinematográfico sueco.

La película procura así armonizar dos *modus operandi* de difícil compatibilidad. La facilidad visual, la narración nítida… coexisten así con fundamentos del reputado cuño filmográfico del país nórdico: autoría, prestigio artístico, hondura temática, narrativa y estética, implicaciones filosóficas, etc. (ZUBIAUR: 2004; ZUBIAUR: 2005; GUBERN: 2014). A lo largo de la reseña, pues, procuraré ir desgranando algunas claves de la película; tanto relativas a su liviano envoltorio como, sobre todo, a interesantes particularidades relatoras, visuales, temáticas y estéticas que, sin sacarla de su tradición, la singularizan.

Forma y narración

La factura y escritura de la película responden a una planificación y un montaje basados, de manera predominante, en planos de breve duración, organizados en encuadres y angulaciones de apariencia diáfana. Con todas las salvedades que puedan hacerse, todo es mostrado (tal vez exceptuando el plano del accidente) sin la pretensión de influir demasiado en la psicología del espectador por vía visual u óptica. No hay aquí despliegues ni alardeos técnicos. Al contrario, en ocasiones el montaje manifiesta cierta tosquedad, contribuyendo además a deslavazar el ritmo y restar consistencia al conjunto. En cambio, sí hay búsqueda de elecciones seguras, definitorias de un lenguaje fílmico de trazas clásicas. Entre ellas, equilibrio, discreción, mesura. No quiero decir con ello que la película sea un tributo a dicho estilo. Solo que, sin albergar ni demostrar mayores aspiraciones, aprovecha opciones estilísticas de probada eficacia, gestadas y consolidadas durante el clasicismo cinematográfico. Narración y expresión van siendo plasmadas por medio de primeros planos, planos medios y americanos, generales y panorámicos... dotados de proporción y contención compositiva y sintáctica. Acorde con ese tono discreto y en no menor medida, valiéndose también de una puesta en escena de apariencia invisible, esto es, no invasiva para el espectador. Ello es reflejado mediante útiles y mesurados movimientos y desplazamientos de cámara, con los que enriquecer la narración de comedidas intensidades, acentuaciones, subrayados, gradaciones. No son éstas decisiones formales indiferentes. Al contrario, en última instancia su alcance robustece el humus cohesionador del relato (su fondo), concretado en el herido mundo emocional, afectivo, relacional, generacional, sociológico... de Ove Lindahl (Rolf Lassgård).

También la fluencia narrativa es límpida, si bien más compleja su estructuración. Su desarrollo es urdido trenzando dos relatos paralelos, articulados entre sí por saltos temporales, ya sean éstos como retrocesiones (*flashbacks*) a diversos segmentos del pasado, ya como regresos, desde aquél, al presente. La narración principal desarrolla pasajes cruciales en la vida presente de Ove. Comprende su incipiente pero prematura vejez (aún tiene 59 años), sirviendo además como atalaya desde la cual contemplar intervalos integrantes del pasado. Su metódica rutina diaria (supervisión de la urbanización, visita al cementerio...) refuerza el presente como unidad temporal estática. A este respecto, no es trivial la ubicación del camposanto, pues el ferrocarril marca una línea divisoria delimitadora entre presente y pasado. Es más, como lugar donde Ove y Sonja (Ida Engvoll) se conocen, el tren metaforiza el viaje vital común, amén del definitivo.

No en vano, el presente reanuda su flujo una vez el personaje logra sobreponerse (con ayuda) a sí mismo, recomponiendo y ampliando su red de anclajes. Como es lógico, lo que podría denominarse 'relato subordinado', deriva, está incluido y es dependiente de la narración principal. Subdividido en diversas secciones, cada una de ellas coincide con su infancia, juventud y primera madurez. Dichos fragmentos también son aderezados a su vez, con la inclusión de hechos significativos, interludios musicales, etc.

A este respecto, dos ingredientes dinamizan el avance cronológico del pasado: los coches y las canciones. El competitivo antagonismo entre las marcas automovilísticas nacionales Saab y Volvo, suscita un juego polifacético. Por un lado, sirve para ironizar en torno a tópicos relativos a la mentalidad sueca. Por otro, describe la relación entre Ove y su vecino Rune. Pero la sucesión de modelos es además un eficaz recurso con que economizar el transcurso temporal de medio siglo. Similar función desempeñan las canciones, abarcando idéntico intervalo. Así, temas como *Van är tvålen* (1957), de Povel Ramel; *Din skugga stannar kvar* (1966), versión de una canción norteamericana cantada en sueco por Lill Lindfors; *Forever and Ever* (1973), cantada por Demis Roussos, *Always on My Mind* (1982), versionada por Willie Nelson, etc.

Humor negro

Es significativo que un suceso tan trágico como un suicidio, sea aprovechado aquí tanto en clave humorística como narrativa. El humor negro caracteriza la sucesión de intentos frustrados, que un perseverante Ove prepara con el fin de quitarse la vida. Sea con una soga en varias ocasiones, inhalando el dióxido de carbono del tubo de escape de su coche o con una escopeta, el humor sombrío desempeña una función diversa. Por un lado, sirve para ironizar (si ello es posible) sobre una realidad existente en Suecia, tan extendida como espantosa. Por otro, el lapso suspensivo provocado por el daño que Ove se inflige a sí mismo en cada ocasión, siempre acontece en el presente cronológico del relato. El suceso es aprovechado así en varias ocasiones como interrupción transitoria, con que realizar una regresión a importantes acontecimientos pasados. Desempeña asimismo una función cómica, por cuanto las tentativas siempre terminan siendo frustradas por hechos fortuitos (la rotura de la soga) y aun por la intrínseca bondad del, incluso en tales trances, siempre dispuesto Ove. Por ejemplo, atendiendo en diferentes ocasiones las importunas llamadas de los vecinos, a la puerta de su casa y a la de su garaje. Otras circunstancias no son menos hilarantes. Así, la queja de Ove sobre la mala calidad de la cuerda con que intenta suicidarse, elevada a una dependienta del supermercado donde la compró; la consiguiente pregunta de la chica acerca del uso que él hizo de la misma y la airada salida de él en silencio, inhabilitado por su propia intentona para dar una respuesta lógica.

Magia y visión

Hay otro recurso de especial intensidad y belleza, tal vez causadas éstas tanto por su imposibilidad, como por su inherente deseabilidad física y espiritual. Su trascendencia radica, creo yo, en una compatibilización entre la verosimilitud interna de la propia ficción y la intrínseca verdad ontológica de la misma. Tal vez el siguiente ejemplo pueda pasar desapercibido en la película. Sin embargo me parece sustancial, por cuanto puede ayudar a dimensionarla mejor, vinculándola con insignes ejemplos afines.

Me refiero a la natural (mágica) confluencia de pasado y presente en una misma secuencia o plano. Se trata, como digo, de un procedimiento ya existente en referenciales películas suecas, tales como *La señorita Julia* (SJÖBERG: 1951) o *Fresas salvajes* (BERGMAN: 1957). Con todo, conviene aclarar que no se trata de un recurso privativo del cine sueco. Por citar dos ejemplos más recientes, el mismo fue utilizado con asiduidad por Theo Angelopoulos en, entre otras, *La mirada de Ulises* (1995) y *La eternidad y un día* (1998).

Más allá de la aparente correspondencia entre un caso y el resto, me parece necesario hacer aquí una matización. En las películas de Alf Sjöberg, Ingmar Bergman y Angelopoulos, la simultaneidad de tiempos diversos (cuando no divergentes) es mostrada sin la intervención del montaje cinematográfico. Es decir, mediante tomas más o menos prolongadas (casi siempre planos secuencia), encuadrados y compuestos en planos cerrados (sean éstos planos detalle, primeros planos, etc.) o abiertos (generales, americanos, panorámicos u otros). Dentro de ellos aparecen los diversos personajes y elementos constitutivos de cada temporalidad. Esa coexistencia espacial de dos cronologías diferentes, en *Un hombre llamado Ove* presenta en cambio un matiz formal distintivo, respecto de las películas citadas.

Según esto, son reveladoras las secuencias en que Ove asiste conmovido, en el presente, a la visión de Sonja y de sí mismo en el salón de su casa, durante los felices tiempos en que eran un joven matrimonio. Tal como vive fija en su corazón y recuerdo, ella aparece tan bella, resuelta y optimista como en el resto de la película. No obstante, también cambia la decoración, las estanterías aparecen repletas de libros (vaciadas por

Ove tras morir ella), la casa tiene más luz y color... En definitiva, todo es tan luminoso, que el hogar de los Lindahl parece ser otro lugar. Derivado de ello, el progresivo envejecimiento de ambos y la enfermedad terminal de Sonja, constituyen una larga elipsis de finalidad polivalente: preservar tanto la economía narrativa y el metraje, como los mejores recuerdos, ya remotos. Ello implica que ambos elementos queden sobreentendidos, no mostrados en el relato. Dentro de esta suerte de apoteosis del recuerdo redivivo, identifico en estas decisiones creativas, semejanzas con *El camino a casa* (YIMOU: 1999), en cuya narración, presente y pasado también son diferenciados mediante elecciones fotográficas relativas al color y la luz. Pero también veo correspondencias profundas con *¡Qué verde era mi valle!* (FORD: 1941), *El hombre tranquilo* (FORD: 1952) o *El río de la vida* (REDFORD: 1992).

Pues bien, la elección formal realizada en el pasaje descrito no implica la inclusión de presente y pretérito en un mismo plano (como sí ocurre en las primeras películas citadas), sino una reveladora construcción habilitada por el ensamble cinematográfico. Consiste en una alternancia de primeros planos de un estremecido Ove (solo y acongojado) reconfortado por lo que ve, con otros que ofrecen la visión misma: él y Sonja en el salón hablando, riendo, bailando o celebrando el anuncio del primer hijo. Merced al montaje, visionario y visión no comparten plano en ningún momento, quedando aislados entre sí, fuera de campo el uno del otro. Este troceo fílmico de la acción en una secuencia de plano-contraplano, es lo que permite la diversificación de tiempo y espacio, aun de un mismo instante. La sucesión de planos ofrece así la alternancia (no estricta) de los primeros planos de él y los de la visión. Estos últimos se corresponden de este modo con la subjetividad o con la mirada interior de Ove o, mejor, con una íntima proyección mental y emocional surgida de su anhelo.

Es cierto que, desde el punto de vista del espectador, la verosimilitud y consistencia de la realidad interna del relato ficticio, apenas se ven afectadas por esa diferenciación. Queda claro lo que se quiere expresar, lo cual demuestra el buen oficio de Hannes Holm y su equipo. Pero el resultado me parece menos convincente, por cuanto es un artificio que, *stricto sensu*, no transmite (porque no posee) la consistencia interna de la realidad física. Sin dicha solidez, ésa no puede ser incorporada a la ficción de manera tan vívida, quedando atenuada además la posibilidad de un salto metafísico. En cambio, los pasajes en que acontecen los milagros espacio-temporales de las películas de Sjöberg, Bergman y Angelopoulos, ocurren de un modo más auténtico, por cuanto lo hacen en tiempo real; según fueron rodados y sin mediación de trucajes técnicos. Resultan más verdaderos, en fin, tanto conforme a los propios códigos narrativos y dramatúrgicos de cada relato, como a la metafísica ontología cinematográfica (BAZIN: 2000; TARKOVSKI: 1999). En definitiva, merced a elecciones de esta índole, todo es incluso más posible y verosímil; convincente, hondo, estremecedor.

Fondo

Tomando como referencia el pesimismo, existencialismo y aun nihilismo tan definitorios del cine nórdico, es noticiable que el regusto dejado hoy por un filme sueco serio sea más llevadero y optimista que grave y acerbo. Escudriñada la película a través del prisma temático y antropológico, uno de sus aspectos clave es la reorientación representativa de temáticas trágicas. Sin ocultar los sombríos enveses de la vida, aparece como novedosa la introducción de hondas alternativas y salidas a las tremendas encrucijadas existenciales que Ove ha de afrontar. Buena muestra de dicho optimismo tal vez sea el tramo final, en que aparecen elementos casi insólitos en el cine contemporáneo. Así, el respetuoso culto cristiano a los fallecidos (expresado por Ove en sus últimas voluntades) y la explicitación de la vida eterna en el ansiado reencuentro con Sonja.

Por lo demás, a semejanza del Ebenezer Scrooge *dickensiano*, Ove Lindahl también es un hombre otrora feliz, cuya latente bondad hiberna hondo y para quien toda expectativa de esperanza parece disipada. Camino ya de su vejez y prejubilado sin obtener el menor reconocimiento a 43 años de honrado trabajo, ha tornado berroqueño cascarrabias misántropo, tras ser vapuleado por constantes reveses personales: orfandad en su infancia y juventud, la consiguiente soledad, la rapiña o negligencia de *los camisas blancas* (del tipo que sean). Asimismo, contrariedades irreversibles, sufrimiento, amistades enfriadas, viudedad, creciente aislamiento, frustración causada por tanto esfuerzo no recompensado, agotamiento, enojo permanente.

En contraposición a este panorama, para Ove deviene tabla salvadora la llegada al vecindario de una familia sueco-iraní. Primero por la sanadora influencia de la embarazada Parvaneh (Bahar Pars). Segundo, gracias a la relación de las hijas de ésta con Ove, en virtud de la cual reverdecen su ternura y magnanimidad. Esta faceta del Ove maduro, compuesto con tanta solvencia por Rolf Lassgård, comparte afinidades con el Fúsi encarnado por Gunnar Jónsson en la producción islandesa, *Corazón gigante* (KÁRI: 2015).

Otras variantes humanísticas singularizan *Un hombre llamado Ove* con respecto a tónicas dominantes en el cine sueco. Éstas pueden compendiarse en un frontal rechazo al individualismo y en una reivindicación de la naturaleza social de cada ser humano y de la comunidad humana, compendiadas en el vecindario. Queda clara, de hecho, su asunción como condición necesaria en la búsqueda de la felicidad. Derivado de ello, lo mismo ocurre con la necesidad de entablar relaciones humanas sanas, como primer remedio contra el aislamiento y la desesperación. Así se comprende mejor la certera crítica al inquietante intento de arrebatamiento legal del minusválido Rune, a quien se pretende arrancar de sus propios vecindario y familia.

También son destacables arquetípicos elementos, bajo los cuales laten premisas de la más candente corrección política: multiculturalidad, mestizaje, homosexualidad de un personaje secundario de origen inmigrante o, sobre todo, el decisivo rol de los principales personajes femeninos. Sin duda, los respectivos rescates de Ove realizados por Sonja y Parvaneh, desencadenan los cambios más profundos de su vida. Asumida la trascendencia de Sonja como presencia iluminadora de su marido, alumnos y entorno, no es menor la de Parvaneh. Su intuitiva inteligencia le permite ir accediendo al interior de su retraído vecino. Asimismo, su empática capacidad para desvelar el verdadero estado de Ove, le permite actuar con habilidad para ayudarle a hablar y verse escuchado por alguien fiable y paciente, que le ayude a extraer su dolor. Ove es así, desbastado y bruñido por la afable simpatía de Parvaneh.

Ella es asimismo, pieza articuladora de ese discurso oficialista. Tal vez tenga que ver con ello una de sus posibles conclusiones: Ove y el resto de personajes de su edad vienen a encarnar un mundo ensimismado y decrépito, solo reversible a través de la renovación suscitada por la verdadera aceptación interpersonal. No tanto, creo yo, de inmigrantes, cuanto de cada ser humano. Dados sus argumentos, sería interesante hacer un contraste complementario entre *Un hombre llamado Ove* y el documental *La teoría sueca del amor* (GANDINI: 2015), escalofriante disección sobre los frutos del estado del bienestar sueco y sus genéricos principios progresistas.

EN MAN SOM HETER OVE (2015)
País: **Suecia**
Dirección y Guion: **Hannes Holm**
Fotografía: **Göran Hallberg**
Montaje: **Fredrik Morheden**
Música: **Gaute Storaas**
Diseño de producción: **Jan Olof Ågren**
Vestuario: **Camilla Olai Lindblom**
Intérpretes: **Rolf Lassgård, Bahar Pars, Filip Berg, Ida Engvoll, Börje Lundberg, Tobias Almborg, Johan Widerberg, Chatarina Larsson, Klas Wiljergård, Stefan Gödicke, Anna-Lena Brundin**
116 minutos
Distribuidora DVD: **Emon**
Estreno en España: **24.3.2017**

Filmografía de Hannes Holm como director

- *Ted - För härlekens skull* (2018).
- *Un hombre llamado Ove* (*En man som heter Ove*, 2015).
- *Los Andersson Road Movie* (*Sune på bilsemester*, 2013).
- *Los Andersson en Grecia* (*Sune i Grekland*, 2012).
- *Behind Blue Skies* (*Himlen är oskyldigt blå*, 2010).
- *Wonderful and Loved by All* (*Underbar och älskad a valla (och på jobbet går det också bra)*, 2007).
- *Varannan vecka* (2006).
- *The Reunion* (*Klassfesten*, 2002).
- *Nunca ocurre lo que uno espera* (*Det blir aldrig som man tänkt sig*, 2000).
- *Eva y Adán* (*Adam & Eva*, 1997).
- *One in a Million* (*En på miljonen*, 1995).

FUENTES

- BACKMAN, Fredrik (2015). *Un hombre llamado Ove*. Barcelona: Debolsillo.
- BAZIN, André (2000). *¿Qué es el cine?* Madrid: Rialp.
- GUBERN, Román (2014). *Historia del cine*. Barcelona: Anagrama.
- TARKOVSKI, Andrei (1999). *Esculpir en el tiempo*. Madrid: Rialp.
- ZUBIAUR CARREÑO, Francisco Javier.

(2005). *Historia del cine y de otros medios audiovisuales*. Pamplona: EUNSA.

(2004). *Ingmar Bergman. Fuentes creadoras del cineasta sueco*. Madrid: Ediciones Internacionales Universitarias.

Un italiano en Noruega (Gennaro Nunziante)

ARMANDO FUMAGALLI

Gennaro Nunziante y Checco Zalone son, sin ninguna duda, la "pareja de oro" del cine italiano. Su gran éxito popular ha hecho pensar a intelectuales y comentaristas, sin que muchos de ellos obtengan una clara respuesta sobre las razones de su éxito sin precedentes en los últimos decenios.

Nunziante escribe un tratamiento inicial de la historia, después ambos autores trabajan juntos el guion. Es un trabajo exigente y largo, que deja algo de espacio a la improvisación del momento del rodaje: Nunziante lo considera muy importante para que una comedia resulte "fresca".

Zalone (nombre artístico de Luca Medici, músico, cantante e imitador, famoso por su participación en *shows* televisivos en directo, actor de cine desde 2009 con *Cado dalle nubi*) enriquece la película con alguna canción original (en Italia se han convertido en divertidas referencias populares, con frases casi proverbiales...). Zalone interpreta personajes llenos de debilidades y defectos, pero que tienen un fondo de amabilidad. Son ingenuos que al final tienen éxito: de alguna forma, lo merecen por su honestidad y buen corazón.

La referencia internacional que viene a la mente es *Forrest Gump*: los personajes de

Checco en el polo norte con Valeria (Eleonora Giovanardi).

Checco tienen algo de la ingenuidad y de la bondad del personaje interpretado por Tom Hanks. Zalone usa una jerga castiza y, a veces, entontece a sus personajes... pero la bondad permanece.

Éxitos crecientes

Esta "fórmula" ha generado un éxito creciente e impetuoso. *Cado dalle nubi* (2009) hizo 14 millones de euros con la divertida historia de un joven del Sur de Italia que se va a Milán porque quiere dedicarse a la canción y se enamora perdidamente de la hija de un político de la Liga Norte.

Este primer éxito encendió el interés por la segunda película, *Che bella giornata*, que hizo nada menos que 43 millones: nuestro personaje esta vez se enamora de una chica de Marruecos, que en realidad es una terrorista que quiere hacer explotar la Catedral (el "Duomo") de Milán...

La tercera es *Sole a catinelle* (el título es un juego lingüístico con la expresión "pioggia a catinelle" -lluvia a raudales-, que aquí es aplicada irónicamente al sol), que llegó a unos imponentes 52 millones. En la película, Checco Zalone es un padre con problemas matrimoniales que ha perdido el trabajo a causa de la crisis. Tiene que cumplir la promesa de llevar de vacaciones a algun sitio bonito a su hijo de 11 años, que ha obtenido las máximas calificaciones en el colegio... Comienza un *tour* italiano con sus sorpresas, que incluye la reconciliación matrimonial. Con este récord de 52 millones (en Italia las películas que lideran el *box office* anual no pasan de los 25 millones), nadie podía pensar que la siguiente película superase esa marca.

Pero Nunziante y Zalone lo consiguieron. Abandonados los confines italianos, envían a su *everyman* al lejano Norte, cerca del circulo polar ártico... Al mismo tiempo, centran la historia sobre un tema muy vivo en la sociedad italiana (y europea de muchos países) que está cambiando radicalmente: el sueño de muchos jóvenes o personas de mediana edad por lograr un puesto de trabajo fijo -si es posible, en alguna entidad estatal, que resulta máximamente seguro- y salir de la precariedad laboral.

El resultado en Italia ha sido un éxito arrasador con 65 millones, a poquísima distancia de la primera posición absoluta que tiene *Avatar* (las entradas fueron más caras por la proyección en 3D).

Una historia popular

Checco vive en una pequeña ciudad del Sur de Italia, ha cumplido los 30 pasados y tiene una posición envidiable: un empleo público que le da la oportunidad de trabajar cerca de su casa, de tener muchos "regalos" por parte de los ciudadanos cuyos expedientes tiene que despachar, etc. Vive en casa de sus padres y su madre le sigue mimando como un príncipe. Lo esencial es que Checco tiene un "puesto fijo" y un buen sueldo que recibe puntualmente.

Pero hay recortes en el Estado y su puesto y oficina son "amortizados". La señora Sironi, del Ministerio, le ofrece la posibilidad de una indemnización para dejar su trabajo. Ante la negativa de Checco ("¡el puesto fijo no se abandona nunca!", le dice un político, mentor y amigo de la familia), la señora Sironi empieza a enviarlo a sitios alejados, de los Alpes a Cerdeña. Pero Checco, después de momentos de dificultad, resiste, sobrevive y sigue firme. La funcionaria aumenta notablemente la propuesta de indemnización, pero Checco se niega. Así que la doctora Sironi piensa en el sitio más duro: una unidad de investigación científica en el Polo Norte atendida desde Bergen, una ciudad noruega.

En la misión cerca del Polo, Checco conoce a Valeria, una investigadora científica muy moderna y de mentalidad muy diferente a la suya... Como es de esperar, Checco se enamora perdidamente. En principio, se resigna a vivir en Noruega, no sin echar de menos el estilo de vida del Sur de Italia. Pero entonces, ya no es solo la Sironi quien pone en peligro su puesto fijo...

El final de la historia, en otro continente, nos muestra a un Checco más maduro y generoso. Como declara el director: "La educación (que se cumple en Checco durante la historia que vemos en la pantalla) es la puerta de entrada a un futuro lleno de maravillosa eternidad".

Temas universales

La comedia es objetivamente muy divertida. Por un lado, hay que destacar que -como han hecho en sus otras películas- Nunziante y Medici dan en el clavo al martillear sobre puntos débiles de la cultura y costumbres italianas, sobre todo del Sur: la dependencia de las madres, el gusto por la vida cómoda, etc.

Al mismo tiempo, su retrato satírico del estilo de vida del Norte de Europa está muy logrado, como el humor al mostrar una boda gay, el surrealista afán por cambiar de pareja o la compulsiva tendencia al exotismo de tener hijos con hombres de distintas etnias...

En todas las películas que han hecho hasta ahora, el tono y el estilo es ligero y apto para un público familiar que ha llenado las salas. En el fondo, el punto de vista manifiesta un llamativo sentido común.

Hay que añadir que Nunziante es uno de los pocos guionistas y directores de gran éxito en Italia que no tiene reparos en declararse católico. En sus películas, la visión de la Iglesia y de la religión -con alguna broma amable y simpática- es muy positiva y genera simpatía.

En su vida personal, Nunziante tiene una familia muy "normal", con una esposa y tres hijos. No quiso trasladarse a Roma y prefiere quedarse en Bari con su familia y sus amigos, para tener una vida corriente en una ciudad provinciana, lejos del ambiente del mundo del cine, lleno de compromisos, cenas, fiestas y eventos en los que "hay que participar", con el riesgo de acabar perdiendo contacto con la gente normal que es su público.

La sorpresa de los intelectuales italianos ante el cine de Nunziante nace de pensar que ser sencillo y divertido es fácil. Olvidan que, en realidad, esto se logra -las pocas veces que se consigue- gracias a un enorme trabajo de creativo. Un trabajo que conlleva tirar a la basura las primeras nueve ideas que te vienen, porque solo la décima -cuando lo es- es la buena.

La extraña familia de Valeria.

En una larga entrevista al suplemento semanal *Sette*, del *Corriere della Sera*, el actor contestaba así sobre cómo encontraban tan buenas ideas: "El 90% de las ideas que nos vienen son muy malas (utilizaba una expresión un poco más colorida). Hay que trabajar pacientemente y no parar hasta encontrar buenas ideas".

Este es el motivo por el que esta pareja artística ha hecho menos que una película cada dos años, a pesar de que los productores no veían la hora de tener entre manos la siguiente obra de la "pareja de oro"… Ellos se han tomado su tiempo… y han acertado.

Ahora, al parecer, sus caminos empiezan a dividirse. Nunziante ha hecho dos películas, una como guionista (*Come diventare grandi nonostante i genitori*) y otra como guionista y director, y las dos han sido muy buenas. No arrasaron en taquilla, quizás por la falta de la fortísima atracción del actor por el que las películas anteriores eran conocidas. Checco está con sus problemas para sacar una nueva película sin el autor y amigo que le ha lanzado: por ahora se anuncia una película con Zalone para los primeros meses de 2019, pero nadie sabe si llegará realmente o no… ni quién será el director…

Estilo narrativo y otras cualidades

Otro punto del que normalmente los críticos no se dan cuenta es la gran rapidez de estas películas. Y *Quo vado?* no es una excepción. Son filmes que duran poco menos de 90 minutos, pero tienen un número de escenas muy alto, que podría estar alrededor de las 200 o 250... Pero no dan nunca la sensación de ser frenéticas. Discurren con gran facilidad, te dan la impresión de que es como si uno estuviera bebiendo un vaso de agua fresca: no hay nunca un momento de pausa o de parón.

Esto revela que el guion está escrito con la capacidad de ir a lo esencial de una escena: sin largas introducciones, sin pararse cuando se ha dicho lo esencial en la situación, que normalmente, en estas películas, es algo divertido. En este aspecto, la calidad del montaje ayuda mucho a la fluidez del discurso.

Otro punto muy interesante es el casting: hasta ahora Nunziante ha sido muy creativo, busca actrices y actores no conocidos que acompañen a Checco, escapando de los estereotipos. Por ejemplo, prescinde del arquetipo del bellezón para elegir a Eleonora Giovanardi, con gran personalidad y carisma. El reparto cuenta con actores experimentados que estaban encasillados y les da un nuevo aire. Es el caso de la conocida Sonia Bergamasco, que tiene un personaje muy divertido.

Las localizaciones, como en las películas anteriores, son muy acertadas. Noruega es exótica, pero es que en las anteriores películas salen sitios de Italia que raramente se ven en el cine como la Calabria y el Molise.

Creo que, más allá de la cuidada factura de la película, lo que más gusta al público italiano, que ha contestado con tanto entusiasmo a estas cintas, es el punto de vista con que se ven los acontecimientos: un gran sentido común que se aleja de lo políticamente correcto, con un tono amable, sin juzgar a nadie, sin ponerse en un pedestal y dividir entre buenos y malos. Algo infrecuente y nada fácil de lograr en comedias sencillas que quieren ser populares.

La funcionaria del Ministerio intenta convencer a Checco para que deje su puesto.

QUO VADO? (2016)
País: **Italia**
Dirección: **Gennaro Nunziante**
Guion: **G. Nunziante, Luca Medici**
Fotografía: **Vittorio Omodei Zorini**
Montaje: **Pietro Morana**
Música: **L. Medici**
Diseño de producción: **Alessandro Vannucci**
Vestuario: **Francesca Casciello**
Intérpretes: **Checco Zalone, Eleonora Giovanardi, Sonia Bergamasco, Lino Banfi, Maurizio Micheli, Massimiliano Montgomery**
85 minutos
Distribuidora DVD: **A Contracorriente**
Estreno en España: **28.4.2017**

Filmografía de Gennaro Nunziante como director

- *Il vegetale* (2018).
- *Un italiano en Noruega* (*Quo vado?*, 2016).
- *Sole a catinelle* (2013).
- *Che bella giornata* (2011).
- *Cado dalle nubi* (2009).

Verano 1993 (Carla Simón)
ANA SÁNCHEZ DE LA NIETA

La primera vez que oímos hablar de *Verano 1993* fue el 17 de febrero de 2017. Ese día, Carla Simón, una jovencísima cineasta catalana, se colaba en el prestigioso palmarés del Festival de Berlín. El jurado de Berlín premió su película como mejor opera prima. Y desde ahí comenzó, para esta pequeña cinta, un largo y exitoso camino. La crítica española la descubrió unos meses más tarde. En el Festival de Málaga de 2017, *Verano 1993* fue la ganadora absoluta y confirmó que tenía todas las papeletas para convertirse en la película del año.

Y, al margen de que en los Goya se adelantara *Handia* en la última curva (dejándole a Carla Simón los honores que se les da a los noveles), la verdad es que el recorrido de premios de la película es impresionante. Además de su elección como candidata española a los Oscar y sus galardones en festivales internacionales, el filme ha asegurado su distribución en países tan dispares como EE.UU., China, Países Bajos, Francia, Turquía, Japón, Argentina, Grecia, Suiza y Australia/Nueva Zelanda, entre otros... Y eso que estamos hablando de una cinta de mínimo presupuesto, de corte intimista y local y rodada en catalán.

¿Qué explica entonces el éxito de esta pequeña película?

Desde su estreno en Berlín, la película más que convencer conmovió a la crítica y al público.

En primera persona

Carla Simón (Barcelona, 1986) ha querido empezar su filmografía contando su propia historia. La historia de una niña que en el verano de 1993 pierde a su madre, cuando ya era huérfana de padre. A los dos se los llevó la bestia negra de los años 80: el Sida. Con 9 años, esa niña -que era la propia Carla- tiene que hacerse a una nueva familia, la de sus tíos, y a una nueva vida en el campo.

"El planteamiento inicial, la primera idea que desarrollé en el guion, estaba en mi cabeza desde hacía mucho tiempo", señala Simón. "En Londres, cuando estudiaba cine, rodé varios cortos que, en cierto modo, iban apuntando a los temas que luego trataría en *Verano 1993*. Especialmente uno sobre niños afectados por el HIV. Yo era hija de seropositivos pero no había heredado el virus, y me llamaba mucho la atención acercarme a este tema. Estar lejos de mi casa, de mi familia, me llevó a madurar una historia que en realidad llevaba dentro desde niña".

Estamos, ya lo hemos señalado, ante una película no solamente autobiográfica sino narrada desde lo más íntimo del autor, a partir de sus vivencias, de sus recuerdos, de la memoria o incluso desmemoria, y que se fue cocinando a fuego lento, como se suelen cocinar estas películas que no cuentan la escritura por años sino por lustros. Como cocinó Mallick *El árbol de la vida*. Hay acontecimientos vitales que solo se pueden afrontar cuando la herida todavía duele -porque nunca dejará de hacer daño- pero ya no sangra.

"De mi padre no recordaba nada; de mi madre, muy pocas cosas. Enfrentarme a ello resultó doloroso. Pero sí tenía grabada en la memoria la sensación de ausencia, y el dolor, y la superación... esa necesidad de sobrevivir, de encajar en ese nuevo mundo. Los niños son más inteligentes de lo que pensamos y son muy conscientes de la muerte y de la necesidad de tirar para adelante".

De eso habla *Verano 1993*, de la infancia y de la muerte, de los poderosos lazos familiares y del peso de la pérdida.

Carla Simón descubrió el cine con Víctor Erice y Carlos Saura. Confiesa que *Cría cuervos* -otra de infancia y muerte- fue una película muy importante para ella y que, a la hora de afrontar el rodaje de *Verano 1993*, también le inspiró *El país de las maravillas*, de la italiana Alice Rohrwacher (otra película familiar que transcurre en un entorno rural).

En *Verano 1993* habla de estas cuestiones con un radical realismo, con una naturalidad desnuda, con un verbo tan verdadero, tan humano, tan intenso, que hace daño. Es lo que tiene rodar desde la vida misma. Sin artificios. Sin aderezos.

Se percibe en la película una construcción compleja: tanto del libreto como del andamiaje visual e interpretativo. Pero vayamos por partes y, al principio, fue la palabra.

De la memoria al folio

Verano 1993 es una cinta maravillosamente escrita; con diálogos de una naturalidad y profundidad desarmantes... y con unos silencios absolutamente elocuentes. Cuenta Simón que, antes de escribir la película, pasó varias semanas con su tía y todos los albúmes de fotos que pudo recopilar. Para recordar y para rellenar lagunas con la información que le proporcionaban los que vivieron los acontecimientos desde la atalaya de la madurez. En ese proceso de reconstrucción de la memoria, Carla Simón dio mucha importancia a las fotografías. No en vano, la imagen, la fotografía, es uno de los grandes apoyos de la memoria. "Hay planos absolutamente calcados a fotografías de aquellos meses". Recrear esas imágenes le ayudó, cuenta, a reconstruir con más fuerza todo un entramado de sensaciones y emociones que son la almendra de una película que crece mucho más hacia dentro que hacia fuera.

En ese sentido, el tempo lento de la cinta es imprescindible para que el espectador pueda contagiarse del estado emotivo no solo de la protagonista, sino de los personajes secundarios, que interrelacionan con una niña que está atravesando el verano más difícil de su corta vida.

Hay muchos espacios "muertos" desde el punto de vista dialógico en la película, pero cada uno de estos silencios -ratos de siesta, minutos de juegos, eternos y expresivos de cruces de miradas- son el escenario preciso para entender después una reflexión, una broma, una queja e incluso una riña familiar.

En estos silencios hay que destacar la importancia que tiene, paradójicamente, el sonido en la película. Es el sonido de la Naturaleza en vacaciones, un sonido de árboles, de agua que fluye, de insectos, de viento... un sonido que envuelve el silencio pero no le quita ningún protagonismo.

Una férrea y delicada dirección de actores

Una película de semejante densidad emocional necesita contar con una encarnadura muy potente. El reto era complejo porque no se podía contar con el apoyo de unos intérpretes solventes apoyados en la técnica y la experiencia. Y eso por la sencilla razón de que las protagonistas son unas niñas de 9 y 6 años.

El trabajo con las jóvenes actrices no fue fácil y requirió por parte de todo el equipo -directora y resto de actores- un plus de trabajo y de tiempo importantes.

"Para mí era vital encontrar a unas niñas y a unos adultos parecidos a sus personajes", confirma Carla Simón. "Y después dediqué mucho tiempo a que los actores trabajaran las relaciones entre ellos, que se conocieran, que interactuaran. Pasaban mucho tiempo juntos haciendo cosas anodinas como ir a la compra, o pasear... pero aquello era importante. Cuando empezamos el rodaje, esas relaciones estaban allí. Las niñas nunca leyeron el guion y hay muchas escenas que se improvisaron".

Fruto de la improvisación fue, por ejemplo, una de las escenas centrales, la que ocurre en el río. Es imposible planificar la naturalidad de los gestos, el miedo y la angustia de la pequeña: un miedo y una angustia reales.

Otras escenas, sin embargo, llevan detrás horas de ensayos, de explicaciones, de negociaciones con una preadolescente a la que había que formar para que su incipiente estrellato no hiciera estallar un rodaje basado en la confianza y en la familiaridad.

El modo en el que cuenta Carla Simón como se desarrolló la escena final de la película es proverbial. Un ejemplo de cómo pueden entremezclarse el arte y la vida y cómo un planteamiento abierto de rodaje no está reñido con una férrea dirección. El final de *Verano 1993* es absolutamente redondo. Recuerdo que la primera vez que vi la película me perdí los 3 minutos finales. Los créditos, pensé. Cuando la vi por segunda vez comprendí que, sin esos minutos, la película era otra y que la escena que cerraba la película era un clímax ejemplar. El problema es que para llegar a este clímax fue necesario un trabajo de dirección de actores titánico. El estallido final no llegaba -falta de concentración, cansancio de la pequeña intérprete, rebeldía... el motivo es indiferente- y Carla Simón estuvo a punto de tirar la toalla. Hasta que, en un momento dado, la joven cineasta cogió el toro por los cuernos y le explicó a la más joven aún protagonista las consecuencias de tener que cambiar el final. La trató sin miedo, como a una adulta, y la chiquilla reaccionó. Y reaccionó con lágrimas, que es lo que requería la escena final.

Después de tantos esfuerzos, puede decirse que la película llega muy hondo gracias a la naturalidad que imprimen las dos niñas protagonistas. Dos niñas que se comen la pantalla... hasta que de pantalla no queda nada. Y queda, de nuevo, la vida.

Mujer y cine

En un año marcado por la agenda feminista, la película de Carla Simón reivindica el cine hecho por mujeres. Y aunque las etiquetas siempre son nefastas, cualquier espectador que se acerque a *Verano 1993* comprende que, si el director hubiera sido un hombre, la película sería absolutamente diferente. "Sí... -corrobora Carla- a nivel personal reconozco que me resulta mucho más fácil escribir los personajes femeninos (que son los pilares sobre los que pivota esta película). Por eso pienso que es importante que haya cada vez más directoras... porque habrá más personajes femeninos complejos. No digo que un director no lo pueda hacer, ni muchísimo menos, pero sí creo que tenemos otra visión. De todas formas, en este tema soy optimista, pienso que cada vez va a haber más directoras de cine. Va a ser así y las cosas irán cambiando. Es solo una cuestión de tiempo".

Mientras tanto, Carla Simón prepara una nueva película en la que volverá a pisar terreno conocido: el de las relaciones familiares. "Vengo de una gran familia, donde todos son muchos hermanos y suceden muchas cosas", afirma Simón. "La familia es la que me ha llevado al cine y seguiré por ese camino".

Si sigue en la tónica de *Verano 1993*, podemos esperar mucho de un cine que aspira a dar en la diana, atravesar como un dardo el corazón del espectador y quedarse allí para siempre. Que ese es el verdadero privilegio de las buenas películas. Un cine que entrelaza la palabra con la imagen, el pensamiento con la vida, el trabajo con la improvisación, lo íntimo y peculiar de cada persona con la esencia de ser humano. Eso es *Verano 1993*.

Carla Simón en un momento del rodaje con la protagonista, Laia Artigas.

ESTIU 1993 (2017)
País: **España**
Dirección y Guion: **Carla Simón**
Fotografía: **Santiago Racaj**
Montaje: **Didac Palou, Ana Pfaff**
Música: **Ernest Pipó**
Diseño de producción: **Mónica Bernuy**
Vestuario: **Anna Aguila**
Intérpretes: **Laia Artigas, Bruna Cusí, David Verdaguer, María Paula Robles, Paula Blanco, Etna Campillo, Jordi Figueras, Dolores Fortis, Titón Frauca**
97 minutos
Distribuidora DVD: **Avalon**
Estreno en España: **30.6.2017**

Filmografía de Carla Simón como directora

- *Verano 1993* (*Estiu 1993*, 2017).
- *Las pequeñas cosas* -cortometraje- (2015).

Wonder Wheel (Woody Allen)
JOSÉ GABRIEL LORENZO

Es muy común escuchar ciertos comentarios recurrentes que acompañan a las películas que estrena Woody Allen cada año de manera puntual. En todos ellos se anuncia que, una y otra vez, aborda asuntos relacionados con los problemas y circunstancias del hombre moderno, o debería decir posmoderno, de clase media o alta. Nadie puede discutir el hecho de haber experimentado una sensación similar al final de cada nuevo filme que estrena Allen. Entre los temas destaca, por encima de todos, las relaciones de pareja abocadas a una existencia rutinaria, exenta de pasión, en cuanto se terminan las pulsiones del corazón, o mejor dicho del instinto, que arrimaron a una persona con otra. Es decir, cuando se acaba la atracción sexual. En resumen, se trata de la lucha constante que mantienen en sus películas el cerebro y el corazón, la razón y el instinto. Un habitual conflicto interno de clara tendencia afectiva que aparece, sin embargo, nítidamente representado en dos personajes por separado en *Vicky Cristina Barcelona* (2008): Vicky (Rebeca Hall), el intelecto, y Cristina (Scarlett Johansson), la pasión.

Aunque, sin duda alguna, el tema de la infidelidad y la inconsistencia amorosa se reitera con desigual suerte a lo largo de su carrera cinematográfica, también la religión (principalmente representada en sus filmes por la católica y la judaica), la existencia de Dios, el sentido de la vida, la muerte y la casualidad o el azar son cuestiones tratadas por Allen de una manera permanente e invariable. Siempre, a través de un enfoque claramente pesimista y crítico con la condición humana. Asuntos menos metafísicos, como el mundo de la cultura, la creación artística y la delgada línea que separa la realidad de la ficción, la vida y el arte, también son temas que han recibido repetidas alusiones en sus guiones. Sin embargo, aunque en apariencia sus películas estén cocinadas con los mismos ingredientes (sensitivos, existencialistas y éticos), Allen se esfuerza por elaborar un producto que, en esencia, sea nuevo y original cada vez. En este sentido, el guionista y director de Brooklyn se convierte en ejemplo paradigmático del mensaje o idea que subyace en las películas. Porque si bien, su filmografía repite o desarrolla tramas muy similares, a la vez que confecciona personajes que guardan cierto parecido de un filme a otro, tanto en su configuración externa como interna, su talento se alza por encima de estas objeciones para dirigir al público una reflexión distinta en cada estreno. Incluso, aunque en el tono de casi todas sus películas prevalezca un enfoque cínico y desesperanzado en su visión del ser humano y de su deriva por el mundo. Tal y como Orellana y Serra apuntan en su estudio sobre Allen, su «obra recorrida por un cariz nihilista, no pocas veces trágico, tiene el gran mérito de haber puesto sobre la mesa el amplio abanico de problemas existenciales, afectivos y morales de un largo periodo de nuestra historia» (ORELLANA Y SERRA, 2005: 158).

El conflicto formal de Allen: comedia o drama

Normalmente, el género desde el que relata esta desorientación vital del ser humano suele ser la comedia, categoría en la que se encuentra más cómodo y que facilita su inclinación a la verborrea, del tipo Bob Hope y Groucho Marx. Esto es así, sobre todo, desde los tiempos de *Annie Hall* (1977). Una película que se encuentra en la génesis de las comedias protagonizadas por personajes sentimentalmente desorientados, ajenos al compromiso monógamo, tan abundantes en los años 90 y lo que llevamos de siglo XXI. Por debajo de este tipo de películas de su filmografía, se encuentran unas comedias más ácidas repletas de diálogos que exploran con cinismo y sarcasmo sus alusiones temáticas. Entre ellas se podrían encontrar *Desmontando a Harry* (1997), *Celebrity* (1998) o *Si la cosa funciona*. Y entre medias de los dos tipos, encuentran su hueco comedias más ligeras y extravagantes, con menor carga de impudencia, donde Allen ha dado rienda suelta a una elocuencia e ingenio argumental que han demostrado que su imaginación constituye un saco sin fondo de ideas y ocurrencias. Entre este tipo de comedias se encuentran, entre otras, *Granujas de medio pelo* (2000), *Un final made in Hollywood*

(2002) y *Scoop* (2006). En líneas generales, aunque su originalidad destaque entre sus propuestas cómicas, su chispa creativa no distingue de géneros.

Sin embargo, a lo que realmente siempre ha aspirado Allen es a poder desarrollar su arte a través de dramas de hondo calado moral, que le permitan expresar sus ideas:

> Hasta llegar a la adolescencia tenía a Hope como ejemplo a seguir e intentaba hacer chistes y soltar ocurrencias con gracia. Pero cuando crecí y fui algo más culto, a los diecisiete o dieciocho años, deseaba estar de algún modo en el mundo del teatro o del espectáculo. Lo que más me interesaba era escribir dramas. Quería escribir obras de teatro, y en ningún momento pensé en la comedia. Mi pretensión era escribir como Ibsen o Chéjov. Sabía que tenía talento para la comedia porque en aquel entonces ya ganaba dinero con ello. Y seguí teniendo éxito con la comedia y anhelando dar el salto al drama en algún momento (LAX, 2008: 118).

No cabe duda que el director de origen neoyorkino ha ido alcanzando una madurez narrativa a la hora de enfrentarse a los dramas. Desde las irregulares y ásperas propuestas de finales de los 70 y 80, donde se enclavan *Interiores* (1978), *September* (1987) y *Otra mujer* (1988), hasta un mayor dominio de las herramientas y claves del drama que alcanzan su cénit con *Match Point*, sin duda alguna su obra maestra. Casualidad o no, desde entonces, cada vez que se ha enfrentado a la escritura de un drama lo ha hecho mostrando más solidez, consistencia y vigor, tanto en la estructura de la historia como en la construcción de los personajes, que en las comedias que ha escrito desde esa misma fecha.

El ciclo de la vida gira sin parar

En *Wonder Wheel*, Allen vuelve a explorar el poso que deja en la conciencia la acción criminal, pero lo hace desde una propuesta más teatral que cinematográfica. Los temas más típicos del director están presentes desde el inicio. Esta vez, la creación artística, el vínculo que existe entre la vida y el arte (realidad y ficción) y la inconsistencia amorosa, que representa el eterno conflicto *alleniano* entre la razón y la pasión, destacan por encima de todos los demás. También el azar y la casualidad se plantean en la película pero, en esta ocasión, no pertenecen a un tema de la misma sino que están más relacionados con la idea o reflexión final de la historia: «¿Crees que una persona siempre es responsable de su propia tragedia?», pregunta uno de los personajes principales, casi al inicio del filme. Y otro le responde: «No. El destino cuenta mucho. Controlamos menos cosas de las que nos gustaría admitir». De esta forma, el molde sobre el que se estructura la tragedia y que inauguraron los griegos, se establece como base dramática del filme y le confiere el aroma teatral que desprende, no solo en su fondo sino también en su forma. En este sentido, la fotografía de Vittorio Storaro juega un papel determinante en el acabado teatral que Allen otorga a la película.

El argumento se desarrolla durante los años 50 en Connie Island, famoso enclave costero de Nueva York, justo debajo de Brooklyn, porque allí se levanta el histórico parque de atracciones de la ciudad. Desde el inicio del filme, el director de *Annie Hall* elige sentar las bases dramáticas, teatrales, de la película eligiendo como narrador intradiegético al socorrista de una de las playas de la zona, Mickey (Justin Timberlake). No obstante, a Mickey «le falta bastante para ser un demiurgo porque en el fondo decide poco. No controla la acción, aunque es parte activa de la misma» (CASAS, 2017: 19). Su propósito es ahorrar el sueldo que gana en verano para continuar pagándose la carrera de Dramaturgia en la Universidad de Nueva York. Mickey es un aspirante a autor teatral que sueña con escribir grandes obras trágicas sobre la vida humana «en las que una debilidad fatídica del protagonista lo aniquila». Con esta premisa, la historia adquiere las constantes de un texto dramático cuyo desarrollo se convierte en un espejo de la vida.

Sin embargo, la protagonista absoluta de la película es una inmensa Kate Winslet, que da vida a Ginny, una mujer amargamente casada con Humpty (Jim Belushi) a quien no quiere y con un hijo de diez años al que casi no presta atención. Ella supo lo que era el amor cuando le fue infiel a su primer marido y éste huyó de su lado cuando se enteró de la humillación sentimental. Desde entonces, Ginny arruinó su vida y arrastra con ella la tristeza y la aflicción provocadas por su error. No puede ser casualidad que Allen sitúe en el inicio de esta tragedia matrimonial los besos que Ginny, antigua actriz profesional, o mejor dicho, su personaje, recibía sobre el escenario por parte del rol masculino de la obra. Estos encuentros de la ficción sembraron en Ginny la necesidad de experimentarlos también en la realidad. Finalmente, su desnortado estado personal terminó afectándole también al profesional, porque sus problemas emocionales emergían en su trabajo y dejaron de contratarla.

De esta forma, los vínculos que se crean entre los planos de la vida y el arte, de la realidad y la ficción, quedan patentes, una vez más en Allen, en la definición del personaje interpretado por Kate Winslet. No obstante, el acercamiento a este tema que propone el director de *Brooklyn* no se asemeja en nada a cómo lo presentaba en *La rosa púrpura de El Cairo* (1985), *Sombras y niebla* (1991) o *Desmontando a Harry* (1997), a su vez distintos entre sí. En esta ocasión, la aproximación al tema se produce desde el

La iluminación de Storaro, poética e irreal, refuerza el tono teatral de la propuesta.

realismo argumental (tramas y personajes) y no desde una exposición fantástica de los acontecimientos, como en los ejemplos anteriores.

Humpty se encarga de controlar el tiovivo, y Ginny es camarera en uno de los restaurantes del complejo. El matrimonio vive justo enfrente de la atracción más imponente del parque de atracciones: la noria, que presta su nombre al título de la película y sirve de metáfora de la vida de la protagonista. Es una atracción que gira sin parar, dando vueltas en torno a sí misma, pasando siempre por los mismos puntos. Allen sugiere, a través de la película y su personaje principal, que la vida es un ciclo donde se repiten los mismos errores una y otra vez.

Las decisiones definen la existencia

La historia de la película comienza con la inesperada aparición en casa de los protagonistas de la hija de Humpty, Carolina (Juno Temple), fruto de un matrimonio anterior en el que falleció su esposa. Ella no se habla con Humpty desde que decidió casarse con un mafioso, ajena a las advertencias de su progenitor. Ahora, Carolina ha denunciado a su marido ante el FBI para no ser inculpada por encubrimiento de las acciones delictivas de él. Por supuesto, el mafioso la busca para matarla y ella ha decidido esconderse donde viven su padre y su nueva mujer, Ginny. Allí, además de conocer a Ginny, terminará enamorándose de Mickey, sin saber que éste mantiene una relación amorosa con Ginny a espaldas de Humpty. Mickey corresponderá a Carolina pero no le contará hasta el final de la historia que mantiene una relación con su madrastra. Cuando Ginny se entera de la atracción recíproca que experimentan Carolina y Mickey, que tienen la misma edad, observa con terror cómo pueden frustrarse los sueños e ilusiones de rehacer su vida junto a Mickey, diez años más joven que ella, lejos de Connie Island. Por lo tanto, también corren peligro sus sueños de regresar al teatro participando en las obras del futuro dramaturgo. En el fondo, Mickey nunca ha estado verdaderamente enamorado de ella y sus encuentros solo han supuesto para él instantes para satisfacer sus necesidades sexuales.

Como se ha comentado más arriba, Ginny lleva una vida insulsa junto a Humpty en Connie Island, por eso crea toda una fantasía a su alrededor cuando piensa que Mickey se ha enamorado de ella. Desde ese instante forzará le relación con el socorrista para convencerle de que tienen que empezar, al final del verano, una vida juntos fuera del parque de atracciones. De esta manera, ella espera recuperar su pasión por la vida y encontrarle, de nuevo, un sentido a su existencia volviendo a disfrutar del teatro. Claro, que todo este deseo se va haciendo cada vez más y más grande hasta convertirse en una obsesión que no está más que en su cabeza. Así, la ilusión que le permite escapar de la realidad será el motor de su acción. No es gratuito que en un momento dado Mickey esté leyendo, en su puesto de socorrista, un estudio sobre Hamlet y Edipo. Dos ejemplares tragedias que vertebran el relato de Allen: la de Shakespeare, podría establecer un paralelismo entre la venganza del príncipe de Dinamarca y la que lleva a cabo Ginny con Carolina, porque ella ha malogrado sus planes, aunque sea de forma involuntaria; por otro lado, Sófocles construye un relato que, como la vida de Ginny, se genera a partir de una estructura circular. Para el director de Brooklyn ella «es una mujer que nunca ha querido meterse en problemas, se casó y arruinó su matrimonio, y por eso se volvió a casar pero metiéndose esta vez en una relación que no le satisface, lo que le lleva a un *affaire* que, en sus fantasías, va a cambiar su vida de alguna manera» (LERMAN, 2017: 21).

La decisión de Ginny de no salvar a Carolina del inminente peligro que la acecha cuando descubre que los mafiosos la han localizado y saben dónde pueden encontrarla, marcará un nuevo hecho trágico en la vida de la camarera. Un destino que se ha labrado ella misma por medio de sus decisiones y en el que no tiene cabida el azar. Los remordimientos de conciencia son el justo castigo que Ginny ha encontrado al final de la película, que Allen cierra con un medido y virtuoso primer plano de Kate Winslet en el que la tragedia se asoma a la conciencia de la protagonista y no se manifiesta a través de la muerte, como en las tragedias teatrales. Así lo hizo ya el director neoyorkino en tres películas que comparten similar desenlace pero cuyas tramas se justifican a partir de diferentes reflexiones finales: *Delitos y faltas* (1989), *Match Point* (2005), *El sueño de Casandra* (2007) y *Blue Jasmine*, entre cuyos personajes femeninos pueden hallarse ciertas similitudes. En *Wonder Wheel*, Allen sentencia, a través de ese último plano de Ginny, que los seres humanos son responsables últimos de su propio destino y que son sus decisiones morales las que definen su vida. Esta aserción retuerce hasta quebrar uno de los elementos característicos de la tragedia clásica que venía definida por el *anaké* griego y el *fatum* romano. En ella, los personajes estarían predestinados y abocados a un desenlace del que ninguna acción o decisión podía salvarles de evitar su fatal destino. Obviamente, el pesimismo innato del género trágico resulta una cualidad con la que conecta la visión del mundo que posee Allen.

Las analogías teatrales de la película de Allen se extienden también a la propia construcción del personaje de Ginny, porque no cuesta reconocer en ella ecos del personaje de Blanche DuBois, creado por Tennesse Williams en *Un tranvía llamado deseo*, cuyas fantasías e ilusiones originan que viva fuera de la realidad. En este sentido, la última escena que comparten Ginny y Mickey, donde el aspirante a dramaturgo acusa a su amante de la implicación que tiene en la muerte de Carolina, es muy reveladora en cuanto a las semejanzas que se establecen entre los dos personajes. Ginny viviendo en su mundo de fantasía, maquillándose y vistiéndose para salir de casa, cuando todo se está derrumbando a su alrededor, totalmente ajena a las acusaciones de Mickey, a quien todavía es capaz de proponer la posibilidad de fugarse, permite establecer claros paralelismos con el personaje creado por Williams.

A nivel formal, la iluminación de Storaro merece una mención aparte, ya que el componente teatral de la propuesta se refuerza por una iluminación en clave poética y nada realista, que va marcando el tono de las escenas en función de la evolución del estado de ánimo de los personajes, incluso durante la misma acción. En este sentido, la iluminación ayuda a reforzar la elección de Coney Island como enclave de la trama. Tal y como el propio Allen asegura, dicho lugar le «pareció una buena atmósfera para una película, porque tenía todo el glamour, las atracciones y el mundo de fantasía que ayudaban a contar la historia» (LERMAN, 2017: 20).

WONDER WHEEL (2017)
País: **EE.UU.**
Dirección y Guion: **Woody Allen**
Fotografía: **Vittorio Storaro**
Montaje: **Alisa Lepselter**
Diseño de producción: **Santo Loquasto**
Vestuario: **Suzy Benzinger**
Intérpretes: **Kate Winslet, Jim Belushi, Justin Timberlake, Juno Temple, Jack Gore, Max Casella, Michael Zegarski, Tony Sirico, Marko Caka**
101 minutos
Distribuidora DVD: **A Contracorriente**
Estreno en España: **22.12.2017**

Filmografía de Woody Allen como director (últimas 10 películas)

- *A Rainy Day in New York* (2018).
- *Wonder Wheel* (2017).
- *Café Society* (2016).
- *Irrational Man* (2015).
- *Magia a la luz de la luna* (*Magic in the Moonlight*, 2014).
- *Blue Jasmine* (2013).
- *A Roma con amor* (*To Rome with Love*, 2012).
- *Midnight in Paris* (2011).
- *Conocerás al hombre de tus sueños* (*You Will Meet a Talk Dark Stranger*, 2010).
- *Si la cosa funciona* (*Whatever Works*, 2009)

FUENTES

- CASAS, Quim (2017). *Coney Island, 1950*. Dirigido por nº 483, pp: 18-19.

- LERMAN, Gabriel (2017). *Entrevista Woody Allen*. Dirigido por nº 483, pp: 20-23.

- LAX, Eric (2008). *Conversaciones con Woody Allen*. Barcelona: Lumen.

- ORELLANA, Juan y SERRA, Juan Pablo (2005). *Pasión de los fuertes. La mirada antropológica de diez maestros del cine*. Madrid: CIE Dossat.

Wonder Woman (Patty Jenkins)
JUAN LUIS SÁNCHEZ

Cuando al cine americano le da por una temática, la explota hasta la extenuación. En los últimos años Hollywood abusa tanto del género de superhéroes como en su día del *western*, hasta el punto de que estos personajes copan las listas de producciones más esperadas, y las secciones de noticias de los medios especializados. A veces, se tiene la sensación de que no se rueda mucho más.

Así las cosas, resulta muy complicado no aburrir a las moscas, o producir la sensación de que ya se ha visto antes el mismo filme. En ese sentido, *Wonder Woman* jugó la carta de colocar a una protagonista femenina, en tiempos en que en Hollywood ha cobrado más importancia que nunca el discurso feminista, y el debate sobre la igualdad femenina. La realizadora del filme, Patty Jenkins (Victorville, California, 1971), ha dejado claro en las entrevistas que solo pretende normalizar la presencia de la mujer en la industria del entretenimiento, sin cargar las tintas en sus reivindicaciones. "No es una película de una mujer-superhéroe, sino de un superhéroe. Como tampoco me considero mujer-cineasta. Soy cineasta". Por lo demás, como el resto de títulos que conforman este fenómeno, no está exento de interés. En suma, ofrece lo mismo que los demás, una cosmovisión moderna, que se puede considerar heredera de la tradición heroica occidental, pero que expresa sus propios puntos de vista antropológicos.

La superheroína Patty Jenkins

Patty Jenkins puede calificarse como una superheroína real. Cuando tenía siete años acudió a una proyección de *Superman* (Richard Donner, 1978), pocos meses después de la prematura muerte de su progenitor. Quedó tan impactada que decidió dedicarse al cine. Graduada en el American Film Institute, empezó a trabajar como cámara grabando anuncios y vídeos musicales. En 2001 rodó un cortometraje, *Velocity Rules*, que cuenta la historia de un ama de casa que descubre que tiene habilidades sobrehumanas. Su marido acaba renunciando a su trabajo para acompañarla en su "lucha contra el mal". Este trabajo, que según ella misma declaró se inspira en el cine del español Pedro Almodóvar, ya tenía un sustrato feminista, al invertir los roles habituales de género, ya que era la mujer la que llevaba volando a su esposo.

Debutó como realizadora de largometrajes con *Monster*, de 2003. Por aquel filme, Charlize Theron obtuvo un merecido Oscar a la mejor actriz, pero dedicó los 14 años siguientes a proyectos televisivos, como el piloto de *The Killing*, por el que logró el premio del Sindicato de Directores, y capítulos de *Entourage* y *Arrested Development*. Estuvo a punto de ser elegida para *Thor: El mundo oscuro*, segunda entrega de las peripecias del dios nórdico, pero al final la reemplazaron por Alan Taylor.

En su regreso a las salas de cine, Patty Jenkins ha hecho historia al convertirse en la primera mujer que dirige una cinta de superhéroes con *Wonder Woman*, que además supone la primera producción de gran presupuesto en manos femeninas para la que se han invertido más de 150 millones de dólares, superando con creces los 100 de los que dispuso Kathryn Bigelow, para *K-19: The Widowmaker*, en 2002.

A priori no lo tenía tan fácil para batir récords en taquilla. Para empezar, ningún personaje femenino en este terreno había dado buenos resultados de recaudación, hasta el punto de que los sonoros fracasos de *Catwoman*, y *Elektra* -ambas películas de calidad bastante dudosa y rodadas por hombres-, habían disuadido a los grandes estudios de rodar más títulos en la misma línea. Pese a que cuenta con la reconocida Robin Wright como secundaria, la protagonista, Gal Gadot, distaba bastante de ser una estrella, solo se conocía su trabajo en la saga *Fast & Furious*, donde representaba un papel bastante secundario.

Aún así, arrasó en su apertura internacional, ingresando 223 millones los primeros tres días. Gracias a eso, Patty Jenkins ya se convertía en la directora más taquillera de todos los tiempos en lo que se refiere al fin de semana del estreno. Superó a Sam Taylor-Johnson, que tenía el récord por la infame *Cincuenta sombras de Grey*, que se quedó muy por debajo, en 94 millones. Finalmente recaudó 821,9 millones de dólares, lo que supone una cifra nada desdeñable.

De esta forma, el largometraje puede cambiar los prejuicios de las grandes compañías a la hora de amparar superproducciones con mujeres como protagonistas y directoras. ¿Algo está cambiando en Hollywood?

La princesa de las Amazonas

La trama comienza en la actualidad. Cuando llega a sus manos una foto tomada años atrás, Diana Prince rememora su vida.

Princesa de las Amazonas, de niña vivía en el reino de Temiscira, una isla donde recibía entrenamiento para el combate, en previsión de la furia de Ares, Dios de la Guerra, enfadado porque Zeus ha creado a los mortales. Pero un día aparece en el lugar un hombre, el piloto estadounidense Steve Trevor, cuyo avión ha sido derribado, y que tiene detrás a las tropas alemanas. Cuando se entera de que un conflicto bélico a gran escala asola al mundo, Diana decide abandonar su hogar, para encontrar al general al mando de las tropas germanas, pues piensa que se trata de Ares. Está convencida de que si le mata con la espada matadioses se terminarán para siempre las guerras.

Ambos parten en una barca hacia Londres, pero cuando llegan los jefes de Trevor se sienten decepcionados por la información proporcionada por el piloto, que desvela la existencia de un tipo de gas creado por la Doctora Poison (Elena Anaya) que sería extremadamente venenoso para los soldados si lo sueltan, porque rompería las máscaras antigás.

Aunque se está tratando de negociar un acuerdo de paz que acabará con la guerra, el general Ludendorff y la tal Doctora Poison traman utilizar el gas en una gala en la que se celebrará el fin de la guerra. Steve y Diana tratarán de pararles los pies acompañados por un equipo. De camino, liberan a los habitantes de un pueblo ocupado por los alemanes, y pasan la noche allí. Diana y Steve bailan y acaban besándose.

Elevando el nivel del universo DC

Las adaptaciones de comics Marvel (como las sagas de *Spider-Man*, *Iron Man* o *Marvel Los Vengadores*) suelen cosechar buenas críticas, y aceptables datos de taquilla. Pero no tiene siempre la misma suerte su archirrival, la editorial DC, producidas por Warner.

En este terreno, Christopher Nolan dejó alto el nivel con la saga de *El caballero oscuro*. Desgraciadamente, títulos como *El hombre de acero* (Zack Snyder, 2013), *Escuadrón Suicida* (David Ayer, 2016) y *Batman v Superman. El despertar de la Justicia* (Zack Snyder, 2016) no dejaron buen sabor de boca. Ante este turbio panorama, sorprende positivamente un filme mejor rematado como *Wonder Woman*, cuya protagonista ya había aparecido como secundaria en el último de los títulos citados, si bien el personaje se desaprovechaba por completo.

Por ejemplo, sus secuencias de acción están mejor resueltas que las que aparecían en aquellos, mientras que el tono menos forzadamente oscuro resulta más adecuado a un relato fantástico de un cómic de estas características. Además, incluye toques de humor que se echaban de menos en sus predecesoras.

No funcionaría sin un buen reparto, y la verdad es que Gal Gadot pasará a la historia como una actriz nacida para ser *Wonder Woman*, de la misma forma que Christopher Reeve será para siempre en la memoria cinéfila *Superman*. Es más, lo difícil será que la actriz se desencasille (hasta la fecha, Diana había estado interpretada por las actrices Ellie Wood Walker, en un corto televisivo, Cathy Lee Crosby en un largometraje, y Lynda Carter, en la serie de los años 70). La israelí refleja muy bien el proceso mediante el cual su personaje pasa de ingenua a superheroína, y demuestra un enorme encanto y magnetismo.

Por otro lado, a Chris Pine no se le da nada mal interpretar a un aventurero clásico-romántico, en un registro muy distinto al de su personaje más conocido, el engreído e irresponsable James Kirk de *Star Trek*. Danny Huston da el perfil como oficial alemán y la española Elena Anaya se luce como científica experta en gases venenosos, con la cara tapada, lo que remite a su película *La piel que habito*, de Pedro Almodóvar, al que Jenkins toma como modelo. Robin Wright y Connie Nielsen aportan veteranía componiendo a sendas amazonas, y resulta obligado citar a David Thewlis, como oficial británico, y a Saïd Taghmaoui, Ewen Bremner y Eugene Brave Rock, como los mercenarios que apoyan a la protagonista.

Cuenta con un correcto guion, del televisivo Allan Heinberg, con ideas de Jason Fuchs y Zack Snyder. Se nota la influencia de los clásicos del cine de aventuras, y de escritores del género, como Edgar Rice Burroughs, creador de *Tarzán*. Además, se aprovechan muy bien los elementos sacados de la mitología griega del personaje, creado por William M. Marston para el cómic.

Al mostrar a una mujer liberada en una época en la que faltaba mucho que conquistar en cuanto a avances sociales se refiere, el filme encierra un evidente componente femi-

Princesa de las Amazonas, Wonder Woman vivía de niña en el reino de Temiscira.

nista que se ha explotado a la hora de venderlo. Tras un arranque excelente, que recuerda a la citada *Superman*, de Richard Donner, gana puntos cuando la heroína se traslada a Londres. Se trata de la parte mejor resuelta, porque dominan los elementos propios de la comedia, sin que se pierda profundidad. "El feminismo se trata de la igualdad, ser capaz de elegir y tener libertad. Además, los escritores, Patty y yo decidimos que la mejor manera de demostrarlo era hacer que Diana no tuviera conciencia de los roles sociales. Ella no sabe de límites de género. Para ella, todos son iguales", ha aclarado Gal Gadot.

Por lo demás, lleva implícito un mensaje tan positivo que acaba calando: "el amor de las personas es lo que debe mover el mundo". Se combina con referencias a conceptos universales, como la necesidad de creer, o la capacidad del ser humano para las acciones malvadas, pero también para hacer el bien. Por otro lado, el mensaje feminista está integrado con inteligencia en la trama, sin que parezca una imposición del departamento de marketing. Logrará hacer reflexionar a un público amplio, sin espantar a posibles detractores. Aquí se logra la risa, porque es evidente que resulta absurdo que a la heroína superpoderosa se le intente colocar un vestido incómodo de la época, o se le trate como a una persona inferior. La parte de comedia sigue las pautas de películas de peces fuera del agua como *Tarzán en Nueva York* o *Cocodrilo Dundee*.

Los espectadores adultos tendrán la sensación de que hacia el final *Wonder Woman* se estanca demasiado con una pelea final interminable, marcada por una sobredosis de efectos especiales, lo que resulta una pena, pues en general domina un ritmo bastante dinámico. Por el contrario, el público juvenil disfruta con el enfrentamiento, y lo hubiera seguido pasando bien aunque se extendiera varias horas más.

No resulta necesario quedarse -por suerte- a ver los títulos de crédito finales para encontrar secuencias añadidas, tras minutos interminables de nombres desfilando. La propia Patty Jenkins volverá a dirigir a Gal Gadot, y a varios de los miembros del reparto en la secuela, que se desarrolla en 1984, y cuyo estreno está previsto para 2019.

WONDER WOMAN (2017)
País: **EE.UU., Hong Kong, China**
Dirección: **Patty Jenkins**
Guion: **Allan Heinberg, Zack Snyder, Jason Fuchs**
Fotografía: **Matthew Jensen**
Montaje: **Martin Walsh**
Música: **Rupert Gregson-Williams**
Diseño de producción: **Aline Bonetto**
Vestuario: **Lindy Hemming**
Intérpretes: **Gal Gadot, Chris Pine, Robin Wright, Connie Nielsen, David Thewlis, Lucy Davis, Elena Anaya, Danny Huston, Ewen Bremner, Saïd Taghmaoui, Eugene Brave Rock, Lilly Aspell, Lisa Loven Kongsli, Ann Wolfe, Ann Ogbomo**
141 minutos
Distribuidora DVD: **Warner**
Estreno en España: **23.6.2017**

Filmografía de Patty Jenkins como directora

- *Wonder Woman* (2017).
- *Monster* (2003).

Gal Gadot pasará a la historia como una actriz nacida para ser Wonder Woman.

FUENTES

• ABRIL, GUILLERMO (2017). *Patty Jenkins, la Wonder Woman de Hollywood*. El País Semanal, 23 de junio de 2017.

• ENCINAS, ARTURO (Coord.). (2017). *Antifaz transparente, el*. Encuentro.

• SULCAS, ROSLYN (2017). *Mujeres detrás de la Mujer Maravilla, las*. New York Times, 10 de mayo de 2017.

Your Name (Makoto Shinkai)
ANDRÉS CÁRDENAS M.

Los hechos son los siguientes. El fin de semana que *Your Name* se estrenó en Japón, en agosto de 2016, vendió casi setecientas mil entradas, lo que equivale a la población completa de una ciudad como Sevilla. En menos de dos meses había vendido ya doce millones de tickets, es decir, la habían visto más japoneses -en gran parte adolescentes, pero no solo- que el número total de personas que viven en Portugal. Es la segunda película de *animé* más taquillera de la historia en Japón, por detrás de *El viaje de Chihiro* (2001), tomando en cuenta que esta última es ya una obra de culto, hecha por un cineasta de culto como lo es Hayao Miyazaki. A nivel mundial, sin embargo, las cosas cambian: *Your Name*, desde su estreno internacional en abril de 2017, es la película de *animé* más taquillera de la historia fuera de Japón en absoluto. Ahí no hay Ghibli que cuente.

Pero no todo es dinero y billetes para entrar al cine. Internet está lleno de tutoriales con explicaciones sobre la película, páginas con datos que te ayudarán a verla mejor, *covers* de las canciones en varios idiomas, con doblajes amateur de las letras; mucho material hecho por *youtubers* de América Latina, Inglaterra, España o Japón. En Tripadvisor hay peregrinaciones *Kimi no na wa* -el título original- que recorren los sitios en los que los dibujos están inspirados: una estación de tren, una escalera, un gran cráter, un restaurante... Y si vamos a lo específicamente cinematográfico, la Academia Japonesa de Cine consideró que fue la mejor animación del año, que Shinkai fue el mejor guionista del año -la película está basada en una novela suya- y que Radwimps hizo la mejor banda sonora del año. Y una lista larga de premios y nominaciones en la cual, inexplicablemente, no aparecen los Oscar, justamente el año en el que lo ganó una película mucho menor como lo es *Zootrópolis*.

¿Todo lo anterior hace buena a una película? ¿Guiarse por taquillas, grupos de fans, y votaciones de tal o cual academia nos asegura una buena historia? Evidentemente, no es así. Sin embargo, esta vez estamos ante una de las excepciones.

¿Shinkai sucesor de Miyazaki?

Gran parte de la prensa ha colocado a Shinkai, de cuarenta y tres años, la etiqueta de "sucesor de Miyazaki" (Cfr. BELINCHÓN, 2017). Encontrar un nuevo referente era especialmente necesario para los seguidores del creador de Studio Ghibli, dado el anuncio de retiro -posteriormente revocado- del maestro japonés. Pero, lamentablemente, aquella categoría no cuadra con Shinkai. A él mismo le genera, en partes iguales, una especie de honor inmerecido junto a una incomodidad debido a lo improcedente de la comparación. Por muy pocas películas que se hayan visto de ambos creadores, las diferencias son patentes, tanto a nivel de estilo como, sobre todo, en lo que se refiere al tipo de historias que cuentan. Donde el uno -Miyazaki- prefiere la aventura, el otro -Shinkai- prefiere el romance. Donde el uno privilegia los problemas éticos de tipo social, el otro lo hace con los dilemas más individuales o de identidad. Donde el uno opta generalmente por inventar criaturas fantásticas que acompañen a la protagonista, el otro sitúa a los personajes en un Tokio contemporáneo, rodeados de *smartphones*. Donde uno prefiere concentrar su esfuerzo técnico en el diseño de personajes, el otro prefiere generar unos ambientes detallados, hasta el extremo de que uno quiere viajar para visitarlos.

Un valor que se ha resaltado en Shinkai por encima de Miyazaki es su capacidad de hacer las historias -al menos desde la primera lectura- más universales; se ha reconocido su talento para abrirse con mayor facilidad a más públicos. No es casualidad que, en el caso del creador de Ghibli, se hable del "universo Miyazaki", como un lugar en el que no pueden entrar todos tan fácilmente. Y, sin embargo, lo que Shinkai consigue no lo hace en detrimento de una identidad profundamente japonesa de sus historias; no lo hace recurriendo a una deslocalización o a una contemporización arbitrarias, que podrían empobrecer sus relatos. Shinkai logra -al igual que, con otro estilo, lo hace Pixar-

que sus películas puedan ser disfrutadas a varios niveles: le dicen algo tanto al que está familiarizado con la espiritualidad sintoísta, como al occidental que no tiene noticia de las religiones de la zona. Algunos estudiosos señalan que Shinkai es "la alternativa refrescante a la hegemonía Ghibli. (...) Es considerado el representante de una nueva generación de directores de *animé*, que se concentran en la expresión de sus propios ideales y de sus propios recursos técnicos, en lugar de seguir modelos clásicos, intentando trabajar con individuos definidos más que con símbolos de lo humano" (GRAJDIAN, 2005). De todo lo anterior, *Your Name* es el ejemplo perfecto.

Más que intercambiar cuerpos

La sinopsis oficial que ofrece *Your Name* habla de dos adolescentes -Taki y Mitsuha- que, de repente, un día se despiertan con los cuerpos intercambiados. Entrar con esa clave a la película no está mal. Lo que pasa es que aquello es simplemente la parte que los manuales llamarían "presentación de los personajes y de su mundo ordinario" (Cfr. VOGLER, 2013: 113-121). Esa es la premisa. Lo vemos en los primeros veinticinco minutos, aunque será la fuente de algunos chispazos cómicos que tendrá el filme: ella, cuando está en el cuerpo de él, le empieza a ayudar a salir con chicas; él, un adolescente de Tokio, comienza a aprender las costumbres -sobre todo espirituales- de los pueblos alejados de la ciudad; establecen ciertas reglas para convivir y también para -esto es clave- recordar lo que cada uno hizo mientras ocupaba el cuerpo ajeno. En pocas palabras: se conocen y se enamoran a partir de estas visitas involuntarias a la piel del otro. Pero, en cierto momento, ella desaparece. No contesta más. Y él se queda solo.

Dado lo compacta que está la trama con el tema de fondo de la película, es difícil hablar de *Your Name* sin contar, paso a paso, todo lo que sucede. Baste decir que -y esto es parte de su éxito- rápidamente la historia va mutando hacia una *road movie* en la que Taki va en busca de Mitsuha, sin saber exactamente dónde está, guiándose solo por los dibujos de su memoria. Posteriormente, cuando, al llegar al pueblo de ella, se da cuenta que en realidad murió hace tres años, pasa a ser un filme más sobre el tema del doble, aunque con una metafísica sintoísta de la que ya hablaremos. Seguidamente pasa a ser una historia sobre los intentos de cambiar el pasado, con el objetivo de salvar a una ciudad de un desastre natural. Hasta que, al final, en el clímax, todo desemboca definitivamente en la historia de amor que ha alimentado a los personajes desde el principio. El guion, a pesar de jugar con la dificultad de tener a sus dos personajes principales en líneas desfasadas de tiempo, no deja huecos; más bien está lleno de puntos de giro sorprendentes que tiran la atención del espectador hacia adelante. No es casualidad que Shinkai señale continuamente que, aunque algunos de los que ven sus películas no logren empatizar con sus relatos de amor juvenil, él procura no dejar a nadie sin pasar al menos un momento entretenido.

Siempre estoy buscándote

Si habría que buscar un *leitmotiv* de las historias de Shinkai, desde *Ella y su gato* (1999), su primer cortometraje, hasta *Your Name*, pasando por ya casi una decena de obras, el tema no se demora en venir a la mente: la búsqueda del amor. Más en concreto: la búsqueda de un amor personal. Y más en concreto todavía: la búsqueda de un amor personal con la audacia y la sencillez de un adolescente. En todo el metraje de *Your Name* vemos a un chico que busca a la chica que quiere, aunque no recuerda exactamente quién es ella. La intuye en su interior. Sigue pistas, algún rostro en el metro, algún contorno, trata de encontrarla en su memoria, procura dejarse ayudas en el camino. El espectador omnisciente, que va construyendo el acertijo temporal, es testigo impaciente de todos aquellos intentos.

Shinkai, aunque siempre ha hurgado en esta persecución de un amor aparentemente imposible -incluso reinterpretó el mito de Orfeo y Eurídice en *Viaje a Agartha* (2011)-, hace diez años ya lo había hecho de una manera casi idéntica en su película *Cinco centímetros por segundo* (2007). Allí, en tres mini capítulos, cuenta la historia de un chico que sale de la escuela, crece, y cuando llega a ser adulto se da cuenta que sigue buscando el amor de quien fue su primera amiga antes de pasar a secundaria. Entonces, ¿cuál es el factor que hizo que el público reaccionase de una manera mucho más contundente a una película de tema similar como lo es *Your Name*, estrenada entre los años 2016 y 2017?

Las razones pueden ser varias. Pero la más importante es que esta vez Shinkai dotó al relato de una profunda metafísica sintoísta, la religión autóctona más antigua de Japón. Es decir, ahora exigía un pacto de lectura que aceptase ciertas coordenadas espirituales que hicieran inteligibles las experiencias de Taki y Mitsuha. Ya no es solo una historia de "chico conoce chica". Hay que aceptar, por ejemplo, que dos personas pueden estar conectadas entre sí -lo cual no solo pertenece a la espiritualidad oriental-, o que uno puede dejar una parte de su alma en una especie de vestigio sagrado que puede ser bebido por otro. Todo esto viene explicado por la abuela que, haciendo las veces de transmisora de la tradición, ayuda al espectador y a los personajes a comprender ese humus sobre el cual se puede comprender el relato. La palabra mágica de este pacto de lectura es Musubi. En la tradición sintoísta, Musubi es la palabra que se usa para referirse a un "primer principio que da vida a todo en el universo. Es la energía que da forma y carácter a todo lo que está vivo y que soporta la continuidad entre un ser viviente, una especie, y una forma de la evolución con otra. Es la experiencia compartida que conecta a los ancestros con los descendientes de todos los tiempos" (RANKIN, 2010: 110-111).

Una historia de tejidos

La familia de Mitsuha se ha dedicado, por tradición, a los tejidos. Ese cruzarse continuamente de los hilos entre sí, ese separarse para volver a unirse, es la imagen que su abuela utiliza para explicarle a su nieta lo que es el Musubi. Le dice que, en el fondo, Musubi son los hilos de Dios. Y es justamente un lazo rojo lo que une a Taki y a Mitsuha en la película aunque, por el desfase temporal, él no sabe que la tela que lleva enredada en su muñeca es la misma con la cual ella se agarraba el cabello. Ese lazo rojo es uno de los símbolos del filme -también en su material publicitario- además de ser el objeto que hace posible que, en el guion, el chico comprenda lo que está pasando. Esta atención minuciosa con los detalles pequeños marcan el tono de las películas de Shinkai: el pequeño bordado de Taki para arreglar una tela, el título "Nostalgia" para la exposición de fotos a la que acude Taki, los *stickers* en los vagones de metro que dicen "Prohibido subirse antes de tiempo", etc.

Otro tejido presente en *Your Name*, del que sería imperdonable no hablar, es la música. En otras películas, Shinkai ya había trabajado contemporáneamente la banda sonora junto a las acciones de su historia. Para él las canciones no son ni un acompañante secundario ni un simple indicador del tono emotivo. Suelen estar compenetradas con la trama. El músico y divulgador musical Jaime Altozano explica cómo la primera canción, *Sparkle*, que después se repite varias veces, es un entramado -un ostinato- de fondo, sobre el cual sobresalen dos notas que se persiguen, sin nunca llegar a encontrarse (Cfr. ALTOZANO, 2017). Es decir, la canción funciona como una especie de sinopsis de la película. Altozano explica también la utilización muy planificada sobre qué instrumentos se escuchan de acuerdo a cada escena. Y por qué las canciones de *Your Name*, al estar totalmente sincronizadas con lo que se ve en pantalla -por ejemplo, con los cortes bruscos- hace que sea imposible simplemente reemplazarlas con otras canciones de J-pop. Así se comprende que, por ejemplo, en diciembre de 2017, se haya organizado en Tokio un concierto de Radwimps junto a la orquesta filarmónica de la cuidad, con la proyección en pantalla gigante de los fragmentos de la película, en un espectáculo que recuerda a los orígenes del cine sonoro.

Se dice que J.J. Abrams, junto con Paramount, están preparando un *remake* no animado de *Your Name*. Sobrevuela la duda de si serán capaces de mantener tanto la delicadeza de los trazos -narrativos y estilísticos- de Shinkai, como de dotar al relato, fuera de Japón, de una metafísica que haga posible una historia de amor que no se comprenda a sí misma solo de la piel hacia afuera. Los datos de los que hablamos al inicio son cosas que, con dinero, no es tan difícil de conseguir. Meterte entre los grandes del cine ya es otra cosa. Insistir e insistir con tus historias porque ahí hay algo que vale la pena contar. Makoto Shinkai no es el sucesor de Miyazaki. Makoto Shinkai ya es un nombre con su propio peso.

KIMI NO NA WA (2016)
País. **Japón**
Dirección, Guion, Fotografía y Montaje: **Makoto Shinkai**
Música: **Radwimps**
Producción: **Noritaka Kawaguchi**
Voces originales: **Ryûnosuke Kamiki, Mone Kamishiraishi, Masami Nagasawa, Etsuko Ichihara, Kana Hanazawa, Masaki Terasoma, Sayaka Ohara, Kazuhiko Inoue**
106 minutos
Distribuidora DVD: **Selecta Visión**
Estreno en España: **7.4.2017**

Filmografía de Makoto Shinkai como director

- *Your Name* (*Kimi no na wa*, 2016).
- *El jardín de las palabras* (*Kotonoha no Niwa*, 2013).
- *Viaje a Agartha* (*Hoshi o Ou Kodomo*, 2011).
- *5 centímetros por segundo* (*Byôsoku go Senchimêtoru*, 2007).
- *El lugar que nos prometimos* (*Kumo no Mukô, Yakusoku no Basho*, 2004).

FUENTES

- ALTOZANO, Jaime (2017). *La mejor banda sonora de animé: Your Name*. Recuperado de <https://www.youtube.com/watch?v=WYkT_5jT0yU&t=775s>

- BELINCHÓN, Gregorio (7-IV-2017). *Makoto Shinkai: el heredero de Miyazaki*. El País. Recuperado de <https://elpais.com/cultura/2017/04/03/actualidad/1491211669_039551.html>

- GRADJDIAN, Maria (2005). *The precarious self: Love, melancholia and the eradication of adolescence in Makoto Shinkai's anime Works*. Visions of Precarity in Japanese Popular Culture and Literature.

- RANKIN, Aidan (2010). *Shinto. A Celebration of Life* (110-111). Hampshire: O-books.

- VOGLER, Christopher. 2013. *El viaje del escritor* (113-121). Barcelona: Ediciones Robinbook.

Índice

AUTORES >>>5
PRESENTACIÓN >> 11
LA LA LAND (DAMIEN CHAZELLE) ALBERTO FIJO, SOFÍA LÓPEZ, MARIAM VIZCAÍNO >>>>>>>>>>>>>>> 15
BLADE RUNNER 2049 (DENIS VILLENEUVE) BELÉN RAMÍREZ >>>>>>>>>>>>>>>>>>>>>>>>>>>> 35
COCO (LEE UNKRICH, ADRIAN MOLINA) PILAR YÉBENES >>>>>>>>>>>>>>>>>>>>>>>>>>>>>47
COLOSSAL (NACHO VIGALONDO) ARTURO SANCHO RODRÍGUEZ >>>>>>>>>>>>>>>>>>>>>>>>>> 55
COLUMBUS (KOGONADA) CLAUDIO SÁNCHEZ DE LA NIETA >>>>>>>>>>>>>>>>>>>>>>>>>>>> 63
CONVERSO (DAVID ARRATIBEL) JORGE MILÁN >>>>>>>>>>>>>>>>>>>>>>>>>>>>>>>>>> 71
DUNKERQUE (CHRISTOPHER NOLAN) FEDERICO ALBA >>>>>>>>>>>>>>>>>>>>>>>>>>>>>>>81
EL OTRO LADO DE LA ESPERANZA (AKI KAURISMÄKI) ALBERTO FIJO >>>>>>>>>>>>>>>>>>>>>> 91
EL TERCER ASESINATO (HIROKAZU KOREEDA) FERNANDO GIL-DELGADO >>>>>>>>>>>>>>>>>>>> 97
FENCES (DENZEL WASHINGTON) ENRIQUE FUSTER >>>>>>>>>>>>>>>>>>>>>>>>>>>>>>>103
FIGURAS OCULTAS (THEODORE MELFI) ANTONIO SÁNCHEZ-ESCALONILLA >>>>>>>>>>>>>>>>>>>113
HACIA LA LUZ (NAOMI KAWASE) CRISTINA ABAD >>>>>>>>>>>>>>>>>>>>>>>>>>>>>>>> 123
HANDIA (JON GARAÑO, AITOR ARREGI) JUAN ANTONIO MORENO >>>>>>>>>>>>>>>>>>>>>>> 133
JACKIE (PABLO LARRAÍN) IGNACIO SAAVEDRA >>>>>>>>>>>>>>>>>>>>>>>>>>>>>>>>>143
LA CHICA DESCONOCIDA (JEAN-PIERRE Y LUC DARDENNE) JUAN ORELLANA >>>>>>>>>>>>>>>>151
LA GRAN ENFERMEDAD DEL AMOR (MICHAEL SHOWALTER) JUAN CARLOS CARRILLO >>>>>>>>>>>>>159
LA LIBRERÍA (ISABEL COIXET) TERESA CALVO >>>>>>>>>>>>>>>>>>>>>>>>>>>>>>>>>169
LAND OF MINE (BAJO LA ARENA) (MARTIN ZANDVLIET) JOSÉ M. GARCÍA PELEGRÍN >>>>>>>>>>> 175
LA TORTUGA ROJA (MICHAEL DUDOK DE WIT) SANTIAGO CUBILLO >>>>>>>>>>>>>>>>>>>>>> 183
LA VIDA Y NADA MÁS (ANTONIO MÉNDEZ ESPARZA) FERNANDO HERNÁNDEZ BARRAL >>>>>>>>>> 189
LE FILS DE JOSEPH (EUGÈNE GREEN) CARLOS CHICLANA >>>>>>>>>>>>>>>>>>>>>>>>>>> 195
LOS ÚLTIMOS AÑOS DEL ARTISTA: AFTERIMAGE (ANDRZEJ WAJDA) PABLO ALZOLA >>>>>>>>>> 203
LOVING (JEFF NICHOLS) MARÍA DEL RINCÓN >>>>>>>>>>>>>>>>>>>>>>>>>>>>>>>>>> 211
¡LUMIÈRE! COMIENZA LA AVENTURA (THIERRY FRÉMAUX) MARÍA NOGUERA >>>>>>>>>>>>>>> 221
MANCHESTER FRENTE AL MAR (KENNETH LONERGAN) JUAN PABLO SERRA >>>>>>>>>>>>>>>>>229
MARAVILLOSA FAMILIA DE TOKIO (YOJI YAMADA) MARÍA CABALLERO >>>>>>>>>>>>>>>>>>>239
MUCHOS HIJOS, UN MONO Y UN CASTILLO (GUSTAVO SALMERÓN) MIGUEL OLID >>>>>>>>>>>>249
PADDINGTON 2 (PAUL KING) JUAN PEDRO DELGADO >>>>>>>>>>>>>>>>>>>>>>>>>>>>>259
SILENCIO (MARTIN SCORSESE) JOSÉ MARÍA CONTRERAS >>>>>>>>>>>>>>>>>>>>>>>>>>> 267
THE SQUARE (RUBEN ÖSTLUND) LAURA POUSA >>>>>>>>>>>>>>>>>>>>>>>>>>>>>>>> 277
UN HOMBRE LLAMADO OVE (HANNES HOLM) ARTURO A. SEGURA >>>>>>>>>>>>>>>>>>>>>> 285
UN ITALIANO EN NORUEGA (GENNARO NUNZIANTE) ARMANDO FUMAGALLI >>>>>>>>>>>>>>>>> 295
VERANO 1993 (CARLA SIMÓN) ANA SÁNCHEZ DE LA NIETA >>>>>>>>>>>>>>>>>>>>>>>>>303
WONDER WHEEL (WOODY ALLEN) JOSÉ GABRIEL LORENZO >>>>>>>>>>>>>>>>>>>>>>>>>> 309
WONDER WOMAN (PATTY JENKINS) JUAN LUIS SÁNCHEZ >>>>>>>>>>>>>>>>>>>>>>>>>>> 317
YOUR NAME (MAKOTO SHINKAI) ANDRÉS CÁRDENAS M. >>>>>>>>>>>>>>>>>>>>>>>>>>> 325

www.ingramcontent.com/pod-product-compliance
Lightning Source LLC
Chambersburg PA
CBHW080357170426
43193CB00016B/2744